KB201462

한국 침례교회 100년의 향기

100년 이상된 30개 교회 역사탐방 이야기

한국 침례교회 100년의 향기

- 초판 1쇄 인쇄 2020년 9월 5일
- 초판 1쇄 발행 2020년 9월 10일

- 지은이 김태식, 오지원
- 펴낸이 조유선
- 펴낸곳 누가출판사

- 등록번호 제315-2013-000030호
- 등록일자 2013. 5. 7.
- 주소 서울특별시 공항대로 59다길 276(염창동)
- 전화 02-826-8802 팩스 02-6455-8805

- 정가 20,000원
- ISBN 979-11-85677-48-4 03230

한국 침례교회 100년의 향기

● 김태식, 오지원 지음

100년 이상된 30개 교회 역사탐방 이야기

강경교회 꿈의교회 칠산교회 용안교회 신영교회 임천교회 원당교회 태성교회 광시교회 화계교회
구산교회 용장교회 신평교회 용궁교회 개포중앙교회 점촌교회 마성교회 용담교회 서동교회 송라교회
행곡교회 화진교회 계원교회 신계교회 월포교회 동해제일교회 석포교회 저동교회 평리교회 서달교회

출판사

누가

100년 이상 된 침례교회 역사 발간에 감사하며

이 땅에 침례교 신앙의 씨앗이 뿌려진지 어느덧 130여년의 시간이 흘렀습니다. 그동안 수많은 목회자와 성도들의 인내와 헌신과 교회 사랑으로 이제는 3400여 개 이상의 교회가 속한 자랑스런 교단으로 성장했습니다. 본 역사신학회는 우리 믿음의 선조들의 신앙과 역사를 확인하고 기록하기 위해 창립되었습니다. 제1대 회장님이셨던 김승진 교수님을 비롯하여 전 회원들이 이 일을 위해 한마음으로 모였고 그렇게 우리의 교단역사여행은 시작되었습니다.

신앙의 불모지에 씨 뿌려져 꽃을 피운 흔적을 찾아 우리는 100년 이상 된 침례교 회를 찾아 나섰습니다. 안타깝게도 피다 만 꽃들도 있었고 핀 흔적도 없이 사라져 버린 아픔의 현장도 있었습니다. 이 모든 것이 우리 후대가 짊어져야 할 숙명으로 다가왔습니다.

현존하는 100년 이상 된 30개 교회는 우리 교단 역사의 뿌리이며 우리가 계승해 야 할 신앙의 유산입니다. 또한 우리 교단의 역사 속에서 부각된 미국 남 침례회 의 큰 역할도 재확인 했습니다. 모든 것이 하나님의 은혜요 축복입니다. 이 책이 나오기까지 수고하신 두 분의 교수님과 모든 회원 분께 진심으로 감사드립니다. 아울러 기도와 후원해주신 여러 교회와 동역자분들께도 고마움을 전합니다. 이 책을 통해 또 다시 이어질 새로운 100년의 역사를 기대합니다.

임공열 목사
기독교 한국침례회 역사신학회 회장

기독교 한국침례회 역사신학회의 100년의 향기 출판을 기뻐하며 감사드립니다. 2020년 코로나의 어려움 중에도 전국의 역사적인 침례교회들을 직접 몸으로 탐방하시고, 사료를 발굴하여 출판하기까지 수고하신 모든 분들의 헌신을 높이 치하드립니다.

"너희는 이 일을 너희 자녀에게 말하고 너희 자녀는 자기 자녀에게 말하고 그 자녀는 후세에 말할 것이니라" (요엘 1:3)

저는 경상북도 예천군 서동침례교회 출신입니다. 목회로 바쁘신 부모님은 방학이 되면 저를 할아버지가 계신 고향에 보내셨습니다.

기록은 시공간의 제한을 넘어 더 오래 더 멀리 이야기를 전달해줍니다.
기독교 한국 침례교회의 이야기는 내가 어떻게 침례 교인이 될 수 있었는지, 복음이 어떤 분들의 헌신을 통해 나에게 전달되었는지 시공간의 차원을 초월하여 말씀하시는 하나님의 음성을 들려주는 복음서입니다. 이 아름다운 이야기가 시공간의 제한을 넘어 흘러갈 수 있도록 직접 방문하시고 녹취와 정리의 사명을 감당하신 기독교 한국침례회 역사신학회의 수고와 헌신에 진심으로 감사드리며 100년의 향기가 1000년의 역사로 세워지기를 축복합니다.

윤재철 목사
기독교 한국침례회 총회장

하나님의 구원의 은혜를 망각하며 하루하루 주어진 삶을 그저 힘겹게 살아가는 이스라엘 백성들에게 모세는 외쳤습니다. "아득한 옛날을 회상하여 보아라. 조상 대대로 내려온 세대를 생각하여 보아라. 너희의 아버지에게 물어 보아라. 그가 일러줄 것이다. 어른들에게 물어 보아라. 그들이 너희에게 말해 줄 것이다."(신명기 32:7) 하나님이 왜 이스라엘 백성들을 택하셨는지, 광야 생활 동안 하나님은 어떻게 인도하셨는지, 이스라엘 백성들은 누구이며 무엇을 위해 살아야 하는지를 모세는 되돌아 볼 것을 요구했습니다. 이것은 다름 아닌 이스라엘 민족의 역사성과 정체성을 회복하라는 메시지였습니다.

130여 년 전에 선교사들에 의해 이 땅에 침례교회가 뿌리를 내렸습니다. 이름 없이 빛도 없이 수많은 전도인들과 전도부인들, 목회자들에 의해 아골골짝 빈들과 같은 불모지에 복음이 전해졌고 그렇게 교회가 세워졌습니다. 그러나 이분들의 노력과 은혜가 잊혀진 채로 130여 년의 시간이 흘렀습니다. 하지만 다행히도 역사신학회가 이분들의 수고와 헌신을 되돌아보고 잊혀져 가던 개교회의 역사를 살려내었습니다. 문헌 연구와 증언, 답사를 통해 이분들의 지난 헌신과 노력이 이제 세상에서 빛을 보게 되었습니다. 저자들을 포함하여 수고하신 모든 회원분들과 130년이 넘는 동안 주님의 몸 된 교회를 지켜오며 섬겨오신 목회자분들과 평신도 여러분들에게 진심으로 감사를 드립니다. 모쪼록 이 책을 통해 우리의 역사성과 정체성을 확인하고 침례교단을 더욱 자랑스럽게 여기며 사랑하게 되는 계기가 되기를 소원합니다.

김선배 박사
한국침례신학대학교 총장

옥녀봉 횃불

江景
옥녀봉 봉수대의 타오르는 불꽃에
새겨진 사랑의 동아 기독도 사연이
그 누구의 심장을 울리셨나요?

한강 남쪽,
최초의 기억자
초가집 예배당을
日帝가 불태워버렸다지요.

한 많은 이 사연 가슴에 쓰러 담아
희수 년 지나도록 기도로 딩글렸지요.
주님이 엘라 씽 선교회 폴링의 꿈을
향토 지정 문화재로 부활시켜 응답해 주셨다!

옥녀봉
이마의 빛나는 불꽃 열정을
성화된 사랑의 선교를 스태드맨은
북녘 땅, 원산 영정으로 날렸다!

펜윅이 손잡아 백두산 넘어

압록, 두만강 건너 혜란 벌에 종성교회 세워
동아 십자가 깃발 휘날리고
두 김 형제 순교 재물로 불꽃 피웠다.

요동반도 북만주 살얼음 빙판길
살에는 추위 속 칼바람의 눈보라를
복음 찬미가 부른 무명 전도인들의
뜨거운 심장이 시베리아를 녹여 버렸다.

연길, 도문, 훈춘 지나 무역선 올라
러시아 대륙 벌판 선교의 문을 두드렸다.
이제는 철의 장막 무너져 가고
봄바람 거기에 불어오고 있는데
아직도 冬將軍은 더 머물고 있다

내일을 향해 옥녀봉 되올라 보니
파란 하늘 향기는 영혼의 노래되어
잔잔한 멜로디로 달빛과 어우러지고
절묘한 바위 풍광 아래 흐르는 금강 물에
종덕 어르신 순교비가 찬란히 빛나고 있다!

박창근 목사

한문협 시인. 역사신학회 고문

전례 없는 코로나19 감염병 사태와 50여 일간의 지루한 장마 속에서, 100년 이상된 30개 교회의 역사 서술이라는 긴 여정이 마침내 끝이 났습니다. 이 여행의 출발은 6년 전으로 거슬러 올라갑니다. 저자들과 함께 한국침례교 역사에 깊은 관심을 가지고 계셨던 동역자들이 2014년 충청지역과 경북지역의 100년 이상된 교회들을 돌아보는 역사탐방을 시작으로 그 이듬해에는 울릉도에 입도하였고 그 이후에도 틈틈이 관련된 교회들을 탐방하며 자료를 모았습니다.

2019년 봄, 기독교 한국침례회 역사신학회 정기모임에서 처음으로 책 출판 계획이 제안되었고 이어 8월에 세부계획을 세웠으며 11월 정기모임에서 책 출판과 기념동판을 제작하기로 결의하였습니다. '한국 침례교회 100년의 향기'라는 제목하에 7명(임공열, 계인철, 조용호, 안중진, 박영재, 김태식, 오지원)의 역사편집위원이 구성되었고, 저자들을 연구 및 공동 집필자로 선임해 주었습니다. 이후 임공열 회장님을 중심으로 7인의 역사편집위원들이 경북지역 9개 교회, 포항지역 7개 교회, 충청지역 10개 교회, 울릉지역 4개 교회를 재탐방하며 기존의 자료들을 비교·확인하며 새로운 자료를 수집했고, 이를 토대로 서술작업이 진행되었습니다.

여러 번에 걸친 교회 탐방은 기쁨과 보람을 주었습니다. 제한된 자료에서 벗어나 역사의 현장을 직접 방문하여 130여 년 동안 교회를 지켜오신 목회자들과 평신도들을 직·간접적으로 만날 수 있었습니다. 지금도 역사의 현장

속에 계신 담임목회자들, 너무 많아 일일이 호명할 수 없지만 중요한 역사적인 자료들을 제공해주시고 증언을 해 주셨던 믿음의 증인들, 이 모든 분들께 진심으로 감사드립니다. 이분들의 도움과 헌신이 없었더라면 이 작업은 시작부터 불가능했을 것입니다. 또한 모든 일정에 함께하시며 따뜻한 격려와 아낌없는 후원을 제공해 주신 임공열 회장님, 계인철 수석부회장님, 조용호 부회장님, 박영재 감사님께 감사드리며, 모든 역사탐방 일정을 기획하고 진행하신 안중진 사무총장님, 그리고 뒤에서 응원해 주신 모든 역사신학회 회원들께도 감사드립니다. 특별히 기쁨으로 축사를 써 주신 기독교 한국침례회 윤재철 총회장님, 기꺼이 추천사를 써주신 한국침례신학대학교의 김선배 총장님, 축시를 써 주신 박창근 목사님, 많은 관심과 격려를 아끼지 않았던 김종걸, 김용복, 노은석, 남병두, 안희열, 김용국 교수님, 원고 전체를 꼼꼼히 읽어주신 서달교회의 김경조 목사님, 교회 분포도와 지도를 제작해준 오성종 형제(오지원 교수 아들, 인천대학교 박사과정 재학)와 어려운 출판 여건 속에서도 기꺼이 출판을 허락하시고 세심하게 다듬어 주신 누가출판사의 정종현 목사님과 관계자분들께도 감사드립니다.

이전에 기록된 저서들은 든든한 초석이 되었습니다. 김용해 목사님, 이정수 목사님, 김갑수 목사님, 허긴 박사님, 기독교 한국침례회 역사연감, 울릉도 침례교 발전사 등 이분들의 선행 연구와 수고가 있었기에 이번 작업이 가능했습니다. 역사를 기록하며 저자들은 가능한 한 객관성을 유지하려 노력했습니다. 이견이 존재할 때마다 심판자의 입장보다는 관련 자료들을 자세히 소개하여 추후에 보다 전문적인 연구가 가능하도록 하였습니다. 교회 이름은 특별히 교단을 명시하지 않는 한 침례교회이며, 각 교회 출신 목회자들의 명단을 기록하여 한국침례교회의 목회자 계보를 파악하도록 하였습니다. 제한된 자료와 증언을 토대로 했기 때문에 이 책이 완성본이라고는 생각하지 않습니다. 향후 증보판을 낼 계획이며 이후 출판을 위해 보다 많은 관련 자료와 증언이 필요합니다. 끝으로, 본서를 통해 우리 교단에 속한 오랜 교회들의 역사와 전통이 널리 알려짐으로써 교단에 대한 관심과 자부심이 더욱 충만해지는 계기가 되기를 소망합니다.

2020년 8월 30일
김태식, 오지원 저자 일동

● 목차 ●

1

한국 침례교회
100년의 향기

여행은 항상 우리의 마음을 설레게 한다. 단조롭고 답답한 일상에서 벗어나 가벼운 마음으로 떠날 수 있는 여행은 때때로 지친 우리에게 안식을 주기도 하고, 삶의 새로운 활력소가 되기도 한다. 누가 그랬던가? 여행만큼 좋은 스승은 없다고! 특별히 가까운 벗들과 함께하는 여행이라면 그 즐거움은 더욱 배가 될 것이다. 이런 마음으로 저자들은 한국침례교 역사신학회 여러 회원들과 전국에 산재해 있는 100년 이상 된 침례교회들을 살피는 기회를 가졌다. 역사라는 지도를 들고 하나하나 더듬어 찾았던 곳마다 우리 믿음의 선배들이 남긴 감동 어린 발자취와 은혜로운 이야기가 담겨 있었고, 가슴시린 안타까움도 있었다. 우리 일행은 누구라 할 것도 없이 "왜 이제야 왔을까?"라는 못내 아쉬움과 "이제라도 온 것이 다행이다!"라는 안도가 교차하는 미묘한 감정을 느꼈고, 역사가 주는 준엄한 교훈 앞에서 우리가 어떤 마음과 자세로 살아야 할지에 대해 많은 생각을 하게 되었다. 이제 우리들이 경험했던 뜻 깊고 의미 있는 역사여행 속으로 독자들과 함께 떠나보자.

여행을 떠나기 전에 먼저, "한국교회사 속에서 펼쳐진 한국 침례교 역사를 무엇에 비유할 수 있을까?"에 대해 함께 생각해 보자. 여러 수식어를 들 수 있으나, 여행을 통해 느꼈던 것에 비추어 다음과 같은 성경 말씀이 떠오른다.

"항상 우리를 그리스도 안에서 이기게 하시고 우리로 말미암아 각처에서 그리스도를 아는 냄새를 나타내시는 하나님께 감사하노라. 우리는 구원받는 자들에게 나 망하는 자들에게나 하나님 앞에서 **그리스도의 향기니** 이 사람들에게는 사망으로부터 사망에 이르는 냄새요 저 사람에게는 생명으로부터 생명에 이르는 냄새라 누가 이 일을 감당하리요."(고린도후서 2:14-16)

우리 침례교 역사는 장로교나 감리교처럼 화려하지 않다. 그렇다고 그 존재감마저 없는 것은 아니다. 비록 우리가 장로교와 감리교보다 4년 늦게 (1889년) 시작됐고, 초기의 역사적인 흔적 찾기가 쉽지 않으나, 한국교회사 속에서 '그리스도의 향기'가 되어 지금까지 발전을 거듭해 왔다. 좋은 향기는 보이지 않고, 그 실체를 찾기 어려우나, 좋은 분위기를 만들고, 기분을 상쾌하게 한다. 한국 근현대사 속에서 100여 년 이상 그리스도의 향기가 되어 때로는 있는 듯 때로는 없는 듯 그러나 지금껏 순수한 복음의 열정과 전통적 신앙을 굳건히 지켜온 한국의 침례교회! 2020년 현재 131년의 역사와 100년 이상된 교회 30개가 있는 자랑스러운 교단이 되었다.[1]

구한말 서구 열강이 몰려오는 역사의 소용돌이 속에 있던 동아시아, 그 중에서도 가장 처절하고 긴박했던 한반도에 26세 캐나다 청년이 조용하게 발을 딛음으로 한국에 침례교의 향기가 시작되었다.

한국침례교의 시작

1889년 11월 초 한반도에서 수 천 킬로미터 떨어진 북아메리카 대륙의 캐

---

1   2020년 현재 100년 이상된 교회 선정은 첫째로 김용해 목사의 『대한기독교침례회사』(1964), 이정수 목사의 『한국침례교회사』(1994), 허긴 박사의 『한국침례교회사』(2000), 둘째는 기독교 한국침례회의 『역사연감』(1987), 셋째는 기타 개교회 자료들을 참고하였다.

나다 밴쿠버에서 한 청년이 풍운의 꿈을 안고 배에 올랐다. 그의 이름은 말콤 C. 펜윅Malcolm C. Fenwick, 1863-1935으로, 나름 자수성가한 사업가였다. 한반도가 어디 있는지도 모른 채 하나님의 부르심에 전적으로 순종한 26세의 젊은 청년이었다. 한국연합선교회Corea Union Mission의 파송을 받은 펜윅은 한 달 가까이 태평양을 건넜고, 일본의 요코하마를 거쳐 12월 11일 독립선교사 게일J. S. Gale이 활동하고 있는 한국의 부산에 도착했다. 그는 초겨울의 쌀쌀함 속에서 고향의 향기를 느끼며 내륙교통로를 따라 서울로 향했고, 당시 외국인이 많이 거주했던 서울 정동에 머물며 한국 선교를 준비하였다.

내한 당시 한복 입은 펜윅 선교사   펜윅 선교사 부부

　서울에서 만난 서경조(조사, 소래교회 설립자)와 함께 황해도 소래로 이주하여 한국어를 익히는 가운데 미북장로교의 선교사 언더우드H. G. Underwood, 헤론J. W. Heron, 게일J. S. Gale, 미북감리교의 선교사 스크랜턴W. B. Scranton, 아펜젤러H. G. Appenzeller 등 다른 선교사들과 협력하여 신약성경(요한복음)을 번역하였고, 조선성교서회(현 대한기독교서회) 설립에 관여하는 등 나름 내한 선교사로서 활발하게 활동하였다. 철저히 현지인이 돼야 한다는 신념으로 한복을 입고 한국음식을 섭취하며 한국인이 되고자 노력했다. 어느 정도 언어에 자신감이 생기자 함경남도 원산으로 이주했고, 그곳에 땅을 구입하여 농장을 경영하는

한편 선교사로서의 기반을 착실히 다져나갔다. 그러나 자신을 파송했던 한국연합선교회CUM의 재정후원 중단과 평신도 선교사로서의 한계를 극복하지 못한 채 그는 1893년에 본국으로 돌아갔다. 약 4년여의 한국 선교를 통해 펜윅 선교사는 이 땅에 최초로 한국 침례교를 시작한 '한국 침례교의 아버지'가 되었다.

최초의 침례교회 설립

펜윅 선교사에 의해 한국에 최초로 침례교가 시작됐다면, 한국에 침례교회를 설립한 구체적 성과는 엘라씽기념선교회Ella Thing Memorial Mission에서 파송한 선교사들에 의해 비롯되었다. 당대 유명한 고든A. J. Gordon 목사가 시무하던 미국의 동부 보스턴에 소재한 북침례교 소속 클래런던 스트리트 침례교회Clarendon Street Baptist Church 내에 설립된 본 선교회는 이 교회의 신실한 안수집사였던 사무엘 씽Samuel B. Thing이 자신의 병약했던 외동딸 엘라Ella F. Thing의 유언 즉, 자신에게 주어질 유산을 복음전하는 일에 써 달라는 요청을 토대로 1895년 초에 설립되었다. 본 선교회는 펜윅의 간곡한 요청으로 한국 선교를 결정했고, 1895년 3월 초부터 7명의 남녀 선교사를 순차적으로 한국에 파송하였다.

초대 선교사로는 버크넬 대학교Backnell University 출신으로 보스턴선교사훈련

고든 목사　　　　　　　　　씽 안수집사　　　　　　　　　폴링 선교사

학교Boston Missionary Training School, BMTS 에서 훈련받은 목사 폴링E. C. Pauling, 메이블 홀M. V. Hall 과 가델린A. Gardeline 이 선발되었고, 이듬해에 2진으로 스테드맨F. W. Steadman, 엘머A. Ellmers, 엑클스S. AcKles, 브라이든A. T. Bryden 이 파송되었다.

폴링 선교사와 일행은 내한 직후 서울에 선교부Mission Station 를 세우고 한국 선교를 타진하던 중에, 다른 선교사들과의 교류 속에서 충청지역에 선교가 필요함을 알게 되었다. 이곳은 본래 1893년 선교지 분할협정에 따라 미남장로교가 전라도와 함께 불하받은 곳이었다. 그러나 미남장로교는 선교사 부족으로 인해 전라도에만 집중한 나머지 충청지역 선교를 소홀하게 되었고, 폴링 선교사의 요청에 따라 엘라씽기념선교회에 양도되었다. 당시 내륙교통은 외국인이 이용하기에 위험했으므로 폴링 선교사는 서울에서 개종한 포목상인 지병석과 함께 1895년 가을에 서울을 떠나 인천에서 배를 타고 군산을 거쳐 금강 하구에서 거슬러 올라가는 전도여행을 통해 금강 주변지역을 살폈다. 이들은 1896년 2월 금강이 훤히 내려다보이는 강경의 옥녀봉에 선교부와 한국 최초의 침례교회를 설립했는데, 첫 예배에 폴링 선교사 일행(홀 부인, 가델린 양)과 지병석 부부 등 5명이 참석하였다.

1896년 4월에 한국 선교 2진으로 입국한 스테드맨 선교사 일행(엘머, 엑클스, 브라이든)은 서울에 머물며 폴링 선교사의 지도를 받으며 한국선교를 준비하다가, 6월에 공주로 이주하여 이곳에 선교부와 교회를 설립하였다. 폴링 선교사는 강경을, 스테드맨 선교사는 공주를 거점으로 활동하면서 금강 유역을 오가며 주변지역을 순회전도 했는데, 1896년 여름 부여에 여러 개종자가 생기면서 칠산지역에 교회가 설립되었다. 이로써 1896년 당시 논산 강경의 강경교회, 공주의 공주교회(현 꿈의교회), 부여의 칠산교회가 세워졌으며, 당시 충청지역 최초의 개신교 교회요 침례교회였고, 이들 교회가 삼각을 이루어 금강유역 전도가 시작되었다.

충청지역 복음의 확산

강경의 폴링 선교사 일행과 공주의 스테드맨 선교사 일행은 금강 유역을 중심으로 순회전도를 통해 복음이 충남 서천, 온양, 옥천, 영동과 전북 완주 일대 등지로 확산되었고, 여러 개종자를 얻었으며, 훗날 교단 설립의 모판이 되는 23개 성경학습반(예배처소)을 개척하였다. 한편, 본국 선교회의 선교비 중단에 따라 1899년 말 강경에서 활동하던 폴링 일행이 귀국함으로 공주의 스테드맨 선교사가 강경으로 이주하여 엘라씽기념선교회 전체를 관할하였다. 그의 헌신적인 수고에 힘입어 1900년 여름 12명의 결신자가 미남장로교 선교사 윌리엄 불William Bull, 부위렴 목사에 의해 침례가 베풀어졌는데, 이때 장교환, 홍봉춘, 고내수, 김치화, 김도정, 최준명 등이 받았다.

1900년까지 충청지역에서 침례 받은 신자들을 살펴보면, 지병석 부부, 23개 성경학습반(예배처소)에 속한 신자들 그리고 윌리엄 불 선교사에게 침례 받은 12명을 합해 대략 100명 이상 존재하고 있었다. 그러나 스테드맨 선교사의 노력에도 불구하고 엘라씽기념선교회의 재정후원 중단과 평신도 선교사로서의 한계를 극복하지 못하고 1901년 4월에 스테드맨 선교사 일행은 귀국하였다. 귀국 전 그는 자신이 관할하던 충청지역 선교부를 재차 내한한 펜윅 선교사에게 인계하

윌리엄 불 선교사　　　　스테드맨 선교사 가족

였다. 한편, 1906년 교단이 설립되기 전까지 대부분의 침례교회는 충청지역에서 나왔다. 대표적으로 난포리교회(현 용안교회), 신리교회(현 신영교회), 원당교회, 태성교회, 광시교회, 화계교회 등이 초창기 교인들에 의해 세워졌다.

다시 시작된 펜윅의 한국 선교

한국연합선교회CUM의 후원 중단으로 귀국할 수밖에 없었던 펜윅, 그는 귀국 후 보스턴선교사훈련학교의 과정 이수 후 목사 안수를 받았고, 한국순회선교회Corean International Missionary 를 조직하였다. 그리고 이 선교회의 회장이요, 첫 선교사로 1896년 4월에 다시 한국에 돌아왔다. 그는 먼저 황해도 소래교회를 찾았고, 이곳에서 다른 선교사들이 부러워할 만큼 뜨겁고, 성령이 충만한 부흥집회를 인도하였다. 이후 원산으로 돌아온 펜윅 선교사는 예전에 자신이 구입했던 농장을 돌보며 자립선교의 기반을 닦으면서, 1899년에 『복음찬미』와 「만민좋은기별」이라는 전도지를 발행하였다. 이때 출판된 『복음찬미』 가사는 알 수 없으나, 1904년에 재차 출판된 찬송가의 첫 가사는 다음과 같다 (통일찬송가 202장).

〈제1장〉

(1절) 하나님 아버지 주신 책에 좋은 기쁘신 말 참 많구나
        아름답고 좋은 말씀 중에 예수 씨 날 사랑함 제일이다
(후렴) 예수 씨 날 사랑하시니 나는 기쁘오 나는 기쁘오
        예수 씨 날 사랑하시니 나는 참 반갑소

1901년 펜윅 선교사의 한국 선교에 분수령이 될 만한 두 가지 중대한 사건이 있었다. 먼저는 엘라씽기념선교회 선교지인 충청지역을 펜윅이 인수한

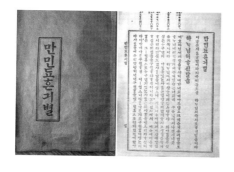

것이요, 다음은 한국 침례교 최초 목사인 신명균과의 만남이다. 앞에서 언급했듯이 스테드맨 선교사가 1901년 4월에 귀국하면서 충청지역을 펜윅 선교사에게 인계하였다. 그런데 펜윅 선교사가 거주하던 함경남도 원산은 인수받은 지역과 수백 키로 미터나 떨어져 있어 관할하는데 어려움이 있었다. 그런 까닭에 펜윅 선교사는 인수한 지 5개월이 지난 후에야 이곳에 갈 수 있었다. 그러는 사이 이곳은 영적으로 돌봐 줄 지도자가 없어 혼란과 갈등의 조짐이 나타났다.

한편, 펜윅 선교사가 충청지역 인수할 즈음에 남루한 상복 차림을 한 신명균이 그를 찾아왔는데, 당시 그는 부친의 3년 상을 다하고 내려오던 길이었다. 펜윅 선교사를 통해 기독교를 소개받고 이내 개종한 후 교육과 훈련을 거쳐 그의 조사(현 전도사)가 된 신명균은 충청지역을 인수받고 9월경에 시찰에 나섰다. 이후 12월에 신명균은 충청지역의 책임자가 되어 공주로 이주하였다. 이 시기 초기 한국 침례교 역사에서 중요한 인물이 등장하는데, 그가 바로 칠산의 장기영과 그의 아들 장석천이다. 아들의 오랜 지병 치유를 위해 펜윅 선교사 일행을 방문한 장기영은 신명균의 영력으로 아들이 치유되자 이에 감격하여 이내 개종하였다. 이들은 칠산교회의 신자가 되어 활동하면서 이곳을 넘어 금강 일대를 누비며 신명균과 함께 순회전도에 매진하였다.

교회 방문을 위해 나서는 신명균 목사

펜윅 선교사와 신명균 목사

최초의 침례교단 설립

신명균이 충청지역 책임자로 부임한 이후 강경교회, 공주교회(현 꿈의교회), 칠산교회를 중심의 삼각구도 속에서 금강주변 마을에 23개 성경학습반(예배처소)이 형성되었고, 복음은 점차 충청남도를 벗어나 전라북도와 경상북도로 뻗어나갔다. 1903년 원산에서 대부흥운동이 일어났을 때, 장로교, 감리교와 더불어 침례교가 창전교회에서, 1904년에는 남산동교회에 연합집회를 개최하여 부흥운동을 이끌었다. 1905년에 이르러 31개 교회가 되었고, 이는 교단 설립의 토대가 되었다.

1906년 한국 침례교 역사상 최초로 교단 설립을 위한 첫 대화회(현 총회)가 강경에서 열렸는데, 여기서 '대한기독교회'라는 교단이 설립되었고, 초대 감목(현 총회장)에는 펜윅 선교사, 한국인 최초 목사에는 신명균, 초대 감로(현 장로)에는 칠산교회의 홍봉춘, 장기영, 초대 교사(현 전도사)에는 장석천, 손필환, 전도(현 복음전도자)에 박노기가 선출되었다. 원산, 강경, 공주, 영동 등 4개 구역(현 지방회)을 설정한 후 장기영 교사는 강경구역과 공주구역에 파송되었다가 영동구역으로 옮겼고, 손필환 교사는 영동구역의 울진과 통천으로 파송됐으며, 박노기 교사는 경상도 상주와 밀양으로 파송되었다.

　여기서 대한기독교회의 조직에 대해 간단히 살펴보자. 기본적인 공적 직분(임원)은 감목(현 총회장), 목사, 감로(현 장로), 당원(각 구역의 직원)이고, 감로와 당원 사이에 오직 복음전도에만 종사하는 교사(현 전도사), 총찰, 전도, 예비전도가 있으며, 당원에는 통장(교인 100명 통솔), 총장(교인 50명 통솔), 반장(교인 10명 통솔)이 있다. 교단의 정규적인 공식 대회는 대화회(현 총회)와 당회(구역대회, 현 지방회)가 있고, 임원회와 원로교우회(교단에서 다년간 목회를 역임한 목사들로 구성)는 비정규적 회의이다. 교단 조직과 관련된 직분의 업무는 다음과 같다.

감목	감목은 교단의 최고 수반, 임기는 10년, 교단 내 모든 포교 사무 관장 감독, 모든 임직원 선임, 담당 구역 지정과 직원 파송, 대화회 소집, 안수식 관장 등.
목사	목사는 감목의 지도 아래 담당 구역의 장이 되며, 구역 내 교회와 신자들을 순방하고 포교업무 담당, 대화회와 임원회의 임원이 됨, 침례와 주의 만찬, 결혼식, 장례식 등을 주관, 담당 구역의 교회를 순회하며 돌봄 등.
감로	감로는 목사의 지도 아래 담당 구역의 교회들과 신자들을 순방하며 신앙을 권장하고 교회의 재정과 당원들을 관장하고 당회의 임원이 됨, 목사 부재 시 결혼식과 장례식을 주관하고, 담당 구역의 교회 사역에 교사, 총찰, 전도, 예비전도, 당원들을 관장.
전도 관련 직분	• '예비전도'는 교인 중 신앙이 돈독하고 복음전도에 열정과 은사가 있는 자로 인정받으면 임명. • '전도'는 2년 이상 예비전도 사역에서 실적이 좋으면 임명. • '총찰'은 전도 직분을 잘 감당하고, 목사에게 실적이 인정되면 임명. • '교사'는 한 구역(지방회)의 예비전도와 전도 사역자를 통솔 지휘하면서 이들과 함께 전도 사역을 잘 감당할 뿐만 아니라 성경지식이 풍부하고 교역에 은사와 소질(사명)을 인정받으면 대화회(총회)의 추천으로 감목(총회장)이 임명, 교사는 목사의 후보생(전도사)으로서 목사를 보좌하여 해당 구역(지방회) 교인들의 성경교육을 담당하며 새신자 훈련과 입교자 발굴 및 교회 조직에 힘씀.
당원	당원은 당회(구역)의 직원(임원)으로, 당회의 추천을 받아 감목(총회)이 임명하며, 임기는 1년이나 재임할 수 있고, 해당 당회(구역)의 감로(장로)의 지도 아래 교회행정을 보좌함. 당원은 다음과 같이 구분. • 통장: 교인 100명을 통솔. • 총장: 교인 50명을 통솔. • 반장: 교인 10명을 통솔.

교단을 설립하면서 전도 방향이 이전과 다르게 산간벽지의 산골과 빈들에 복음을 전하는 오지 선교정책으로 바뀌었다. 그리하여 도시나 기름진 평야 지대를 벗어나 전남의 변두리 지역, 충북 옥천을 지나 영동과 단양의 산간지방을 따라 다른 교단의 손이 미치지 않은 경북 예천, 문경, 상주, 포항 그리고 울진을 지나 울릉도 지역으로 뻗어갔다. 또한 경남의 밀양을 중심으로 양산, 청도, 칠곡, 창원, 진주 일대의 오지로 전도사역의 길을 개척하였다.

한편, 1905년 11월 9일 을사늑약 체결을 위해 서울에 이토 히로부미가 도착하자 그 이튿날부터 상동감리교회 엡윗청년회 회원들을 중심으로 서울 지역 감리교, 장로교, 침례교 연합 위국기도회가 개최하여 항일적인 구국운동을 전개하였다. 펜윅도 '대한노래'(애국가)를 지어 일제의 침략으로 기울어가는 조선을 향해 하나님께로 돌아올 것을 노래하였다.

(일절) 우리 대한 나라 대한국을 위해 노래하세.
　　　 열성조 나시고 또 돌아가셨네, 모든 산 곁에서 노래하세.
(이절) 우리 대한 이름 어찌 사랑할까.
　　　 우리 대한 그 산과 골이나 그 강과 수풀 다 사랑하는 우리 노래하세.
(삼절) 걱정하지 말고 하나님만 의지 성자 믿으세.
　　　 구주 믿는 백성 성경을 좇으면 아무 나라든지 핍박 없네.
(사절) 맘먹고 일어나 하나님 앞에서 기도하세.
　　　 잘못된 일 자복 죄 사함을 받아 기독께 의지로 나라 세오.
(오절) 기자 세운 나라 언지 잊을소냐 만세만세.
　　　 대한의 사람 다 행실 뉘우쳐 고쳐 힘써서 나라를 다시 세오.

교회의 부흥과 구역(지방회) 확장

1906년 교단이 설립되었을 때 이미 31개 교회가 있었고, 이들을 중심으로 4개의 구역(원산, 강경, 공주, 영동)이 설정되었다. 원산구역은 교단 본부가 있는 곳으로, 펜윅 선교사가 관할하였으며, 다른 세 구역은 강경교회, 공주교회, 칠산교회를 중심으로 신명균 목사가 관할하였다. 그 중에 장기영 교사는 강경과 공주구역에서, 손필환 교사는 영동구역에서, 박노기 교사는 아직 설정되지 않은 개척지역인 경상도에 파송되었다.

이들의 헌신적인 사역은 당시 한국의 대부흥운동에 힘입어 교세가 날로 성장하여, 1907년 공주 대화회에서 울진구역이, 1908년 칠산 대화회에서 예천구역이, 1909년 용안 대화회에서 포항구역이 설정되었다. 그리고 울진구역 사역자들의 노력에 힘입어 울릉도 선교가 이루어져 1915년 조사리 대화회에서 울릉구역이 설정되었다. 그리하여 1911년에 이르면 14개 구역, 162개 교회, 135명의 전도사역자로 증가하였고, 1914년에는 16개 구역으로 확장됐는데, 이는 국내를 넘어 북만주, 간도, 시베리아 등 국외 지역까지 침례교가 확장되었던 것이다.

초기 침례교회는 남한의 경우, 충청남도의 강경, 공주, 부여를 중심으로 금강 주변에 복음전도가 시작되어 남쪽으로는 전라도의 영광, 법성, 무안, 줄포 방면으로 뻗어나갔고, 동쪽으로는 충청북도 영동, 단양을 거쳐 경상북도 예천을 중심으로 문경, 점촌 지역과 울진, 포항, 광천 지역 등 해안 벽촌 지역과 울릉도로 뻗어나갔으며, 남쪽으로는 경상남도 칠곡, 양산, 청도를 거쳐 밀양을 중심으로 구포, 창원, 마산, 진주, 김해 지방 등의 벽촌 지역까지 미쳤다. 그리하여 지금은 그 흔적을 찾을 수 없으나 척동교회(경북 상주), 각계(단

양)교회(충북 영동), 구룡촌교회(충북 옥천), 조사리교회(경북 포항), 대진리교회
(경북 포항), 갓개교회(충남 부여), 작동교회(전북 익산), 옥동교회(경북 안동), 유곡
교회(경북 문경), 평산읍교회, 율곡교회, 가철메교회, 등금리교회(충북 영동) 등
이 설립되어 초기 한국 침례교 부흥과 발전에 큰 역할을 하였다.

펜윅 원산 자택에서 교단 지도자들

이종덕 목사와 동아기독교 지도자들

전치규, 김영관 목사

동아기독교 지도자들과 임강구역 전도대원들

전치규, 이종덕 목사와 원산 식구들

원산총부와 교단 지도자들

원산 대화회에서 펜윅 선교사 부부와 교단 지도자들

　초기에 설립된 침례교회들이 오늘에 이르러 많이 사라져 지금은 그 흔적
조차 찾을 수 없다는 것은 참으로 애석할 따름이다. 2020년 현재 100년 이상
된 침례교회들은 대체로 초기에 설정된 구역(현 지방회)을 중심으로 분포하고
있다는 특징을 갖고 있다. 선교초기부터 엘라씽기념선교회에 의해 교회가 세
워짐에 따라 1906년 강경구역, 공주구역이 설정됐고, 이는 충남내륙권을 형
성하여 다른 구역 설정을 견인하였다. 1906년 설정된 영동구역을 토대로 손
필환 교사가 울진지역을 전도했고, 이를 통해 교회가 세워짐에 따라 1907년
울진구역이 설정됐으며, 이곳을 중심으로 강원해안권이 형성되었다. 김희서
가 개종한 후 1905년부터 충북 단양과 제천지역을 전도하여 충북 내륙에 복
음이 전파되었고, 점차 복음이 확산되면서 예천과 그 주변지역에 교회가 세
워짐에 따라 1908년 예천구역이 설정됐으며, 이곳을 중심으로 경북내륙권이
형성되었다. 경북내륙의 전도가 점점 확장되자 총회는 1908년에 이명숙, 배
홍희를 개척전도자로 파송했는데, 이들을 통해 포항지역에 교회가 세워짐에
따라 1909년 포항구역이 설정됐고, 이곳을 중심으로 경북해안권이 형성되었
다. 한편, 울릉도는 최인회의 입도를 통한 전도와 김두건의 아들 김창규가 김
종희 전도를 울진에서 모셔옴으로 교회가 세워졌고, 점차 복음의 확산을 통
해 교회가 늘어나자 1915년에 울릉구역이 설정됐다.

초기 한국 침례교의 확장을 정리하면, 충남내륙권을 중심으로 동진하여 강원해안권, 경북내륙권, 경북해안권, 울릉권으로 형성되고 있음을 알 수 있다. 이제 이들 지역을 중심으로 100년 이상된 30개 교회를 지도와 함께 살펴보면 다음과 같다.

2020년 현재 남한의 100년 이상된 침례교회 지역별 분포

주요 권역	분포 지역	교회 수
1. 충남 내륙권	논산(1), 공주(3), 부여(3), 익산(1), 홍성(1), 예산(1)	10개
2. 강원 해안권	울진(3), 영양(1)	4개
3. 경북 내륙권	예천(3), 문경(2), 상주(1)	6개
4. 경북 해안권	포항(6)	6개
5. 울릉권	북면(2), 울릉읍(1), 서면(1)	4개

충남내륙권 : 강경, 공주구역(1906년 설정)[2]

충남 내륙권의 100년 이상된 교회

교회명	소재지	설립연도	설립자
강경교회	충남 논산	1896	폴링, 지병석
꿈의교회(구 공주)	충남 공주	1896	스테드맨, (윤자학, 김의문)*[2]
칠산교회	충남 부여	1896	폴링 (장기영)*
용안교회(구 난포리)	전북 익산	1900	스테드맨
신영교회	충남 공주	1903	윤자학
임천교회	충남 부여	1905	황태봉
원당교회	충남 부여	1905	정성교, 최원여, 최미리암
태성교회	충남 공주	1910	황상필, 최종영
광시교회	충남 예산	1910	이우로, 이정회
화계교회	충남 홍성	1919	김영철

---

2 100년 이상된 교회 설립자 중에 괄호(*표시) 안에 있는 이름은 김용해 목사의 책 또는 이정수 목사의 책에 나오는 설립자이다.

강원해안권 : 울진구역(1907년 설정)

1900년 초 울진은 지금의 행정구역(현재는 경상북도)과 다르게 강원도에 속했는데(1963년에 울진이 경상북도로 편입되었음), 이로 인해 울진은 강원도 해안지역 전도의 중심지였고, 이곳에 구역(현 지방회)이 설정되었다. 울진구역은 1906년 첫 대화회에서 설정된 최초의 4개 구역(원산, 강경, 공주, 영동) 이후 가장 먼저 이루어졌다. 울진구역의 형성은 총회가 손필환 교사를 영동구역 사역자로 파송하면서 시작되었다.

당시 영동구역은 충남지역과 가까웠기에 교단 설립 이전부터 폴링과 스테드맨 선교사의 순회전도 영향이 있었고, 펜윅이 엘라씽기념선교회를 인수한 후에는 강경, 공주, 칠산에서 대사경회를 개최했을 때, 여기서 은혜 받은 이들을 통해 영동지역에 복음이 전파되고, 각계(단양)교회가 개척되었다. 1906년 교단이 설립되었을 때는 목사가 관할해야 할 만큼 중요한 구역으로 발전하였다. 총회는 이곳을 신명균 목사가 관할하도록 했고, 손필환 교사를 파송하여 전도하도록 했다. 그는 영동구역 뿐만 아니라 울진에서 북쪽으로 통천까지 활동했는데, 통천은 금강산 주변의 해안지역으로 현재는 북한에 속해 있고, 당시 울진도 강원도에 속했으므로 손필환 교사의 활동지역은 남북으로 길게 이어진 강원도 해안이라 할 수 있다. 위로는 함경남도와 접한 통천에서부터 남으로는 경상북도와 접한 해안지역을 그는 사명감을 갖고 전도하였다.

손필환 교사의 헌신적인 사역에 힘입어 얼마 후 이곳에 강경과 공주구역에서 활동하던 장석천 교사가 합류했는데, 이는 이곳에서 전도활동이 활발하게 이루어졌기 때문이었다. 그리고 이내 울진에서 결신자가 생겼는데, 전치주, 전치규, 남규연 등의 8명이었고, 손필환 교사는 이들을 중심으로 행곡과 척동에 교회를 세웠으며, 효과적 관리를 위해 총회는 이곳에 울진구역을 증설하였다.

울진구역은 손필환 목사가 지속적인 관리를 통해 부흥하여 구산과 용장 등에 새로운 교회 개척과 교세 확장이 일어났고, 총회는 이 지역의 효과적인 전도사역을 위해 울진의 죽변항 근처 용장에 성경보급소를 설치하였다. 허담 총찰을 비롯하여 전도인 이태의, 전학옥, 문제문, 남규백 외 몇 사람의 임시 전도인들과 함께 활발한 전도사역을 펼쳤고, 1912년에는 백남조가 전도 직분을 받아 울진에 부임하여 이곳을 비롯해 울릉도, 예천, 포항 지역에 이르는 넓은 지역으로 전도사역이 확장하였다. 현재 이 지역의 100년 이상된 교회는 다음과 같다.

강원 해안권의 100년 이상된 교회

교회명	소재지	설립연도	설립자
행곡교회	경북 울진	1907년	손필환, 남규백, (전성수)*
구산교회	경북 울진	1908년	안영조
용장교회	경북 울진	1909년	문규석
신평교회	경북 영양	1919년	박두하, (박두화)*

경북내륙권 : 예천구역(1908년 설정)

경북 내륙의 예천구역도 울진구역과 마찬가지로 폴링과 스테드맨 선교사의 순회전도의 영향을 받았고, 펜윅이 엘라씽기념선교회를 인수받은 후 강경, 공주, 칠산에서 대사경회를 개최 했을 때, 여기서 은혜 받은 이들이 충북 옥천에 복음이 전파하여 구룡촌교회를 개척하였다. 1905년에 개종한 김희서가 전도 사명을 받고 충북 단양과 제천에서 전도활동을 함에 따라 충북 내륙에 복음이 퍼져나갔고, 1907년 김재형이 결신하여 예천에서 가까운 영동구역 각계(단양)교회에 출석하기에 이른다.

1908년 충북 옥천의 구룡촌교회에서 영동구역의 당회(현 지방회)가 열렸을 때, 예천 출신의 김재덕, 장진욱이 결신했는데, 이를 계기로 예천지역에 복음 사역이 활발해짐에 따라 총회는 예천구역을 증설하였다. 그리고 이곳에 장석천 교사를 파송하여 효과적인 전도를 위한 성경보급소(책사)를 개설하는 한편 예천을 내륙전도의 거점으로 삼았다. 더불어 12명의 전도자(총찰 신시우, 전도자 조병구, 조영우, 박영호, 곽중규, 김상웅, 예비 전도자 임경식, 이종배, 조성화, 김창제, 김재덕 등)를 파송하여 주변의 13개 고을(군소재지)에 전도하게 하였다.

경북 문경 출신의 노재천이 전도인 방영호의 전도를 받아 1908년 10월 22일에 주님을 영접하고 장진규 총찰과 장기덕 반장이 담당하고 있던 용궁의 훤평교회의 신자가 되었고, 경북지역 산점에 교회가 개척됐으며, 점촌, 용담, 마성 방면으로 전도사역이 뻗어나갔다. 1910년에는 예천구역에서 활동하던 장석천 목사에게 윤종두, 김재덕, 이만기, 이종배가 파송되어 전도사역에 협력함으로 예천구역은 날로 부흥하고 확장하였다. 척동(단양)에서 활약하던 김창재, 임경식, 김재덕은 경북의 점촌(매발)과 산점지역으로 전도사역을 넓히므로 감창원, 김상규, 박내영 외에 많은 새로운 신자를 얻게 되었다. 이 당시 전도사역의 놀라운 성장에 대하여 펜윅은 1910년 2월 28일자 보고에서 "넉 달이란 짧은 기간 동안에 사역의 성장이 얼마나 빨랐던지 36개의 새로운 교회가 주님께 더하게 되었다"고 말했다.

1912년 총회에서 파송된 이종덕 교사는 경북 예천구역 뿐만 아니라 영동구역, 공주구역을 총괄하도록 했고, 백남조가 전도 직분을 받아 예천을 포함하여 울진, 울릉도, 포항지역에서 전도하는데 힘썼다. 1913년 이종덕 목사는 예천구역 총찰로서 여러 전도인들과 함께 열심히 전도하는 가운데 예천성경보급소, 영동성경보급소, 대천성경보급소를 거점으로 순회 왕래하면서 교회순방을 하였다. 지금도 예천지역은 다른 곳에 비해 침례교회가 월등히 많은 특징이 있으며, 현재 이 지역의 100년 이상된 교회는 다음과 같다.

경북 내륙권의 100년 이상된 교회

교회명	소재지	설립연도	설립자
용궁교회(구 휜평)	경북 예천	1908년	장진운, 노상묵, 노재천, (김주선)*
개포중앙교회(구 산점)	경북 예천	1908년	(이상현)*
점촌교회	경북 문경	1909년	김창원, 박내원, 김상규, (김창제)*
마성교회(구 신원)	경북 문경	1910년	황수만, (황만선)*
용담교회	경북 상주	1911년	김종철
서동교회	경북 예천	1913년	윤종진, 윤종주

경북 해안권 : 포항구역(1909년 설정)

경북 해안의 포항구역은 총회에서 개척전도자를 파송사면서 시작되었다. 울진구역이 점점 부흥하여 강원도 남단 경북 해안지역까지 전도자들이 진출함에 따라 총회는 이곳에 전도할 목적으로 1908년에 원산에서 사역하던 이명숙, 배홍희를 포항으로 파송하였다. 이명숙은 1909년 경북 영일군 송라의 해변촌인 조사리에서 전도사역을 하는 중에 허만, 허동, 허담, 박병식, 이명서 등의 새신자를 얻었고, 허담의 자택 사랑방에서 8명이 함께 예배드림으로 조사리교회가 시작되었다. 그리고 포항의 청하면 이가리, 신기리, 기일 그리고 흥해면 용덕리 등 여러 곳에 기도처 설치됨에 따라 포항지역에 침례교가 점점 확장하였다.

이 무렵 펜윅 선교사의 전국적인 순회활동이 시작됐는데, 이때 충남 칠산에서 온 홍봉춘 감로와 박병식, 이명서, 정영길이 포항의 송라면 광천리에서 전도활동을 하여 광천교회를 개척하였고, 이후 화진과 계원에도 복음을 전파하였다. 포항에서 사역하던 배홍배는 인근 지역인 효자, 기일, 흥해 등지에서 전도사역을 하는 중에 여러 교회가 개척하였다. 이처럼 포항지역에서 점점 교세가 확장하자 총회는 이곳에 포항구역을 증설하였다.

1910년에는 울진구역을 관할하던 손필환 목사가 포항구역까지 관할함에 따라 이곳의 교회 개척과 교세 확장이 더욱 가속화 되었고, 1912년에는 백남조가 전도 직분을 받아 포항지역을 비롯하여 울진, 울릉도, 예천지역에서 전도사역을 하였다. 1915년에는 노재천이 전도에서 교사로 승급한 후 포항을 비롯하여 경남 진주까지 전도활동 영역을 넓혔다. 현재 이 지역의 100년 이상된 교회는 다음과 같다.

경북 해안권의 100년 이상된 교회

교회명	소재지	설립연도	설립자
송라교회(구 광천)	경북 포항	1909년	박병식, 이명서, 정영길, 홍봉춘
화진교회	경북 포항	1909년	오요한
계원교회	경북 포항	1909년	임승용, 천종술, 성주환, 김화두
신계교회	경북 포항	1911년	오영숙, 성석구, 오갑골
월포교회	경북 포항	1915년	서옥이
동해제일교회(구 임곡)	경북 포항	1916년	강석주, (장석주)*

울릉권 : 울릉구역 (1915년 설정)

울릉구역 설정은 역사적으로 울릉도와 깊은 관계가 있는 울진구역에서 비롯되었다. 조선시대 울릉도는 강원도 울진군 구산포를 통해 왕래했는데, 그 이유는 이곳이 울릉도와 최단거리 뱃길이었기 때문이다. 이로 인해 이곳에 대풍헌(待風軒)이 이었고, 삼척진장과 월송 만호를 수토사로 세워 울릉도와 독도를 관리하게 했다. 이런 관계로 울진은 일찍부터 울릉도와 매우 밀접했다.

한편, 울릉도는 1882년 12월 고종의 "울릉도 개척령"에 따라 본격적으로 육지 사람들이 이주하면서 다시 개척되기 시작하였다. 물론 그 이전에도 이곳에 정착해 살던 사람들이 있었으나, 조선 정부의 기본정책은 왜구의 침략에 대응하여 자국민 보호를 위해 섬을 비우는 쇄환정책(刷還政策)이었고, 2, 3년에 한 번씩 수토사를 보내어 섬을 관리했다. 그러나 점차 일본의 어부들이 울릉도에까지 와서 조업하며 각종 횡포를 부리는 등의 만행을 일삼자 고종은 이전의 수토정책(守土政策)을 포기하고 울릉도를 다시 개척하기 위한 정책을 세웠다. 이를 위해 검찰사 이규원을 울릉도에 파견하여 섬의 상황을 낱낱이 파악하게 한 뒤 이를 토대로 1883년에 16가구 54명(주로 농업에 종사하는 이들이 많았음)이 이주함으로 새로운 역사가 시작되었다.

울릉도의 침례교회는 먼저 북면에서 시작되었다. 정부의 울릉도 개척령에 따라 1896년에 입도한 경북 영천 출신의 최인회가 북면 석포(정들포, 현 천부4리)에 정착하여 화전을 개간하고 농사를 지으며 복음을 전했는데, 이때 서당 선생 이종우가 결신하여 함께 예배드림으로 석포교회가 시작되었다. 최인회는 1910년 제5회 대화회에서 전도로 임명받았고, 1913년에 감로로 안수받았다.

남면에서는 경북 영천 출신 김두건의 가족도 정부의 이주정책에 따라 울릉도에 입도하여 생활하던 중에 가족 모두 도道를 믿기로 작정하고 육지의 도사를 모셔오도록 김창규를 대표로 보냈다. 그가 배를 타고 육지에 도착한 곳이 울진이었고, 당시 이곳에서 전도 활동하던 경북 예천 출신의 김종희 전도를 만났다. 김창규는 김종희 전도와 함께 입도하여 그의 집에서 예배를 드리므로 1906년에 저동교회가 시작되었다.

점차 복음이 울릉도 일대에 전파되어 1910년경 신촌(현재 평리)의 강덕삼이 개종하여 그의 집에서 예배드림으로 평리교회가 시작되었다. 서면의 경우, 1909년부터 오요한 전도의 활동으로 복음전파가 시작되어 이듬해인 1910년 오용천과 김찬규에 의해 전도 및 예배를 드림으로 서달교회가 시작됐으며, 1911년 정치경의 잠실을 예배처소로 사용하였다.

한편, 울릉도 개척 당시 마을 가운데 붉은 문이 있었다고 하여 붙여진 홍문동(홍살메기 마을)에 경북 경주에 살던 청안 이씨 후손으로 보이는 이용기와 착곡댁이 두 남매를 데리고 정착하였다. 이들은 화전을 일구며 2남1녀를 낳았고, 남편이 세상을 떠난 후 1908년에 착곡댁이 아들 이문준, 이인식과 함께 예수를 믿었다. 그 후 착곡댁의 전도로 죽천댁(천병화 목사 조모)이 예수를 믿었으며, 1917년 석포(정들포)에서 신앙생활하던 이종우가 홍문동으로 이주하여 김은권, 김시용, 김해용, 양기연, 김해도, 성도일, 신용탁 등을 전도하여 홍문동교회를 세웠다. 이종우는 1924년 제19회 대화회에서 감로로 안수받았다.

1911년 울진구역의 순회 목사인 손필환 목사, 김경춘 목사, 박노기 목사, 한봉관 목사 등을 차례로 울릉도에 파송하여 한 주간씩 사경회를 개최하였고, '만민좋은기별' 전도지를 배포하며 전도사역을 독려하였다. 1912년에는 백남조가 전도 직분을 받아 울진, 예천, 포항지역을 돌보며 울릉도에서 전도사역을 하였다. 울릉도의 침례교회가 날로 부흥하고 성장하자 1915년 제10회 대화회(총회)에서 울릉도를 전도구역으로 설정하였다. 지금도 울릉지역은 다른 곳에 비해 침례교회가 월등히 많은 것이 특징이며, 현재 이 지역의 100년 이상된 교회는 다음과 같다.

울릉권의 100년 이상된 교회

교회명	소재지	설립연도	설립자
석포교회	울릉군 북면	1896년	최인회, 이종우
저동교회	울릉군 울릉읍	1906년	김종희, 김창규, (김두건)*
평리교회	울릉군 북면	1910년	강덕삼
서달교회	울릉군 서면	1910년	오용천, 김찬규, (증진신)*

기타 지역의 침례교 현황

한국의 침례교는 초창기에 원산과 충청도를 중심으로 성장하여, 교단이 설립 후로는 오지 선교정책을 토대로 주로 북방선교에 치중하였다. 그리하여 1906년에 용안교회 출신의 한태영, 유내천, 이자삼, 장봉이, 이장운 등을 간도선교 개척을 위한 최초의 선교사로 파송하였다. 이렇게 시작된 만주와 시베리아 등의 북방선교는 한국 개신교의 선교 역사상 그 유래를 찾아볼 수 없는 한국적 토착선교의 효시가 되었다. 1907년 김재형과 김경춘이 간도에서 전도활동을 했고, 1908년 펜윅은 정상봉을 대동하고 북간도 선교여행 길에 올라 약 2개월 동안의 순회전도를 통해 최성업, 이종근, 이종만, 장진규 등을 전도하였다.

순방 이후 펜윅은 1909년에 간도구역을 설정했고, 1912년에 최성업과 함께 제2차 북간도 전도여행을 하였다. 이후 북방선교를 통한 교세 확장이 급격하게 이루어져 1917년 대화회(총회)를 간도구역 종성동교회에서 개최하였다. 1940년대까지 남한지역을 제외한 북한지역, 재만지역, 재러지역 및 기타 지역의 동아기독교 교세를 정리하면 다음과 같다.

북한 지역 : 회령구역(15개), 경흥구역(15개), 원산구역(9개) 기타 여러 구역 등

재만 지역 : 왕청구역(10개), 북만구역(5개), 간도구역(28개), 훈춘구역(12개) 등

재러 및 기타 지역 : 도비허구역(5개), 수청구역(18개), 연추구역(16개), 해삼위구역(5개) 등

초기 북방선교 전도인들

종성동교회 대화회(1917)

만주의 동아기독교 지도자들

만주 조선 기독교 지도자들(1941)

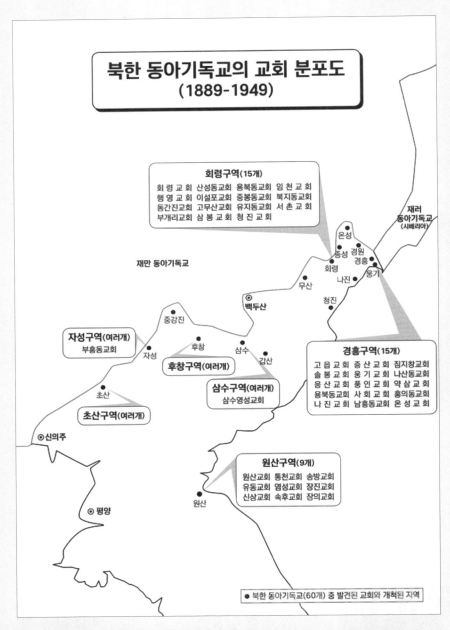

북한 동아기독교의 교회 분포도
(1889-1949)

회령구역 (15개)

회 령 교 회 산성동교회 용북동교회 임 천 교 회
행 영 교 회 이설포교회 중봉동교회 북지동교회
동간진교회 고무산교회 유지동교회 서 촌 교 회
부개리교회 삼 봉 교 회 청 진 교 회

재만 동아기독교

재러
동아기독교
(시베리아)

온성

종성 경원
경흥
회령
나진 웅기

무산
청진

백두산

중강진

자성구역 (여러개)
부흥동교회

후창
삼수
자성
갑산

후창구역 (여러개)

삼수구역 (여러개)
삼수영성교회

경흥구역 (15개)

고 읍 교 회 중 산 교 회 짐지창교회
솔 봉 교 회 웅 기 교 회 나산동교회
응 산 교 회 풍 인 교 회 약 삼 교 회
용북동교회 사 회 교 회 흥의동교회
나 진 교 회 남흥동교회 온 성 교 회

초산

초산구역 (여러개)

◎신의주

원산구역 (9개)

원산교회 통천교회 송방교회
유동교회 염성교회 장진교회
신상교회 속후교회 장의교회

◎평양

원산

● 북한 동아기독교(60개) 중 발견된 교회와 개척된 지역

출처: http://www.baptistnews.co.kr/news/article.html?no=12731;
2020년 7월 23일 접속.

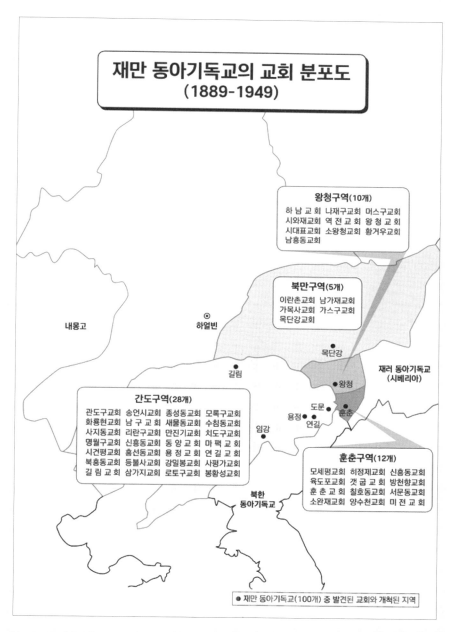

재만 동아기독교의 교회 분포도
(1889-1949)

왕청구역(10개)

하 남 교 회 나재구교회 머스구교회
시와재교회 역 전 교 회 왕 청 교 회
시대표교회 소왕청교회 황거우교회
남흥동교회

북만구역(5개)

이란촌교회 남가재교회
가목사교회 가스구교회
목단강교회

내몽고

⊙ 하얼빈

목단강

길림

간도구역(28개)

관도구교회 송언시교회 종성동교회 모룩구교회
화룡현교회 남 구 교 회 새물동교회 수침동교회
사지동교회 리란구교회 만진기교회 치도구교회
명월구교회 신흥동교회 동 양 교 회 마 팍 교 회
시건평교회 흥선동교회 용 정 교 회 연 길 교 회
북흥동교회 등불사교회 강밀봉교회 사평가교회
길 림 교 회 삼가지교회 로토구교회 봉황성교회

재러 동아기독교
(시베리아)

왕청

도문
용정 연길
훈춘
임강

훈춘구역(12개)

모세평교회 허정제교회 신흥동교회
육도포교회 갯 굽 교 회 방천향교회
훈 춘 교 회 칠호동교회 서문동교회
소완재교회 양수천교회 미 전 교 회

북한
동아기독교

● 재만 동아기독교(100개) 중 발견된 교회와 개척된 지역

출처: http://www.baptistnews.co.kr/news/article.html?no=12818;
2020년 7월 23일 접속.

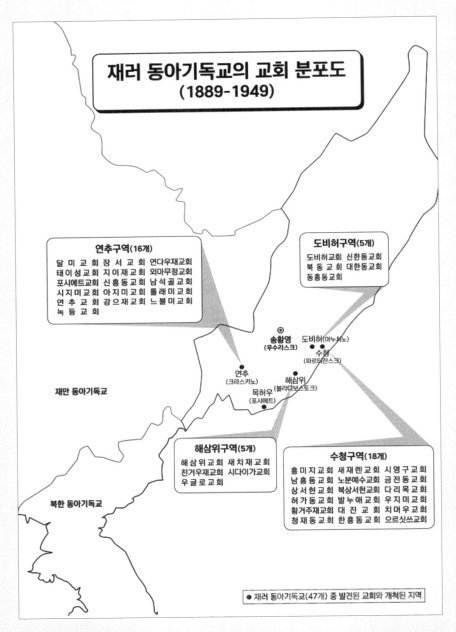

재러 동아기독교의 교회 분포도
(1889-1949)

연추구역(16개)

달미교회 장서교회 연다우재교회
태이성교회 지이재교회 외마우정교회
포시에트교회 신흥동교회 남석골교회
시지미교회 아지미교회 롤래미교회
연추교회 강으재교회 느볼미교회
녹등교회

도비허구역(5개)

도비허교회 신한동교회
복동교회 대한동교회
동흥교회

송황영
(우수리스크)

도비허(아 ᆫ치노)

수청
(파르티잔스크)

연추
(크라스키노)

해삼위
(블라디보스토크)

목허우
(포시에트)

재만 동아기독교

북한 동아기독교

해삼위구역(5개)

해삼위교회 새치재교회
친거우재교회 시다이가교회
우글로교회

수청구역(18개)

흥미지교회 새재렌교회 시영구교회
남흥동교회 노분예수교회 금전동교회
상서현교회 북상서현교회 다리목교회
허가동교회 발누애교회 우지미교회
황거주재교회 대진교회 치머우교회
청재동교회 한흥동교회 으르싯쓰교회

● 재러 동아기독교(47개) 중 발견된 교회와 개척된 지역

출처: http://www.baptistnews.co.kr/news/article.html?no=12818;
2020년 7월 23일 접속.

한국 침례교회 100년의 향기

참고문헌

기독교 한국침례회. 『역사연감』 서울: 기독교 한국침례회 총회, 1987.

김갑수. 『원당교회 100년사』 서울: 도서출판 삼영사, 2005.

____. 『은혜의 발자취』 대전: 침례신학대학교출판부, 2013.

____. 『한국침례교인물사』 서울: 요단출판사, 2007.

김용국. 『꿈의교회 120년사: 꿈의 사람, 꿈의 역사』 서울: 요단출판사, 2016.

김용해. 『대한기독교침례회사』 서울: 성청사, 1964.

김장배. 『한국침례교회의 산증인들』 서울: 침례회출판사, 1994.

김재현. 『한반도에 심겨진 복음의 씨앗: 한국에 생명을 전한 위대한 선교사 50인』 서울: KIATS, 2014.

송현강. 『대전·충남 지역 교회사 연구』 서울: 한국 기독교역사연구소, 2004.

안희열. 『시대를 앞서간 선교사 말콤 펜윅』 대전: 하기서원, 2019.

오지원. 『초기 한국침례교 역사: 1889-1906』 서울: 요단출판사, 2019.

____. 『칠산침례교회 120년사』 부여: 칠산침례교회, 2016.

울릉지방회 역사편찬위원회. 『울릉도 침례교 발전사(증보판)』 경북: 기독교 한국침례회 울릉지방회, 2017.

이정수. 『한국침례교회사』 서울: 침례회출판사, 1994.

조병산. 『용안침례교회 112년사』 익산: 기독교 한국침례회 용안교회, 2012.

최정훈. 『송라침례교회 100년사』 포항: 기독교 한국침례회 송라침례교회, 2009.

최봉기·펜윅신학연구소 편. 『말콤 C. 펜윅: 한국 기독교 토착화의 거보』 서울: 요단출판사, 1996.

허긴. 『한국 침례교회사』 대전: 침례신학대학교출판부, 2000.

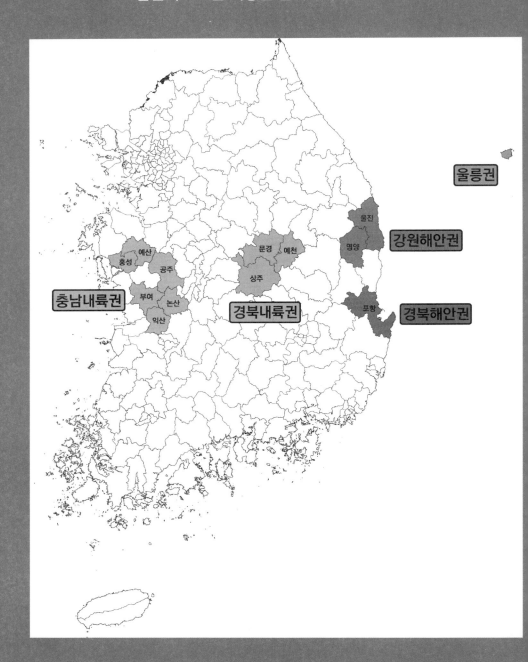

2

충남내륙권의
100년 이상된 침례교회들

광시교회

태성교회

화계교회

꿈의교회(구 공주교회)

신영교회

임천교회

칠산교회

강경교회

원당교회

용안교회

강경교회

충청남도 논산시 강경읍 계백로 167번길 10
☎ 070-4047-7037, 담임목회자 장경동 목사(박종 목사)

달 밝은 보름날 하늘나라 선녀들이 이 산마루에 내려와 경치의 아름다움을 즐겼고 맑은 강물에 목욕을 하며 놀았다는 전설을 간직하고 있는 강경의 옥녀봉은 논산 8경 중 단연 으뜸으로 꼽을 만큼 그 경치가 수려하다. 이곳에서 내려다보이는 강경장은 평양, 대구와 더불어 조선의 3대 시장으로, 일찍부터 금강을 이용한 수로가 발달함에 따라 전국의 수많은 상인들이 몰려들었고, 이들로 인해 강경은 내륙 상권의 중심지가 되었다. 이렇게 전국적으로 유명한 내륙의 강경포구가 있고, 빼어난 경치를 자랑하는 옥녀봉에 하나님의 놀라우신 은혜로 충청지역 최초로 기독교가 전파되었고, 교단을 초월하여 최초의 교회인 강경교회가 세워졌다.

　강경교회 시작의 서막은 1889년 12월에 26세의 젊은 나이에 태평양을 건너 입국한 독립선교사 말콤 펜윅Malcolm C. Fenwick, 1863-1935 선교사로부터 비롯되었다. 비록 그가 내한한지 불과 4년 남짓 활동하다가 1893년에 떠났지만, 그로 인해 한국에 최초의 침례교 선교가 시작되었고, 그가 귀국하여 보스턴선교사훈련학교에 재학하면서 엘라씽기념선교회가 한국에 선교하는데 큰 역할을 하였다. 펜윅의 이 같은 노력에 힘입어 본 선교회에서 파송된 폴링E. C. Pauling 목사 부부와 여성선교사 가델린A. Gardeline 양이 일본을 거쳐 1895년 3월 초에 내한하였다. 이들은 1890년대 동학농민운동과 일본군의 경복궁 난입 그리고 청일전쟁과 을미사변으로 이어지는 혼란 속에서 서울 종로의 내자동 201번지의 땅 1,000여 평을 매입하여 엘라씽기념선교회 서울 선교부station를 구축했다. 조심스럽게 선교지를 탐색하던 중 다른 선교사들과의 교류 속에서 9월 무렵 충청지역을 미남장로교로부터 이양받았다. 한편, 비슷한 시기에 포목(무명옷감) 상인 지병석池內錫이 기독교에 입교하여 한국인 최초 침례교인이 되었다. 그는 제물포(인천) 출신의 상인으로, 서해 뱃길을 따라 제물포에서 군산을 거쳐 강경을 오가며 장사를 했다. 강경에서 가져온 물건을 팔기 위해 서울에 왔다가 폴링의 전도로 개종하였다.

폴링은 지병석과 함께 제물포를 거쳐 금강하구를 거슬러 올라가는 수로를 통해 강경을 중심으로 그 주변을 살폈고, 이듬해인 1896년 초 지병석의 집이 있는 옥녀봉 거처에서 강경 선교부를 설립하였다. 그리고 2월 9일 폴링 부부와 가델린 양 그리고 지병석과 그의 부인 천성녀 등 5명이 예배드림으로 한국 최초의 침례교회인 강경교회가 시작되었다. 폴링은 지병석과 함께 강경을 떠나 내륙으로 여행하는 중에 공주까지 거슬러 올라갔는데, 이는 다음에 입국할 선교사들을 위한 또 다른 선교지 개척을 위해서였다. 1896년 4월 스테드맨F. W. Steadman, 엘머A. Ellmer, 엑클스S. Ackles, 브라이든A. T. Bryden 양이 2진으로 입국하였고, 이들은 서울에 머물며 한국의 언어와 문화를 익히다가 6월에 공주로 이주하였다.

폴링 선교사

강경교회가 세워진 이후 강경의 옥녀봉 일대(북옥동 137번지) 4,732평 부지를 완전히 매입한 것은 서울의 선교부를 미북감리교에 매각한 1898년 8월이었다. 이로 인해 폴링은 서울을 오가며 활동했고, 강경교회는 주로 지병석에 의해 관리되었다. 폴링이 강경에 정착한 이후 지병석과 함께 금강 주변을 순회전도 했

는데, 이때 형성된 23개 성경학습반은 훗날 교회로 발전되었다. 폴링이 강경을 오가며 활동하는 중에 둘째 프레더릭Frederic, 1897. 3. 27, 셋째 헤럴드Harold, 1898. 4. 30, 넷째 클레멘타인Clementine, 1899. 8. 27이 출생하였고, 1895년 서울에서 출생한 첫째 고든은 풍토병으로 1899년에 사망하였다(양화진 묘지 제1묘역 사열 14번에 안장). 이것은 이후 폴링의 한국 선교 철수에 한 원인이 되었다.

엘라씽기념선교회의 재정난으로 1899년 말에 폴링이 귀국한 후 공주에서 활동하던 스테드맨이 강경으로 이주했는데, 이는 당시 충청지역 선교의 중심이 강경교회였기 때문이었다. 스테드맨은 평신도 선교사였기에 폴링과 달리 전도활동에 어려움이 있었으나, 그런 와중에도 지병석을 비롯한 여러 한국인 조사의 도움에 힘입어 여러 개종자를 얻었고, 1900년 여름 미남장로교 선교사 윌리엄 불William Bull, 부위렴 목사에 의해 12명이 침례를 받는 열매를 맺었다. 그러나 이 같은 노력에도 불구하고 엘라씽기념선교회의 재정난을 극복하지 못해 스테드맨 선교사와 다른 일행도 1901년 4월에 철수하였고, 충청지역은

윌리엄 불 선교사   스테드맨 선교사 가족

펜윅에게 인계되었다.

충청지역 선교지를 인수한 펜윅은 신명균과 함께 1901년 9월에 와서 강경, 공주, 칠산을 중심으로 대사경회를 열었다. 이를 통해 이곳의 신자와 교회들을 튼튼하게 한 후 같은 해 12월에 신명균 조사를 충청지역 책임자로 파송하였다. 그는 충청도 행정 중심지인 공주를 중심으로 활동하면서 강경교회를 비롯한 금강 유역 일대의 성경학습반과 예배처를 돌봤다. 그의 노력에 의해 공주성경학원에서 훈련받은 학생들이 금강 주변 지역에 전도 일꾼으로 투입되어 적극적인 순회전도가 이루어짐에 따라 강경 · 공주 · 칠산의 영향으로 형성되었던 23개 성경학습반이 점차 발전하고 조직화되기 시작하였다. 더불어 권서순회전도자들의 활동이 금강 유역을 넘어 한산, 온양, 옥천, 영동, 고산 등지로 확산됨에 따라 전도지역의 지경이 점차 넓어졌다. 그리하여 신명균이 부임 이후 2년 동안 12개의 교회를 세웠다. 신명균의 교회 개척은 1906년에 이르러 31개로 늘어났다. 1905년 스테드맨이 마지막으로 강경 · 공주 · 칠산을 방문했을 때, 이들 세 지역의 침례교인이 200명 조금 넘었으며, 당시 한국에는 모두 300명 정도의 침례교인이 존재했다고 한다.

1900년 초 충청지역에 침례교회가 급성장함에 따라 이를 효과적으로 관리하기 위한 교단설립이 펜윅에 의해 구상되기 시작했다. 그리하여 1906년 강경교회에서 첫 대화회를 개최하여 '대한기독교회'라는 교단이 설립되었다. 첫 대화회(총회)를 강경교회에서 개최했다는 것은 당시 침례교의 중심이 바로 강경이었다는 것을 알 수 있다. 초대 감목(총회장)에 펜윅, 첫 한국인 목사에 신명균, 감로(장로)에 홍봉춘과 장기영, 교사(전도사)에 장석천, 손필환을 그리고 이영구를 전도(전도인)에 임명하였다. 강경교회는 신명균 목사가 관할하면서 장기영 교사와 함께 순회사역을 하였다. 1910년 제 5회 대화회가 다시 강경교회에서 열렸다. 당시 총회는 영동구역에서 교세가 활발하게 확장함에 따라 신명균 목사를 파송했고, 예천구역은 장석천 목사의 지도로 내륙으로 복음이 전파되고 있었으며, 울진과 포항구역은 손필환 목사의 활약으로 날로 부흥하여 교단 성장의 정점을 향해 달려가고 있었다.

이렇게 침례교회가 한참 부흥하고 있을 때, 1914년 감목 선출을 두고 교단 내 파동이 일어났다. 펜윅 선교사가 이종덕 목사를 제 2대 감목으로 선임하자 지금껏 교단에서 활동하던 신명균 목사가 조합교회를 설립하여 교단을 이탈하였던 것이다. 이어 1915년에는 일제가 포교규칙을 발표하여 각 교회에 포교계 제출을 강요함으로 교단에 또 다른 시련이 다가왔다. 1916년 대화회(총회)에서 포교계 제출을 거절했고, 이에 불만을 품은 손필환, 김규면 목사가 교단을 탈퇴했으며, 1918년에 전국의 침례교회에 폐쇄령이 내려졌다. 이에 강경교회도 폐쇄되었고, 2년 후 일제의 문화정치로 인한 유화책이 실시될 때까지 가정에서 숨을 죽이고 예배를 드려야 했다.

1930년대 들어서 일제는 대륙침략의 야욕을 드러내며 만주사변과 중일전쟁을 일으켰고, 국민총화를 목적으로 신사참배를 감행하였다. 이에 4대 감목 김영관 목사는 1935년 10월 5일자 「달편지」를 통하여 전국의 교회에 신사참배와 황국요배의 부당성과 당국의 강요에 불복할 것을 당부하는 광고를 하였다. 1936년 8월에 조선총독부는 재차 국체명징國體明徵 을 내세우며 신사규칙을 전면 제정하여 다시 참배를 강요하자 총회도 「달편지」를 통하여 전국 교회에 신사참배와 황궁요배에 불복할 것을 재차 통보하였다. 이로 인해 1942년 6월 10일 원산 헌병대는 불시에 교단총부를 수색하여 이종근 감목을 구속하였고, 다음날 전치규 안사, 김영관 목사도 함께 구속되었다. 이후 1942년 9월 초에 일제는 전국에 있는 동아기독교의 사역자 전원에 대한 구인장을 발부하고 검거에 나섰다. 9월 4일부터 동아기독교 지도자 32명이 속속 구속당하여 온갖 고문에 시달려야 했다. 함흥재판소는 1944년 5월 10일에 동아기독교 교단 해체령을 판결하고 교회 재산을 강제로 빼앗아 국가에 귀속하였다.

이종덕 목사 순교비

이종덕 목사

옥녀봉 정상 일대 약 4,732평의 강경교회 토지는 1939년 9월 12일과 1943년 5월 14일 두 차례에 걸쳐 증여 형식으로 일제에 강제로 빼앗겼는데, 당시 이곳은 원산 영정 144번지 펜윅 선교사의 유언 상속 증여로 안대벽, 전치규, 김재형 등의 명의 신탁 보존 등기가 되어 있었다. 일제는 강경교회를 강제로 빼앗아 폐쇄시켰고, 방화하여 그 흔적을 지우고자 하였다. 1944년 5월 15일에 이르러 강경교회의 모든 재산과 토지는 몰수, 이전 등기되었는데, 안타깝게도 8.15 광복 이후 이 토지를 되찾지 못했고, 현재 지목은 종교 부지로 국유지 공원화 되었으며, 첫 예배를 드린 곳은 복원된 상태이다.

1945년 8월 15일 광복이 되자 윤석훈, 나상순 집사와 전 성도들의 수고로 홍교리 114번지에 있던 일본 사찰을 매입하여 교회 예배당으로 삼았고, 이종덕 목사가 담임목사로 취임하였다. 한편, 해방된 지 약 6개월이 지나서, 교단 재건을 위해 3인의 목사가 모인지 3개월이 지나서 교단 재건회의가 충남 칠산에서 소집되었다. 그리고 칠산에 모인 임원회의 결의에 따라 1946년 9월에 제36회 대화회가 강경교회에서 개최되었는데, 이때 이종덕 목사가 총회장으로 피선되었고, 강경교회 내에 성경학원이 설립되어 교단 재건의 구심점이 되었다.

1950년 6.25 사변이 발발하자 많은 사람들이 피난을 갔으나, 이종덕 목사는 교회를 지키기 위해 피난 대신 부목사였던 김장배 목사와 함께 손으로 크게 쓴 명함을 들고 인민위원회 내무서 등을 찾아가 신분을 밝히고 전도하였다. 9월 28일 공산당이 퇴각하는 날 밤 이종덕 목사는 이들에게 체포되어 금강 변 갈대밭에서 총살당함으로 향년 66세에 순교하였다. 이종덕 목사는 슬하에 1남 3녀를 두었는데, 독자 이신우는 장로로 임직했고, 슬하의 3남 3녀 중 이상국과 이상철은 목사가 되었다. 장녀의 사위는 4차례(9대, 10대, 13대,

19대)에 걸쳐 침례교 총회장을 역임한 신혁균 목사이다.[3]

1951년 김용해 목사, 1953년 박성태 전도사, 1956년 김장배 목사, 1960년 윤덕훈 목사, 1963년 김종운 전도사, 1966년 최낙규 전도사, 1968년 유홍태 목사가 강경교회에 부임하였다. 1972년 남교동 82-12번지의 대지 200평을 구입하여 교회 신축공사를 시작하여 1974년 정호일 목사 부임과 함께 교회를 완공하고 목사관을 건축하였으며, 1977년 헌당예배를 드렸다. 1986년 남교동 103번지의 대지 216평을 매입하여 교회부지를 확장했고, 1991년 5월 15일 익산시 성당면 성당리 산 71-8번지의 1,400평을 매입하여 교회묘지로 삼았다.

1991년 박창근 목사가 부임하여 1996년 교회설립 100주년 기념행사를 하였고, 1998년 전은식 목사 부임 이후 2000년 6월 22일 이종덕 목사 순교지 확인 표석 기념예배를 황인술 총회 교육부장, 김갑수 전 수도침신 학장, 이응삼 한국교회 순교자기념사업회 사무총장, 한명국 한국기독교 100주년 기념사업협의회 이사, 홍성식 충남지방회장, 순교지 확인을 증언한 이신우 안수집사가 참석한 가운데 성황리에 드렸다.

2005년 3월 전 교인 20명 정도밖에 안 되는 상황에서 6월 16일 김종배 목사가 부임하였고, 2006년 7월 윤칠국 안수집사와 부인 조규화 집사가 서창리 27-8 대지 179제곱미터, 건물 66제곱미터, 27-9 대지 63제곱미터, 거문 23.05제곱미터를 교회 목사관으로 헌납했으며, 2006년 8월 교회마크 도안을 확정하였다. 9월 지병석 집사의 묘 복원 묘비를 세웠고, 2006년 11월 19일

---

3   남주희, '이종덕 목사님 묘비문,' (2007. 3. 15).

이종덕 목사 순교비(사무집사 남주희 씀)를 순교지에 세웠다. 2006년 12월 26일 제17대 유금종 목사가 취임하여 2007년 1월 16일 취임예배를 드렸다. 3월 15일 공주시 이인면 신영리 선산에 있었던 이종덕 목사의 산소를 본 교회 교회 묘지로 이장했다.

1999년에 기독교 한국침례회 총회는 북옥동 136번지, 137번지를 교단 사적지로 지정하였고, 2006년부터 2010년가지 강경 소도읍 가꾸기 사업으로 침례교 사적지 복원사업을 시작하여 1차로 집입로 포구(폴링 선교사가 처음 배에서 내린 선착장)와 옥녀봉으로 올라가는 계단공사를 하였다. 더불어 2009년 11월 5일에 논산시는 옛 강경교회를 향토문화유적 제38호로 지정되었다.

1972년 지금의 교회를 신축하고자 구 교회 건물을 철거할 때 나온 헌 목재 중에서 좋은 것은 팔고, 나머지는 성도들이 직영으로 신축하였다. 2004년 논산시의 옥녀봉 공원화 사업 연석회의에서 기념교회 건축을 위한 협조를 교단과 시 당국으로부터 약속받아 진행하여 2007년 9월 3일 새로운 성전건축 기공 감사예배를 총회 주관으로 드렸다. 2008년 4월 14일 남주희 장로와 부인 이성자 집사가 남골 82-6 대지 175제곱미터를 매입하여 성전 건축 대지로 헌납하였다. 1월 초에 본당 320평 3층, 사택 43평으로 총공사비 25억 원으로 2008년 7월 7일 목사관 신축을 시작으로 11월 18일 목사관 입택, 12월 11일 본당 철거를 완료하였다. 2009년 10월 12일 준공필증 교부를 받았고, 11월 22일 등기를 완료함으로 1년 6개월의 공사가 마무리되었다.

교회 신축 부채를 본 교회가 해결할 수 없는 상황에서 대전 중문교회가 이를 해결하고 2013년 9월 8일 교회를 인수하고, 2013년 9월 15일 장경동 목사가 제18대 담임목사로 취임하였다. 강경교회는 1943년 소실된 첫 번째 초가 ㄱ자 교회[4]를 복원하는 사업과 초대 폴링 선교사가 선착장에 도착하는 기념동상 건립사업을 2014년부터 추진해 오고 있다.

---

4   최근 한국 침례교회 최초의 ㄱ자형 교회가 강경교회인가 아니면 공주교회(현 꿈의교회)인가에 대한
      논란이 있다. 2000년 이전까지는 허긴 박사의 진술 즉, "스테드맨 선교사는 강경으로 옮겨가자 파올링
      목사가 살던 주택을 예배당으로 개조하고 지병석과 기데린 선교사와 함께 전도사역을 계속하였다"는
      것을 그대로 받아들여졌다. 허긴, 『한국침례교회사』(대전: 침례신학대학교출판부, 2000), 69-70; 그리
      고 2014년 10월 11일 '한국최초 침례교회 초기 역사 발표회'에서 송현강 박사는 "옥녀봉 ㄱ자형 침례
      교회는 폴링이 거주했던 집으로 1898년에 신축하였고, 스테드맨이 1900년 경 약간 개조하여 강경교
      회 ㄱ자 예배당으로 사용되었다"라고 주장하였다. 송현강, "강경침례교회 초기 역사(1896-1945)," 『한
      국기독교와 역사』 제42호 (2015년 3월), 22, 그러나 꿈의교회는 2015년에 120년사 출판과정에서 "강
      경교회라고 알려진 ㄱ자 교회 사진이 실제로는 옛 공주침례교회 사진이라는 것을 알게 되었다"라고 하
      면서 공주교회가 한국 침례교회 최초의 ㄱ자 교회라고 주장하였다. 김용국, 『꿈의 사람, 꿈의 역사 꿈
      의 교회 120년사』(서울: 요단출판사, 2016), 491; 더불어 전 공주대학교 총장이며 한국선교유적회 회
      장이며 꿈의 교회 장로인 서만철 박사는 '공주의 선교역사와 유산'(2020년 10월 발간 예정)에 수록될
      논문에서 강경교회가 한국 최초의 ㄱ자 교회가 아닐 수 있음을 피력하였다. 서만철, "한국 침례교 초기
      선교에 관한 1차 사료 고찰," 19-22; 이에 강경교회 측에서는 사단법인 강경역사문화연구원과 공동으
      로 2020년 6월 22일에 "한국 최초침례교회 ㄱ형 교회 검증을 위한 학술 발표회"를 개최하여 꿈의 교회
      측의 주장을 반박하였다. 한국 침례교회 최초 ㄱ자 교회를 두고 강경교회와 꿈의교회가 논쟁을 벌이
      고 있는데, 이에 대한 앞으로의 귀추가 주목된다.

2013년 침례교 최초 예배지 복원

꿈의교회(구, 공주교회)

충청남도 공주시 백제문화로 2148-5
☎ 041-855-4803, 담임목회자 안희묵 목사

예로부터 공주는 역사가 깊은 곳이다. 백제가 건국한 이래 한강의 위례성에서 웅진(공주)으로 도읍을 옮긴 이후 다시 부여로 천도하기까지 63년 동안한 나라의 수도로써 중심적 위치에 있었고, 조선 선조 때에 충청감영이 충주에서 이곳으로 이전하여 충청도의 중심지가 되었다. 그 후 1895년 공주군으로 개편되면서 충청남도의 도청소재지가 되었다. 한편, 공주는 금강의 하운편이 좋아서 백제의 전성기에는 중국과 교역하고 일본에 선진문화를 전파하는데 큰 역할을 하였으며, 서울을 중심으로 사방으로 뻗은 10대 대로 중 하나인 삼남로(서울~전라도 해남)가 지나가는 길목이기도 했다. 그렇다면 언제 공주에 기독교가 전파됐을까?

　공주에 기독교가 처음 전파된 것은 미국 보스턴에 소재한 엘라씽기념선교회의 한국 선교에서 비롯되었다. 이 선교회는 당시 명망이 높았던 고든A. J. Gordon 목사가 담임하던 클래런던 스트리트 침례교회 내에 설립되었고, 이곳에서 파송한 선교사들이 내한하면서 시작되었다. 1진으로 선발된 폴링E. C. Pauling 목사 부부와 여성선교사 가델린A. Gardeline 양은 1894년 5월 미국을 출발하여 일본에 잠시 머문 후 1895년 3월 초에 내한하였고, 스테드맨F. W. Steadman, 엘머A. Ellmer, 엑클스S. Ackles, 브라이든A. T. Bryden 양은 2진으로 1896년 4월에 내한하였다.

고든 목사　　　　　스테드맨 선교사 가족

　　내한 직후 폴링 선교사는 서울에 머물며 동학농민혁명과 청일전쟁 등으로 어지러운 조선의 동향을 살피는 한편 선교사들과 교제하면서 자신의 선교입지를 다져갔다. 그런 와중에 포목상인 지병석을 만났고, 그를 개종시키는 데 성공하였다. 1895년 가을 폴링 선교사는 미남장로교로부터 충청지역을 이양받아 지병석과 함께 인천을 출발하여 군산을 거쳐 금강을 거슬러 올라갔다. 강경포구에 내려 이곳에 선교부station 구축과 주변의 순회 전도를 구상하였다. 지병석에게 이곳의 땅과 가옥 구입을 요청하고 서울로 돌아온 폴링 선교사는 이듬해 초 다시 강경를 방문하여 선교부와 교회를 설립(1896. 2)하였다. 그리고 또 다른 선교부 개척을 위해 금강을 거슬러 올라가 공주까지 답사하였다. 이렇게 준비된 공주에 선교사가 들어온 것은 1896년 6월이었고, 들어온 이들은 2진으로 입국하여 서울에 머물고 있던 스테드맨 일행이었다. 이들은 이곳에 선교부와 교회를 설립했는데, 이를 통해 공주교회(현 꿈의교회)가 탄생하였고, 이는 공주지역 최초의 개신교 교회가 되었다.

　　공주 선교부와 교회가 있던 반죽동 소재 2,470평(109, 110번지)의 땅은 1896년 하반기 혹은 1897년 초에 완전히 매입하였고, 선교부와 교회는 기존의 한옥을 개조하여 사용했다. 스테드맨은 이곳에 정착한 지 1년 반 후인

1897년 9월 29일 서울에서 브라이든A. T. Briden과 결혼하였다. 스테드맨 부부의 공주 선교부 사역은 여러모로 열악하고 힘겨웠던 것으로 보인다. 1898년 10월에 스테드맨의 아내 브라이든이 엘라씽기념선교회 집행위원회에 보낸 편지에 의하면, 본래의 복음전도보다 교회에 찾아온 아픈 자들을 치료하고, 방문을 요청하는 병자들을 돌보는 데 더 많은 시간을 보내고 있었다고 했다. 그리고 이름은 밝히지 않았으나 여성 신자가 자신을 돕고 있다고 했다.

이 같은 어려움에도 불구하고 스테드맨 선교사는 그의 사역에서 잊지 못한 두 사람을 만났다. 먼저는 초대 한국침례교 감로(장로)로서 눈부신 활약을 보인 홍봉춘洪棒春이요, 다음은 세브란스 의전 최초 한국인 교장을 지낸 해관海觀 오긍선吳兢善이다. 남양 홍씨洪氏의 양반 가문 출신인 홍봉춘은 출세를 위해 집을 떠나 상경했으나 갑오개혁으로 인해 과거제가 폐지되어 관직에 나갈 수 있는 길이 사라졌고, 구한말 부정부패와 어지러운 세상 속에서 뜻을 이루지 못한 채 실의에 빠졌다. 그런 와중인 1897년경 서울에 있던 스테드맨 선교사를 만났다. 처음에는 서양의 신식학문을 배우려고 접근했으나, 오직 기독교에 소망이 있음을 깊이 깨닫고 그의 전도로 이내 개종하였다. 그는 개종 후 스테드맨을 따라 공주에 내려와 그와 함께 생활하면서 성경을 배우고, 전도에 동참하였다. 그러나 홍봉춘이 부여군 양화면 입포리 갓개로 이사한 후 공주의 스테드맨과 잠시 헤어져 칠산교회를 출석했으나, 1900년 초 스테드맨 선교사가 강경으로 사역지를 옮겼을 때, 적극적으로 그를 도와 선교지 확장에 힘썼다.

오긍선

충청도의 대표적 사대부 집안 출신의 오긍선도 입신양명을 목적으로 상경했으나 갑오개혁으로 과

거제가 폐지됨에 따라 뜻을 이루지 못했다. 배재학당의 고학생으로 입학하여 신학문을 익히며 서재필이 설립한 협성회協成會에 가담했고, 독립협회 간사로 활동하였다. 독립협회가 정부와 마찰을 빚는 가운데 1898년 12월에 강제해산을 당했고, 1899년 초 전국적으로 관련자 체포령에 따라 쫓기게 되었다. 이때 그는 정동 배재학당 뒤쪽 서대문 근방에 있던 침례교 선교사 스테드맨의 집으로 피신했고, 이것이 인연이 되어 스테드맨의 어학선생이 되었다. 시간이 지남에 따라 독립협회 해산 사건이 어느 정도 수습되자 오긍선은 1899년 중반 상경하여 1900년 봄까지 배재학당에서 남은 학업을 마쳤고, 다시 강경으로 내려와 스테드맨의 조사로 활동을 하였다. 오긍선은 1899년 초 스테드맨을 만난 이후 1891년 4월 엘라씽기념선교회가 철수하기까지 약 2년간 스테드맨과 동역하면서 초기 한국침례교 발전에 크게 기여하였다. 스테드맨이 귀국한 이후 그는 군산에서 활동하던 윌리엄 불William Bull, 부위렴의 어학 선생이 되었다. 그리고 이내 미남장로교 의료선교사 알렉산더A. J. A. Alexander의 눈에 들어 그의 어학 선생으로 활동하다가, 그의 권유로 1902년 10월에 미국 유학을 떠났다.

1899년 말 강경에서 활동하던 폴링 선교사가 귀국한 이후 공주에서 강경으로 이주한 스테드맨 선교사는 열심히 전도하여 1900년 여름 미남장로교 선교사 윌리엄 불(부위렴)을 통해 12명에게 침례를 베풀 수 있었다. 그러나 점점 더 어려워지는 선교후원을 극복하지 못한 채 1901년 4월에 귀국하였다. 그리고 자신이 관리하던 충청지역 선교지를 펜윅에게 인계하였다. 이곳을 인수받은 펜윅은 신명균과 함께 1901년 9월에 강경, 공주, 칠산을 방문했고, 이곳을 중심으로 대사경회를 열었다. 이후 같은 해 12월에 신명균 조사를 충청지역 책임자로 파송했는데, 신명균은 공주에 정착하고 이곳을 중심으로 충청지역 선교지를 돌봤다. 신명균의 초기 활동에서 괄목할만한 성과는 칠산의 장기영, 장석천과의 만남이다. 장기영은 부여 임천의 향반이었고, 그의 아들 장석천은 어려서부터 병약했다. 집안의 당숙 장교환의 권면으로 신명균을 만났고, 그의 영력있는 기도로 아들이 병고침 받자 이내 개종하여 칠산교회의 기둥이 되었다.

1902년 가을에 공주를 방문한 펜윅은 신명균만으로는 충청지역을 다 관리할 수 없음을 알고 현지인 교역자 양성을 위한 성경학원(신학교) 설립을 구상하였다. 그리하여 1903년 2월 펜윅은 신명균과 한학자 출신 황상필을 교사로 임명했고, 이들은 같은 해 2월 10일 공주교회 내 반죽동에 교사校舍 를 신축하여 성경학원을 개원하였다. 신명균은 초대 원장과 교사로, 황상필은 교사로 한국인 신자들을 가르쳤는데, 초기 입학생으로는 장석천·황태봉·고문중 등이 있었다. 공주성경학원에서 훈련받은 학생들이 금강 주변 지역에 전도 일꾼으로 투입되어 적극적인 순회전도가 이루어짐에 따라 강경·공주·칠산의 영향으로 형성되었던 23개 학습반이 점차 조직교회로 발전하였다. 더불어 권서순회전도자들의 활동이 금강 유역을 넘어 한산, 온양, 옥천, 영동, 고산 등지로 확산됨에 따라 전도지역의 지경이 점차 넓어졌다. 그리하여 신명균이 부임 이후 2년 동안 12개의 교회를 세웠다. 신명균의 교회개척은 1906년에 이르러 31개로 늘어났다. 1905년 스테드맨이 마지막으로 강경·공주·칠산을 방문했을 때, 이들 세 지역의 침례교인이 200명 조금 넘었으며, 당시 한국에는 모두 300명 정도의 침례교인이 존재했다고 한다. 이를 토대로 1906년 대한기독교회라는 교단이 탄생하였다.

교단이 설립된 이후 공주교회는 강경교회 다음으로 충청지역을 이끄는 교회로서 자리를 잡았는데, 신명균 목사 이후 장석천, 손필환, 박노기, 이종덕, 노재천 목사 등이 해방 전까지 순회사역하면서 돌봤고, 1907년, 1911년에

최덕오 성도 부부

대화회(총회)를 개최하였다. 초기 침례교는 순회목회를 했었기에 목사가 부재 시에는 평신도 지도자들이 교회를 살폈는데, 일제강점기 시절 대표적으로 교회를 살폈던 분은 최덕오, 이규택, 김신집 등 3명의 반장(현 집사)이었다. 김신집 반장은 안원모 꿈의교회 원로 집사의 장인의 부친으로, 펜윅 선교사와 함께 말을 타고 이북까지 다니면서 복음을 전했다. 그리고 최덕오 반장은 교인 주에 경제적으로 가장 부유한 편으로 목회자들이나 교회 손님들이 방문했을 때 거의 도맡아 접대를 했으며, 항상 예배당 제일 앞자리에 앉아 예배를 드리는 등의 모범을 보였다.

1914년은 교단에 있어서 공주교회에 있어서 큰 위기의 해였다. 지금껏 공주를 중심으로 활동했던 교단 최초의 한국인 목사 신명균이 교단을 탈퇴했기 때문이다. 펜윅 선교사가 제2대 감목(총회장)을 이종덕 목사로 지명한 것이 그 원인으로, 신명균 목사는 조합교회를 조직하여 교단을 이탈했고, 이로 인해 공주교회가 가장 큰 타격을 입었다. 더불어 1915년에는 일제가 포교 규칙을 발표하여 각 교회에 포교계 제출을 강요했는데, 이로 인해 손필환, 김규면 목사가 대화회(총회)의 처사에 불만을 품고 교단을 탈퇴했고, 1918년에 교단 내 모든 교회는 폐쇄령이 내려졌다. 이에 공주교회도 폐쇄되어 일제가 3.1운동 이후 한국인들에게 유화책을 실시할 때 까지 가정에서 숨을 죽이고 예배를 드려야 했다.

공주교회의 또 다른 시련은 1944년에 일어났는데. 그 해 5월 10일 신사참배 반대로 인해 교단 폐쇄령이 내려졌기 때문이다. 일제는 1937년 중일전쟁 이후 한국 교회에 신사참배를 강요하기 시작했는데, 우리 교단도 예외가 아니었다. 교단은 달편지를 통해 단호하게 거절하자, 이것을 빌미로 일제는 교단을 강제로 수색하여 성경과 복음찬미를 압수했고, 교단의 지도자 32명을 치안유지법으로 체포했으며, 끝내 폐쇄하기에 이른다. 이로 인해 공주교회도 예배를 드릴 수 없어서 교인들은 흩어졌고, 가정에서 은밀하게 예배드렸다.

일제강점기 공주교회를 살폈던 순회사역자 가운데 중요하게 언급해야 할 두 분이 있는데, 윤상순 통장과 조병진 반장이다. 먼저 윤상순 통장은 부여군 양화면 출신으로, 그는 강경교회와 더불어 공주교회를 돌봤다. 1929년과 1934년 두 번에 걸쳐 공주교회에서 사역했는데, 많은 시간을 여러 곳에 흩어져 있는 성도들의 가정을 심방했다고 한다. 심방 후 성도들이 식사 대접하려 할 때 이전

윤상순 통장

성도의 집에서 먹고 왔다고 거짓으로 말해 성도들에게 폐 끼치지 않으려 했다는 증언이 있다.

한편, 조병진 반장은 공주교회에 있어서 실제적으로 목회자 역할을 한 분으로, 1931년 공주교회 반장에 임명되어 1953년까지 무려 22년 동안 교회를 돌보는데 혼신을 다하였다. 그는 해방 후 1947년에 장로가 되었고, 1953년에는 대교교회 담임목회자로 부임했으며, 이듬해에 침례신학교 별과에 입학하여 1957년에 졸업하였다. 대교교회를 거쳐 경남 창녕의 월영교회를 개척

앞줄 안경 쓴 이가 조병진 목사,
뒷줄 이병운 사모

했고, 그 교회에서 목사 안수를 받았다. 1965년에는 다시 대교교회로 돌아가 목회하다가 1982년에 은퇴하였다.[5]

해방 이후 공주교회는 박기양, 신성균, 장일수 목사가 담임목회를 했으며, 1953년에는 반죽동에서 신성동으로 예배당을 이전한 후에는 황필연, 이봉래 전도사, 윤덕훈, 김진성 목사, 고성봉, 양신옥 전도사가 사역하였다. 1960년 노영식 목사 부임 이후 공주교회는 김충기, 오관석 목사의 영향을 받아 성령 운동을 기반으로 한 교회부흥이 일어나 교세가 성장했고, 새롭게 교회를 건축하였다. 그러나 교회 건축으로 인한 교회의 분란이 거의 4년 동안 지속되어 급격한 교세 악화가 초래되었다. 이 같은 어려움 속에 있던 상황에 안중모 목사가 공주교회 담임목사로 부임하였다.

김충기, 오관석 목사를 이어 1970년대 한국 침례교회의 부흥사로 활약한

---

5   조병진 목사는 이병운 사모 사이에 조혜숙 권사, 조경숙 사모(남편 반덕신, 호주 선교사), 조혜경 사모 (남편 김기관 장로교신학대학 교수), 조혜정을 두었다. 조병산, 『용안침례교회 112년사』 133.

안중모 목사 공주교회에 첫 부임

안중모 목사는 어머니 윤사백 전도사의 신앙을 물려받았다. 윤사백 전도사는 침례교 최초의 여전도사로, 전국을 순회하며 여러 교회를 설립하였다. 안중모 목사는 아산 배방면 월천교회에서 목회를 시작한 이후 1971년 공주교회에 부임했다. 부임 초기부터 적극적인 전도와 봉사를 통해 교회회복운동을 전개하여 부임 5년 만에 30명이 교인이 500명으로 늘어났다. 이 같은 교회부흥에는 전도폭발 프로그램과 한미전도대회 등과 더불어 임순애 집사와 같은 평신도의 헌신적인 섬김이 있었기에 가능했다. 전교인이 한 마음을 모아 교회 건축을 실시하여 1984년에 입당하였다.

교회가 어느 정도 안정을 되찾고 성장하게 되자 안중모 목사는 국내외 선교를 시작하였다. 농어촌 선교를 위한 요한선교회를 발족하고, 벧엘선교회를 창립하여 중국선교를 시작했는데, 이는 교단 역사상 선구적인 해외선교라는 역사적인 의의를 남겼다. 또한 1992년 제48대 총회장으로 피선되어 교단적으로도 활약하였다. 그밖에 교계 안과 밖에서 많은 활동을 하시다가 1999년 62세에 은퇴하였다.

안중모 목사 백두산 천지에서의 침례식 사진

　1996년 초엽 미국에서 개척하여 목회하고 있던 안희묵 목사를 공주교회
는 부목사로 청빙했고, 이후 공동담임목사로 사역하다가 안중모 목사가 조기
은퇴하자 담임목사로 부임하였다. 안희묵 목사는 솔선수범의 리더십을 보이
며 목장교회로 전환하여 교회의 체질을 바꿨고, 다양한 양육프로그램과 준비
된 예배, 다음 세대를 위한 과감한 투자, 국내외 선교 및 봉사활동을 하고 있
다. 미래지향적 멀티교회라는 비전 아래 대전꿈의교회(2008), 세종꿈의교회
(2012), 글로리채플교회(2017), 비전선교회교회(2017), 글로벌꿈의교회(2018),
새로운꿈의교회(2020)가 설립되어 지금에 이르고 있다.

　꿈의교회는 교회창립 120주년을 맞이하여 교회역사책인 『꿈의 사람, 꿈의

교회 창립 120주년 기념예배

역사: 꿈의교회 120년사』(김용국 교수 집필)를 출판하였
고, 역사관 개관과 교회 역사공원을 조성하고 그곳에
말콤 C. 펜윅 선교사 기념동상을 세웠다. 더불어 첫
예배터인 공주시 반죽동에 초기교회 복원작업을 추
진 중에 있다.

말콤 C. 펜익 선교사 동상

칠산교회

충청남도 부여군 임천면 칠산로 136번길 33-14
☎041-833-2222, 담임목회자 조용호 목사

금강을 거슬러 올라가다 보면 주변에 펼쳐진 들판 가운데 낮은 일곱 봉우리의 산이 있는데, 이로 인해 이름 붙여진 "칠산리"는 한 때 백제의 수도였던 충청남도 부여군 임천면에 자리 잡고 있다. 금강유역을 끼고 솟은 일곱 봉우리를 중심으로 펼쳐진 들녘은 기름져 예로부터 넉넉한 인심으로 유명했다. 이곳에 처음 복음이 전래된 것은 1895년 미국의 동부 보스턴에 소재한 북침례교 소속 클래런던 스트리트 침례교회 내에 설립된 엘라씽기념선교회에서 파송한 선교사들에 의해서였다. 1894년에 발발하여 외세의 힘에 의해 무참하게 진압된 동학농민혁명의 혼란으로 어지러웠던 칠산에 오직 하나님의 부름에 응답하여 목숨을 걸고 내한했던 폴링E. C. Pauling 목사 부부와 여성선교사 가델린A. Gardeline 양에 의해 복음이 전파되었다.

　폴링 목사는 일본을 거쳐 1895년 3월 초에 내한하여 잠시 서울에 머문 뒤 같은 해 가을에 충청지역을 미남장로교로부터 양도받았다. 첫 개종자였던 상인 지병석과 함께 인천을 출발하여 군산을 거쳐 금강 하구를 거슬러 올라오는 뱃길을 여행하면서 그 주변을 살폈고, 이듬해 강경에 선교부station를 세웠다. 폴링 목사 부부와 가델린 양은 1896년부터 본격적으로 금강 일대를 중심으로 순회하며 복음을 전했는데, 이때 전도의 결실이 맺어져 같은 해 여름 칠산지역에 개종자가 생겼고, 신앙공동체가 형성되었다. 강경과 칠산은 지리적으로 약 30리(약 11.78km)에 불과한 가까운 거리임에도 불구하고 각각의 교회가 설 수 있었던 것은 당시의 사회상과 관련이 있다. 즉 강경교회가 주로 강경포구를 거점으로 상인을 중심으로 중인 이하 계층이 주로 모였다면, 칠산 교회는 인동仁同 장씨 집성촌이 칠산과 가까웠던 관계로 일찍부터 양반 계층이 주로 모였다. 중인은 양반을 꺼렸고 양반도 중인과 함께하는 것을 기피했으므로, 이 같은 사회 분위기가 양 교회설립에 중요한 요인이 되었다. 칠산교회 초기 교인으로는 양반 출신의 장교환, 공주에서 활동하던 스테드맨 선교사의 전도로 개종한 후 양화면 입포리(갓개)로 이주한 남양 홍 씨 가문의 양반 홍봉춘洪棒春 또는 홍국진이 있다.

칠산에 형성된 신앙공동체는 폴링의 금강유역 순회전도 속에서 성장하였다. 그러나 1899년 말 엘라씽기념선교회의 재정난으로 폴링 목사 부부가 귀국한 후 공주선교부의 스테드맨F. W. Steadman 선교사 부부와 여성선교사 엘머A. Ellmers, 엑클스S. Ackles 양이 강경선교부로 이주하였다. 열악한 환경 속에서 지병석, 장교환, 홍봉춘의 활약으로 새로운 결신자가 생겨났다. 스테드맨 선교사는 평신도였으므로 이들에게 침례를 베풀 수 없었기에 당시 군산에서 활동하던 미남장로교 선교사 윌리엄 불William Bull, 부위렴 목사에게 부탁했다. 그리하여 1900년 여름 12명의 수침자가 탄생했는데, 그 중 6명 즉 장교환, 홍봉춘, 고내수, 김치화, 김도정, 최준명은 모두 칠산교회 출신이었다. 이들을 중심으로 칠산 서촌의 당산 641번지에 집을 예배당으로 구입하여 이곳에서 예배를 드렸다. 한편, 폴링 선교사가 그랬던 것처럼 스테드맨 선교사도 본국 선교부의 재정난을 극복하지 못하고 1901년 4월에 귀국했는데, 귀국 전 자신이 관할하던 선교

순회전도 중인 펜윅 선교사

한국 침례교회 100년의 향기

지를 펜윅에게 인계하였다.

칠산교회를 포함한 충청지역 선교지가 펜윅에게 인계되었으나, 정작 펜윅이 이곳에 도착한 때는 인수한 지 5개월이 지난 시점이어서 그동안 영적 지도자 부재로 인해 칠산교회는 혼란에 빠졌다. 비슷한 시기 집안 당숙 장교환의 전도로 장기영, 장석천 부자(父子)가 교회에 출석하기 시작했다. 장기영은 부여의 향반 출신이요, 지역의 유지였다. 그에게 외아들 홍석천(판순)이 있었는데, 어려서부터 병약한 것이 그의 오랜 근심거리였다. 장교환은 그에게 펜윅 선교사와 함께 다니는 신명균 조사를 소개했다. 신명균 조사가 영력이 출중하기에 석천의 병을 능히 고칠 수 있을 것이라고 조언했다. 장기영은 지푸라기라도 잡는 심정으로 충청지역을 순회 중이던 신명균 조사를 찾아 갔다. 신명균 조사는 먼저 이들 부자에게 복음을 전한 후 강한 영력으로 기도하니 석천의 병이 깨끗하게 나았다. 장기영은 이를 똑똑히 목격했고, 이내 복음을 받아들였다. 1902년 3월 16일 일본에서 활동하던 스테드맨 선교사가 잠시 내한했을 때 장기영, 김한나, 장석천, 이화춘, 이화실 등이 침례를 받음으로 칠산교회 일원이 되었다.

스테드맨 선교사가 떠난 후 칠산교회의 어수선한 분위기 속에서 고내수, 김치화가 자신들에게 침례를 베풀었던 윌리엄 불 선교사와 접촉하였다. 1903년 고내수는 몇몇 교인들과 함께 미남장로교 소속 화산교회로 옮겼고, 김치화도 원당리에 장로교회를 세웠다. 이처럼 교회가 어려움에 처해 있을 때, 이를 수습한 이는 장기영이었다. 그는 향반으로서 자신의 지도력을 발휘하여 교회를 안정시켰을 뿐만 아니라 선교 배를 헌물 하여 금강 주변을 왕래하는 순회전도를 통해 여러 개종자를 얻었다. 그의 아들 장석천은 신명균 조사가 1903년 2월에 공주성경학원을 설립했을 때 제1회 입학생이 되었고, 신

칠산교회 선교배와 장데부라 교사

장기영, 장석천 부자

학훈련을 받는 와중에도 전도에 힘써 공주 신영리 출신의 박노기, 손필환, 이영구를 결신시켰다.

　1906년 대한기독교회라는 교단이 설립되었을 때, 칠산교회 출신 홍봉춘과 장기영은 교단 최초의 감로(지금의 장로)가 되었고, 장석천은 교사(지금의 전도사)로 임명받아 강경구역과 공주구역에서 활동하였다. 홍봉춘 감로는 1909년 펜윅의 전국적인 순회활동 때 동행하여 경상도 지역 전도에 나섰는데, 이때 박병식, 이명서, 정영길을 개종시켰다. 같은 해 10월 이들과 함께 포항 송라면 광천리에 교회(현 송라교회)를 세웠고, 이후 화진과 계원 등지에도 복음을 전파하였다. 한편 장기영 감로는 이미 1902년 10월부터 본격적인 전도활동에 나서 금강 주변 전북 일대를 순회했는데, 1905년 지역의 유명한 한학자 김희서를 전도하여 그가 교회일군이 되는데 큰 역할을 하였다. 장석천 교사는 1907년 교사로 활동하면서 공주 신영리 출신 이종덕을 개종시켰고, 1908년에는 총회의 파송을 받아 새로 설립된 예천구역에서 사역하였다.

칠산교회 두 번째 예배당

장기영 감로는 목회자를 섬기는 자세는 남달랐다고 한다. 이에 대한 이야기가 다음과 같이 전해진다. 신명균 목사가 순회 차 장기영 감로를 방문했을 때, 그는 아들의 결혼에 대해 의논하였다. 이에 신 목사는 "홍봉춘 형제의 딸과 혼인하게 하시오"라고 권하자 곧 받아 들였고, 신 목사가 떠나기 전에 결혼식을 거행하였다. 두 집안의 결혼은 칠산에서 이루어진 최초의 기독교적 결혼식이었고, 당시 온 동네가 떠들썩했다고 한다. 한편 장기영 감로는 교회를 위해 물질로 많은 봉사를 한 것 또한 잘 알려져 있다. 그가 나룻배를 구입하여 선교배로 헌물한 것이나, 가난한 교인을 돕기 위해 산을 공동으로 구입하여 매장지로 사용한 것은 유명한 일화로 남아있다.

초기 칠산교회를 이야기하면서 꼭 언급해야 할 또 다른 인물은 바로 김희서 교사이다. 그는 장기영 감로의 전도를 받아 기독교에 입교했고, 난포리교회(현 용안교회)를 출석하였다. 성경의 진리를 깨닫고 침례 받은 후 전도의 사명을 받아 충북 단양과 제천 등지에서 전도사역을 하였다. 1908년 부여군

김희서 교사 순교기념비

임천면 두곡리로 이주하면서 칠산교회에 출석하였고, 1915년 교사 직분을 받아 함경북도와 간도를 중심으로 남북만주 일대를 두루 다니며 전도하였다. 1918년 대화회에서 박노기 목사, 최응선 감로, 김영태 총장과 함께 시배리아의 선교사로 파송되었다. 같은 해 9월 원산총부를 출발하여 함경북도 경흥을 거쳐 두만강을 건넜고, 20여 일의 여행 끝에 러시아 연추를 가기 위해 포세트 해의 모카우에 도착하였다. 10월 20일 일행이 승선한 배가 모카우를 벗어나고 있을 때 갑자기 불어 닥친 돌풍에 의해 배가 파선했고, 이로 인해 네 명 모두 장렬한 순교를 맞이했다. 당시 김희서 교사 나이는 45세였고, 슬하에 4남 1녀의 자녀가 있었다. 김희서 교사 자녀 중에는 『한국침례교회의 산 증인들』(1981)을 저술하신 김장배 목사(4남)가 있다.

일제강점기 칠산교회는 두 번이나 폐쇄되는 수모를 당했다. 첫째는 1918년 교단 폐쇄령이다. 1915년 일제는 포교규칙을 발표하여 각 교회에 포교계 제출을 강요했는데, 이에 교단은 1916년 대화회(총회)에서 이를 거절했고, 이로 인해 1918년에 전국의 침례교회에 폐쇄령이 내려졌다. 이는 칠산교회에도 영향을 주어 공식적인 예배를 드릴 수 없게 되었다. 2년 후 일제가 3.1운동의 영향에 따라 무단통치에서 문화통치로 전환하면서 유화책을 썼는데, 그 일환으로 포교계 제출이 신고제로 완화됐고, 교단에서 포교계를 제출하여 교회의 문에 다시 열렸고, 자유롭게 예배를 드릴 수 있게 되었다.

둘째는 1944년 교단 폐쇄령이다. 1938년 일제는 한국에서 제일 큰 개신교 교단인 장로교를 신사참배 하도록 굴복시킨 후 점차 다른 교단도 굴복시키기 위한 야욕을 드러냈다. 1940년 동아기독교에 교규서 제출을 강요했는데, 이에 교단은 9월 9일에 제출하였다. 신사참배 강요를 위해 온갖 트집을 일삼던 일제는 우태호 목사가 동아기독교의 정체를 조사해 달라는 요청을 구실로 원산의 교단 총부를 압수 수색했고, 교단의 주요 인사들을 검거하였다. 이때 이종근 감목(총회장)을 비롯하여 32명이 검속됐는데, 그 중에는 칠산교회의 장석천 목사, 김만근 감로(김희서 교사의 맏아들), 이상필 감로도 있었다. 일제의 야비한 회유와 혹독한 고문을 신앙으로 이겨내 마침내 1943년 5월 15일에 23명은 기소유예로 석방되었다. 남은 9명 중 전치규 목사는 1944년 2월 13일에 순교했고, 이종근 목사가 제외된 남은 7명(장석천 목사 포함)은 1944년 2월 15일에 병보석으로 가출옥하였다. 그러나 일제는 이들을 8월 8일에 재수감한 후 9월 7일자로 5년 집행 유예로 석방하였다. 같은 해 5월 10일 함흥재판소는 동아기독교 교단 해체령을 발표하였다. 이로써 교단은 폐쇄됐고, 전국의 침례교회는 일제에 의해 강제 폐쇄되고, 매각되었다. 칠산교회는 장석천 목사, 김만근 감로, 이상필 감로 등의 지도자들이 일제의 고문을 받음으로 해방될 때까지 어려움에 처했다.

1945년 8월 15일 해방의 기쁨 속에서 이듬해인 2월 9일에 교단 재건을 위해 3명의 목사가 칠산에 있는 장석천 목사를 찾아왔다. 그리고 3개월 후 첫 재건 모임이 칠산교회에서 있었는데, 9개 구역 대표 17명과 방청 회원 5명 등 모두 22명이 참석했다. 이 모임의 결의에 따라 1946년 9월 제36회 대화회(총회)가 강경교회에서 소집되었다. 해방 후 신앙의 자유를 찾은 칠산교회는 칠산의 서촌 당산을 얻어 예배드렸고, 장석천 목사는 고문 후유증으로 1949년 9월 2일 향년 64세로 순교하였다.

칠산교회 출신으로 침례교단을 빛낸 여러 인물이 있으나, 그 중에도 다음 두 분은 우리가 기억해야 할 분들이다. 첫 번째는 장일수 목사이다. 1913년 장석천 목사의 1남 3년 중 맏아들로 출생하여, 미남장로교 선교부가 운영하던 전주 신흥중학교 졸업 후 고향에 야학당을 세워 문맹퇴치운동과 청년운동을 하였다. 해방 후에는 의열청년단을 조직하여 칠산지역 치안 유지에 힘썼고, 1946년 강경 대화회(총회)에서 교사로 임명받은 이래 1948년 점촌 총회에서 목사로 안수 받았고, 총회 산하 성경학원 교사로 학생들을 가르쳤다. 또한 1953년 성경학원 이사장, 부산 침례병원 자문위원, 침례회보를 창간하여 문서선교에도 힘썼다. 1965년 총회장에 추대되어 총회를 이끌었고, 점촌교회, 꿈의교회, 인천교회, 범일동교회, 대흥교회, 울릉도 저동교회 등에서 담임목사로 28년 목회하다가 1972년 은퇴했고, 1986년 3월 16일 군산 자택에서 향년 73세로 별세하였다.

장일수 목사 공덕비

한국 침례교회 100년의 향기

김장배 목사 회갑 기념사진

다음은 김희서 교사의 네째 아들인 김장배 목사이다. 1916년 부여군 임천면 두곡리에서 출생했는데, 그의 나의 불과 3살 때 부친이 순교함으로 모친의 엄격한 신앙교육과 장석천 목사의 설교를 들으며 성장했다. 임천공립보통학교 졸업 후 14세 때 이종덕 목사에게 침례 받았고, 18세 때 결혼했으며, 19세 때 칠산교회 반장(집사)으로 임명받았다. 김용해 목사와 함께 충남과 전북지역에서 전도하기 시작해 30세 때는 교사로 임명받아 용안교회 담임교역자가 되었다. 1952년 총회에서 목사 안수를 받은 후 원당교회, 이리교회, 창리교회, 점촌교회, 울릉도 사동교회 등지에서 목회했으며, 1959년과 1960년 총회 부회장으로 활동했다. 1993년 향년 77세에 별세하였다.

1950년 6.25 전쟁으로 예배당이 소실되었을 때, 칠산교회 세 번째 예배당 건축을 했는데, 이에 대해 손보순 집사는 다음과 같이 증언하였다. "이 모든 것[김동진 장로[6]가 북한군의 의용군으로 끌려갔다가 구사일생으로 살아

---

6   2010년 증언 당시에는 장로였고, 예배당 건축을 준비했을 당시인 1951년에는 집사였다.

돌아온 것과 마을 사람들이 공산당으로부터 무사하게 된 것]을 겪은 김동진 장로는 하나님께 너무나 감사하였으며, 예배드릴 예배당이 없음을 안타깝게 생각하고, 아버님(김칠봉 집사)께 그 당시 우리가 살던 집을 예배당으로 헌납할 것을 상의하였습니다. 하지만 김칠봉 집사는 집보다는 헌금을 하여 새 성전을 짓자고 권유하였습니다. 결국 김칠봉 집사, 김동진 장로, 장일수 목사 세 분이 각각 백미 100가마씩을 헌물로 드려 현재 칠산교회의 부지 일부를 구입했고, 건축을 시작하였습니다. 건축 중 일꾼들의 식사와 새참들은 우리 집에서 저를 추축으로 몇몇 교인들의 도움을 받아 봉사하였고, 마침내 칠

예배당

산침례교회를 건축하였습니다. 그리고 그 건물은 오랫동안 칠산 주민들이 자유로이 하나님을 찬양하고 만날 수 있는 예배당이었습니다.[7]" 위와 같은 헌신적인 성전 건축에 대해 주얼 애버내티 Jewell L. Abernathy [8] 선교사는 "숭고한 값의 교회" The Church of Great Price 라는 제목으로 성전건축에 대한 감동적인 사연을 소개하였다.[9]

7   2010년 손보순 집사의 증언.
8   1950년 2월 미국 남침례교 한국 선교사로 파송된 존 애버내티(John A. Abernathy, 나요한)의 부인이다.
9   "제3의 눈으로 바라본 침례교 역사(4): 칠산의 숭고한 값의 교회,"「침례신문」, 2001. 3. 13.

칠산교회는 1963년 정인도 전도사가 담임목회자로 부임하여 네 번째 예배당을 건축했고, 1991년 진용한 목사가 제16대 담임목회자로 부임하여 100주년 기념사업의 일환으로 지금의 예배당을 건축하였다. 2007년 조용호 목사가 제19대 담임목회자로 부임하여 120주년 기념 예배, 칠산교회 120년사 발간, 장석천 목사 순교자 기념예배 및 순교기념비를 세워 오늘에 이르고 있다.

장석천 목사 순교기념비

용안교회

전라북도 익산시 용안면 현내로 385
☎ 063-861-3700, 담임목회자 김한식 목사

전라북도 익산은 예로부터 유서 깊은 지역으로, 특히 백제 말엽에는 이곳으로 도읍을 옮기려고 계획했을 정도로 주변이 낮은 구릉지와 넓은 농토가 펼쳐져있다. 용안면의 경우, 마치 용이 길게 엎드려 있는 형상의 얕은 산들을 끼고 금강이 흐르는 앞뒤로 넓은 평야가 펼쳐져 있고, 그 중의 난포蘭浦는 금강변의 포구로 갈대가 많이 "난 포구"라서 붙여졌으며, 이곳에 장터가 있었다. 100여 년 전 이곳에 호남지역 최초의 침례교회인 용안교회가 세워졌는데, 이제 그 역사 속으로 들어가 보자.

　용안교회가 설립된 것은 미국 보스턴에 소재한 엘라씽 기념선교회에서 선교사를 파송하면서부터이다. 당시 호남은 지방 관리들의 횡포로 인한 백성들의 피폐함이 극에 달했고, 전라도 고부군(현 정읍시)에서 시작된 동학농민혁명의 실패는 백성들에게 패배감과 깊은 절망을 주어 민심이 극도로 흉흉해 있었다. 이런 상황에서 1895년 3월 초에 1진으로 내한한 폴링E. C. Pauling 목사 부부와 여성선교사 가델린A. Gardeline 양이, 2진으로 1896년 4월에 스테드맨F. W. Steadman, 엘머A. Ellmer, 엑클스S. Ackles, 브라이든A. T. Bryden 양이 내한하였다.

　내한 이후 1896년 초에 폴링 선교사는 강경에 선교부와 강경교회, 칠산교회를, 스테드맨 선교사는 1896년 6월 공주에 선교부와 공주교회를 세웠다. 그리고 이들은 금강 주변을 순회하며 전도했는데, 이들의 복음전파에 힘입어 두곡, 입포, 용안, 법성, 성당, 용포, 난포리 등지에 복음이 전파되었다. 복음을 듣고 기독교에 입교한 이들이 속속 나왔는데, 1901년 11월 스테드맨 선교사가 쓴 글에 의하면 그 수가 다수였다고 한다. "…우리는 각기 다른 지역에서 신앙생활을 시작해서 침례를 받은 신자들로 구성된 23개 학습반을 남겨두고 왔다.…" 용안교회는 이렇게 세워진 23개 학습반을 모체로 설립됐으며, 당시에는 "난포리 교회"로 불렸다. 이곳에 교회가 설 수 있었던 것은 금강 변의 해상 교통로가 되는 포구가 있어 많은 사람들의 빈번한 왕래가 있었고, 사방에서 사람들이 모여 상거래 할 수 있는 장터가 있었기 때문이다.

엘라씽 기념선교회의 재정난으로 강경에서 활동하던 폴링 선교사 일행이 1899년 말에 귀국함에 따라 이곳의 여러 신자들이 이탈했고, 이런 어려움 속에서 스테드맨 선교사가 공주에서 강경으로 이주하였다. 비록 신자의 숫자는 줄었으나 1900년 여름 12명의 결신자들이 미남장로교 선교사인 윌리엄 불William Bull, 부위렴에게 침례를 받음으로 새로운 활기를 되찾았다. 그러나 스테드

폴링 선교사

스테드맨 선교사 가족

한국 침례교회 100년의 향기

맨 선교사도 재정난을 극복하지 못하고 1901년 4월 철수했는데, 이때 자신의 선교지를 펜윅에게 인계하였다. 이곳을 인수받은 펜윅은 신명균과 함께 1901년 9월에 강경, 공주, 칠산을 중심으로 대사경회를 열었다. 이때 용안지역의 신자들도 많은 은혜를 받았고, 그해 12월 신명균이 교사로 임명받아 공주로 이주한 후 충청지역을 관할하며 이곳의 교회들을 돌봤다. 펜윅 선교사의 지시로 1903년 공주에 성경학원이 개원했을 때 30~40여 명의 학생 중에 용안교회 출신이 9명이나 있었으며, 1905년에는 23개 학습반이 신명균 교사의 순회 지도를 통해 12개 교회가 설립되었고, 이듬해에는 31개 교회로 부흥하였다.

1902년부터 본격적인 전도활동에 뛰어든 장석천의 활약으로 용안지역에 많은 신자들이 나왔다. 특별히 1905년에는 이 지역의 유명한 한학자였던 김희서가 전도 받아 교회에 출석했는데, 그는 이내 성경의 진리를 깨닫고 침례를 받은 후 전라도 일대를 두루 다니며 전도활동을 하여 용안교회의 지경이 넓어지는데 큰 역할을 하였다. 칠산교회의 장기영과 장석천 부자의 활약으로 용안교회가 더욱 든든히 서 갔고, 이 같은 보살핌으로 인해 당시 용안교회 신자들은 칠산교회를 모교회로 여길 정도였다. 용안교회는 초창기에 23개 학습반 중의 하나로 출발했으나 1905년에 이르러 공주성경학원 출신의 한태형[10]의 부친 한찬필[11]이 개종한 후 그의 집에서 정기적인 예배를 드리는 조직교회로 발전하였다(당시는 난포리 교회였음).

신명균의 활약으로 충청지역 선교지가 날로 부흥하여 1906년에 '대한기

---

10 한국침례교회사 관련 문헌과 교단 내에서 "한태영"으로 알려져 있다. 조병산, 『용안침례교회 112년사』 (익산: 기독교 한국침례회 용안교회, 2012), 78.

11 용안교회에서는 한찬필이 감로 안수 받은 것으로 알려져 있으나, 한국침례교회사 관련 문헌상으로는 감로 안수 기록에 없고, 1946년 제36차 대화회가 열렸을 때 장로 안수를 받았다. 조병산, 『용안침례교회 112년사』, 85-86.

한찬필 감로

독교회'라는 교단이 설립되었다. 강경교회에서 최초의 대화회(총회)가 개최되었을 때 용안교회 출신의 한태형, 이자운[12]과 이자삼 형제, 유내천, 장봉이, 김보국[13] 등이 만주 시베리아에 선교사로 파송되었는데, 이는 교단 최초의 해외 선교사라는 역사적인 의의가 있다. 용안교회는 날로 부흥하여 1909년 제4차 대화회(총회)를 개최할 정도로 교세가 성장하였고, 본 대화회에서 장석천 교사가 목사 안수 받았는데, 그는 순회목사로서 다른 교회와 더불어 용안교회도 돌봤다.

교회가 승승장구하며 성장하고 있을 즈음인 1914년에 교권 파동이 일어났다. 충청지역에서 성공적으로 활동하던 신명균 목사 대신 이종덕 목사를 제2대 감목으로 펜윅이 지명하자 신명균 목사는 이에 불만을 품고 교단을 이탈하여 조합교회를 조직하였다. 설상가상으로 1915년에는 일제가 포교 규칙을 발표하여 각 교회에 포교계 제출을 강요하자 교단은 이를 거부했는데, 이에 손필환 목사와 김규면 목사가 교단의 처사에 불만을 품고 교단을 탈퇴했고, 1918년에는 교단 내 모든 교회에 폐쇄령이 내려졌다. 이는 용안교회에도 영향을 미쳐 한찬필 감로 집에서 모이던 교회가 폐쇄됨에 따라 1930년 초가 예배당을 구입하기 이전에는 교동 253번지에 있는 이준근 총장(1882-1946)의 집에서 예배드리게 되었다.[14]

---

12 한국침례교회사 관련 문헌과 교단 내에서 "이자운" 또는 "이자헌"으로 알려져 있다. 그러나 가족들은 "이자헌"으로 알고 있다. 조병산, 『용안침례교회 112년사』, 81.
13 한국침례교회사 관련 문헌과 교단 내에서는 알려져 있지 않으나, 용안교회 배인구 집사의 모친 김병숙의 증언에 의하면 김보국도 함께 선교사로 파송되었다고 한다. 조병산, 『용안침례교회 112년사』, 82.
14 이준근 총장의 아들이 용안교회 최초의 안수집사(1967년)였던 이윤환 집사(1902-1975)이며 이윤환

1917년 익산군 망성면 신작리 출신 이현태가 입교했는데, 그는 이듬해에 교사 직분을 받아 중국의 길림성에 파송되었다. 이현태 교사는 중국 침례교인 이충신과 그녀의 아들 왕수용을 만나 중국인을 전도하여 1921년 만주에 중국인을 위한 전도단을 조직했고, 10개의 중국인 교회를 설립하는 등의 괄목할 만한 선교적 성과를 올렸다. 이후 1924년에는 몽골 선교사로 파송되어 활동했는데, 여러 어려움과 열악한 환경 속에서 선교활동을 하다가 1939년 야만적인 토족의 습격을 받아 순교하였다. 한편, 1915년에 교사 직분을 받은 김희서는 함경도와 간도 등 만주 일대를 두루 다니며 전도하였고, 1918년 제13차 대화회(총회)에서 박노기 목사, 최응선 감로, 김영태 총장과 함께 시베리아와 간도 선교를 위해 파송을 받았다. 이들 일행은 배를 타고 포세트 해모카우를 벗어날 때 돌풍으로 배가 파선함으로 인해 해상에서 순교하였다. 이들의 순교는 한국 침례교 역사상 최초의 순교자라는 역사적 의의가 있다.

김희서 교사 순교기념비

집사의 여동생이 이병윤 사모(고 조병진 목사, 공주교회, 대교교회 시무 은퇴), 손자가 이은학 목사, 외손자가 김정식 목사(축복교회), 김태식 목사(세종수산교회, 침신대 겸임교수)이다. 조병산, 『용안침례교회 112년사』 131-132.

1920년 교회 폐쇄령이 해제되어 정상적으로 예배를 드릴 수 있게 되었을 때도 계속해서 이준근 총장 집에서 예배를 드리다가 1930년에 이르러 교동 210-17번지 초가를 구입하여 공식적인 예배당으로 사용하기 시작하였다. 1930년대 용안교회는 강요안나 전도의 활약으로 활기를 띠었다. 그녀가 신앙생활을 시작한 것은 교권 파동 때였고, 1923년 박기양 교사를 모시고 가옥 일부를 예배당으로 바쳐 화계교회를 세워 충성스럽게 봉사하였다. 이듬해에는 "이제부터 내 생애는 새로 시작되었다"라고 간증하면서 전도에 전력했는데, 본 교단 최초의 여전도인이 되어 충남 예산, 광시, 청양, 광천, 태안, 홍성 등지를 다니며 복음을 전파하였다. 1929년에 용안으로 이사와 용안교회를 섬기면서 전라도 지역과 공주, 강경, 익산, 용안, 송천, 함라, 송담, 나포, 두동 등지에 순회전도 하였다.[15] 한편, 강경에 살았던 이상필 감로가 1935년경 용안 교동리로 이사와 한약방을 하면서 용안교회에 출석하면서 한찬필 감로, 이준근 감로와 함께 교회를 돌봤고, 어려서부터 용안교회에 출석하던 김용해가 1934년 교사 직분을 받아 전도에 동참하는 등 용안교회가 날로 성장하였다.

1930년에 들어서면서 일제는 만주사변, 중일전쟁을 일으키면서 대륙침략의 야욕을 드러내는 가운데 한국 교회에 신사참배를 강요하기 시작했다. 이에 동아기독교는 교단적으로 이를 거부함으로 일제의 서슬 퍼런 감시를 받게 되었고, 급기야 원산사건을 통해 교단의 주요 인물 32명을 치안유지법으로 체포되어 원산형무소로 수감되었다. 이때 용안교회에서도 김용해 목사(1942. 9. 4), 이상필 감로(1942. 9. 7)가 구속되었다. 급기야 1944년 5월 10일에 교단

---

15 강전도부인의 후손으로는 손자인 김순갑 목사(전 수도침신 교수 역임, 선교사, 25년 동안 미국령 괌에서 교회개척, 교도소와 방송사역을 하였고 괌제일교회에서 은퇴)와 증손자 김종걸 목사(한국침례신학대학교 교수), 김의룡 목사(주포제일교회)가 있다. 김갑수, 『한국침례교 인물사』(서울: 요단출판사, 2007), 140-141; 김종걸 교수(2020년 5월 26일), 전화 인터뷰.

폐쇄령이 내려졌고, 교회도 몰수당했다. 그러나 김정용 반장이 몰수당한 예배당을 다시 구입하여 주택으로 개조한 후 마지막 방을 예배처소로 제공하여 해방될 때까지 그곳에서 예배를 드렸다.

해방이 되자 김용해 목사와 김정용 반장, 박재봉 통장의 수고로 교동 419-3번지의 적산가옥을 매입하여 예배당으로 사용하였다. 1946년 2월 9일 칠산에서 개최된 교단재건회의에 김용해 목사, 이상필 감로, 이건창이 참석했고, 1946년 9월 강경에서 개최된 제36회 대화회(총회)에서 13명의 장로가 안수를 받았는데, 그 중에는 한찬필 감로와 이준근 총장의 사위 조병진이 있었다. 조병진은 훗날 신학교 졸업 후 목사가 되었다.[16] 해방 후 개교회 담임사역이 실시되면서 첫 목회자로 김장배 교사가 담임교역자가 되었다. 한국전쟁이 한창이던 1951년에 이창송 전도사가 제2대 교역자로 부임하였고, 1951년에 창리교회 분리 개척(오봉호 집사 가족 외 10여 명)했다.

1955년에 서중선 전도사가 3대 교역자로 부임하였다. 이 시기 신은교회를 분리 개척했는데, 한공철 집사 가정과 박신영 전도사 가정이 파송되었다. 1957년에 김현중 전도사가 4대 교역자로 부임하여 구호물자 일부를 팔아 적산가옥 예배당을 수리하였다. 1958년에 오제천 전도사가 5대 교역자로 부임하여 초가 사택을 건축하였다. 1961년 김현중 전도사가 6대 교역자로 부임하여 적산가옥 예배당을 매각하고 교동 210-42번지를 매입하여 1964년에 40평의 예배당을 건축하였다.

---

16 공주교회(현 꿈의교회) 출신인 조병진 목사는 경남 월령교회를 설립하였고, 충남 도덕교회 2대, 공주교회(꿈의 교회) 11대, 14대, 17대, 18대, 공주 대교교회 4대와 9대 목회자로 섬기다가 대교교회에서 은퇴했다. 이병운 사모 사이에 조혜숙 권사, 조경숙 사모(남편 반덕신, 호주 선교사), 조혜경 사모(남편 김기관 장로회신학대학 교수 역임), 조혜정을 두었다. 조병산, 『용안침례교회 112년사』, 133.

세월이 지나면서 새로운 성전 건축을 모색하는 가운데 1984년에 교회에 큰 위기가 닥쳤다. 이는 새 예배당 건축을 위해 옛 예배당을 교인들이 철거하는 중에 벽체가 무너져 63세의 신원분 집사가 별세한 것이다. 그러나 가족들의 너그럽게 조치해 줌으로 예배당 건축은 무리 없이 지금의 예배당이 완공되었다. 1986년 3월 11일 신원분 집사의 고귀한 희생을 후세에 널리 알리고자 교회 화단에 순직비를 세웠다. 신원분 집사는 2007년 9월 23일에 권사로 호칭하기로 하고 현재 신원분 권사로 불리고 있다.

고 신원분 집사 순교기념비

1996년 2월에 제7대 담임목회자로 장희국 목사가 부임하여 용안면 교동리 366-2번지 384평(2001. 4)과 교동리 361번지 89평을 매입 등기 이전하였다. 또한 2002년에는 100주년 기념비 제막, 본당 내부인테리어 등을 통해 100주년 기념행사를 거행하였다. 장희국 목사 이임 후 2007년 9월 제8대 담임목회자로 조병산 목사가 부임하여 2010년에 목양회에서 용안침례교회 110년 역사를 담임목사가 쓰기로 결의하고, 용안교회 시작 연도를 1900년으로 시정하기로 하였다. 또한 2008년 10월 25일 교동리 366-2번지

새 예배당   헌당예배

117평에 행복관을 완공했고, 이듬해에는 교회마당 450평을 익산시 예산을 지원받아 아스팔트로 포장하였다.

2012년 5월 22일 공주 대교교회 출신으로 연산교회에서 사역하던 김한식 목사(김정식, 김태식 목사가 사촌 동생)가 제9대 담임목사로 부임하면서 현재까지 이르고 있다. 2013년 5월에 9명의 권사 임직식과 이어 교회를 새로 짓기로 결정하고 2015년 7월에 시작하여 2016년 9월 4일에 헌당예배(건평 149평, 대지 약 1,500평)를 드렸다.

김한식 목사와 용안교회 성도들은 본 교회가 침례교 최초로 해외선교사들(한태형, 유내권, 이자운 형제, 장봉이)을 파견했다는 것에 자부심을 가지고 있다. 이러한 자부심은 해외선교와 순교자들의 자취를 찾아가는 선교정신으로 이어졌다. 본 교회는 2016년 9월 4일 중국 용정의 종성동교회에서 사역하고 있는 김명신 전도사를 초청하여 설교를 듣고 격려하였고 교회 울타리가 없다는 어려운 교회형편을 듣고 팬스 설치와 음향기기를 선물해 주었다. 또한 2018년 9월 11명의 성도들과 함께 종성동 교회를 방문하여 1932년 10월 공산당치하의 문화혁명 당시에 버드나무에 메달려 산채로 가죽이 벗겨지며 순

김영관 목사 비석 세우기

네팔 120주년 기념교회

교를 당한 김용진, 김영관 목사 순교 비석이 무너져 내린 곳을 방문하여 교인들이 비석을 바로 세우고 주변을 정리해주었다.[17]

김한식 목사는 "용안교회는 역사적인 교회로 120주년 기념사업의 일환으로 2020년 5월에 네팔 더란지역에 찬양영광교회 성전을 건축했습니다. 이후

---

17   김한식 목사(2020년 8월 4일), 전화 인터뷰; 이외에도 순교 당한 사람으로 김영국 감로, 정춘보 성도,
      이규현 집사가 있다. 행곡교회 역사 참조.

로도 지속적으로 교회의 존재이유인 선교를 위해 더욱 매진하여 지난 120여 년의 역사 속에서 받은 축복을 전세계에 나누는 교회가 되도록 힘쓰겠습니 다"라고 목회비전을 밝혔다.

신영교회

충남 공주시 이인면 신영리 334-2
☎041-857-4244, 담임목회자 송명섭 목사

충남 공주시 이인면은 서쪽으로는 우성면과 청양군 목면, 동쪽으로는 계룡면과 논산시 노성면, 남쪽으로는 탄천면, 북쪽으로 금학동과 접해있는 농촌지역으로 주민들대부분은 딸기, 고추, 오이와 같은 특수작물을 재배하며 살고 있다. 마을 명칭인 '이인'은 지세가 '배'처럼 생겼다고 해서 지어진 이름으로, 마을 앞에 흐르는 하천이 반대 방향으로 흐르고 그 위에 배가 떠 있는 모습으로 마을 한복판에 500여 년 된 은행나무가 배의 돛대 역할을 한다고 하여 지어졌다. 원래는 행정구역이 탄천면 신리(신영리)였던 것이 1987년에 이인면에 편입되었고 2015년 4월 2일에 호남고속철 KTX 공주역이 개통되어 새로운 교통중심지로 발전되고 있다. 공주역 바로 맞은편에 대한기독교회의 선교와 순교정신이 살아 이어져 내려오고 있는 신영교회가 있다.

신영교회는 1903년 봄(3월 1일) 그 당시 공주교회(현 꿈의 교회)에서 신앙생활하고 있었던 윤자학(1874-1942)이 한국 최초의 침례교 선교사였던 펜윅 선교사를 모시고 공주군 탄천면 신리 백암골에서 예배를 드림으로 시작되었다. 1901년 엘리씽 기념선교회(충청도 선교)를 인수한 펜윅 선교사가 1901년 9월, 1902년 9월, 1902년 12월에 강경, 공주, 칠산 등 주로 충청권을 순회하며 전도와 사경회를 인도했다는 기록으로 보아, 세 번째 순회사역 중에 이곳 신리에 방문했을 것으로 보인다.[18]

---

18 김용해 편저, 『대한기독교침례교회사』(서울: 성청사, 1964), 14; 기독교 한국침례회 총회 역사편찬위

이 당시 29세의 젊은 윤자학이 펜윅 선교사와 함께 마을에 들어오자 풍물놀이가 펼쳐지고, 마을 사람들이 너나없이 춤을 추며 환영했다고 한다. 비록 이 지역에 교회가 설립되지는 않았지만 상당수의 마을 사람들에게 이미 복음이 소개되었을 것으로 추측해 볼 수 있다. 이곳 마을에는 최근까지도 이와 같은 전통이 이어져 비록 신자가 아니더라도 추수감사절과 같은 교회의 행사에 마을 사람들이 참여하고 있으며 년 초에 마을의 사물놀이도 교회마당에서 행해진다고 하니 펜윅 선교사가 이곳을 방문했을 당시의 풍물놀이가 어떠했을까 궁금해진다.[19]

윤자학 출신 배경과 그가 어떻게 신앙생활을 하게 되었는지에 대해서는 자료가 제한적이다. 다만 그는 진사였던 윤혐진(1812-1888)의 아들로 탄천 일대 재력가 집안 출신이자 당시 신문화와 기독교 신앙을 일찍이 받아들인 지식인이었으며 공주교회의 신자였다는 것만 알려져 있다. 후에 윤자학은 감리교단에서 목사 안수를 받고 미국에서 목회를 하다가 이 곳 고향에 묻혔다.[20]

원회 이정수 편저, 『한국침례교회사』 (서울: 침례회출판사, 1994), 53; 허 긴, 『한국침례교회사』 (대전: 침례신학대학교 출판부, 1999), 65-75.

19 송명섭 목사(2020년 7월 31일), 면담. 1993년 제13대 담임으로 부임한 송명섭 목사는 신년마다 마을 풍물패가 가가호호 방문하면서 풍물놀이를 하는 것이 이 마을의 전통인데 어느 한 해는 교회만 빼어놓고 지나갔다고 한다. 그래서 "왜 우리 교회는 그냥 지나가시느냐?"고 물으니 "목사님들이 싫어 하시더라" 대답하자, "술은 대접할 수 없으나 교회 마당에서 마음껏 놀고는 가시라"하자 풍물패가 즐겁게 놀고 갔다. 매년 찾아 올 때 마다 교회에서는 마을 기금으로 후원하기 위해서 한 장의 봉투를 건넸다.

20 송명섭 목사, '신영교회 연혁.'

박노기 순교자   이종덕 순교자

윤자학 성도와 함께 이곳 신영리는 1918년 침례교 최초로 러시아 선교사로 파송받아 항해하던 중 풍랑으로 순교했던 박노기 목사(1882-1918)와 펜윅에 이어 한국인 최초로 감목(총회장)이 되어 대한기독교회를 이끌었고 후에 공산군에 의해 1950년 9월 28일 순교 당한 이종덕 목사(1884-1950년, 1911년 목사 안수)의 고향이기도 하다. 이곳에서 태어난 박노기 목사는 1903년 칠산교회 장석천 전도인으로부터 복음을 듣고 개종하여 1906년에 전도사의 직분을 받은 후, 이곳 고향을 떠나 경상도 밀양에서 복음을 전하기 시작했고 이종덕 감목 역시 1907년 전도인으로부터 복음을 전해 듣고 고향을 떠나 함경도 원산으로 갔지만 이들의 선교정신과 순교정신은 여전히 신영교회에 이어져오고 있다.[21]

---

21 송명섭 목사, '신영교회 연혁.' 이정수는 박노기, 이종덕 목사에 대해 다음과 같이 기록하고 있다: "또한 장석천의 전도로 1903년에 입교한 박노기를 전도사로 세우고…이종덕을 …원산지방에서 전도하게 하였다." 기독교 한국침례회 총회 역사편찬위원회 이정수 편저, 『한국침례교회사』, 65. 박노기 목사가 순교할 때 그의 나이는 36세였다. 박노기 목사는 슬하에 아들 박원규(목사)와 두 딸을 남겼다. 이정수 목사는 그의 생애를 "예수 그리스도의 겸손과 사랑을 배워 그대로 실천한 사람"이었다고 기록하고 있다. 이정수 편저, 『한국침례교회사』, 80-81; 김갑수, 『한국침례교 인물사』 56-63.

1903년 봄 신영교회의 설립 후, 예배가 어떻게 진행되었는지에 대해서는 자세한 기록은 없다. 다만 이종덕 목사의 기록에 따르면, 이종덕 목사를 비롯하여 여러 목회자들이 순회하며 오랫동안 예배를 인도하며 교회의 전반 사무를 치리했음은 분명해 보인다. 이 당시 신영교회의 규모나 영향력을 엿볼 수 있는 것 중에 하나는 1913년 제8회 대화회를 신영교회(옛 신리교회)가 개최한 것이다. 김용해 목사는 이 대화회 장면을 다음과 같이 묘사했다:

"펜위익 감목께서 공주公州 신리新里에 오신다는 소식을 접한 그곳 교회에서는 한국식 대연大宴을 배설하고 삼인육각三人六角을 잡으며 인산인해人山人海를 이룬 군중은 장사진長蛇陣으로 십리 밖에까지 나가서 성대한 환영을 하였으며 그때 양반만 자랑하는 유한층遊閑層에서 거의 기독교에 입교 하였고, 또한 그 근처에 널리 복음을 전하는데 효과가 컸다하며 이곳은 박노기 목사, 이종덕 목사, 김노득 전도사의 고향이기도 하다."[22]

1918년 일제의 강요에 의해 교회가 폐쇄당하고 1943년 일제의 신사참배에 저항하여 교단폐쇄령까지 내렸지만 신영교회의 예배는 오랫동안 유 반장으로 알려진 가정집에서 비밀리에 계속되었다고 전해져 내려온다. 신영교회가 본격적으로 재건된 시기는 1952년 3월로 서중선 집사가 뱀골에서 예배를 다시 드리기 시작하면서이다. 이 당시 예배드리는 모습을 지금도 기억하고 있는 본 교회 윤오중 장로는 남녀자리가 구분되어 예배를 드렸다고 증언하고 있다.[23] 1954년에 김재한 전도사가 담임사역자로는 처음으로 부임하였고, 1956년에는 박완규 전도사가, 그리고 1959년에 강자천 전도사가 담임목

---

22   김용해 편저, 『대한기독교침례교회사』, 27. 삼인육각은 '세 사람이 육각형의 큰 잔치상을 들었다'로 유축해 볼 수 있다.

23   윤호중 장로(2020년 7월 31일), 전화 인터뷰.

강자천 전도사와 교회청년들   야외예배

회자로 부임했다. 강자천 전도사는 1965년까지 6년간 시무하면서 신영교회
의 성장의 기틀을 놓았다.

　　강자천 전도사 시절 교회는 크게 부흥하여 1959년에 이인면 신영리 221번
지에 기와 흙벽돌로 25평의 예배당을 건축했다. 건축기금은 강자천 전도사
가 사택과 부지를 매매한 금액을 교회에 헌납하여 가능하게 되었다. 그 당시
전교인 사진과 주일학교 학생들의 여름성경학교 사진은 교회 분위기를 가름
해 볼 수 있다.[24]

강자천 전도사와 교인들   여름성경학교 학생들

24　송명섭 목사, '신영교회 연혁.'

　1966년에 이상용 전도사의 부임과 연이은 1967년 이복택 전도사의 부임
후 교회는 다시 한 번 건축하게 되었다. 신영리 334-3번지 당시의 사택 자리
에 이번에는 시멘트 벽돌로 20평의 예배당과 종탑이 건축되었다.

　이후에도 담임목회자들의 부임과 사임은 계속되었다. 박영석 전도사
(1974년), 김성현 전도사(1975년), 강관중 전도사(1981년), 김영복 전도사
(1983년), 권해창 전도사(1987년)가 부임했다. 1990년이 되어서 신영리 334-
2번지에 기존 사택을 철거하고 40평의 예배당을 붉은 벽돌로 건축하기로 결
정했으나 건축기금을 마련하기가 쉽지 않았다. 불과 2,500만 원으로 40평의
예배당을 건축할 수 있도록 도와주겠다는 한 건축업자의 제안에 전 성도들의
기쁨은 이루 말 할 수가 없었다. 건축이 시작되고 공사가 진행되어가면서 건
축비용이 눈 더미처럼 늘어나자 건축업자의 손해는 이루 말 할 수 없었다. 하
지만 온 성도 앞에 자신이 한 약속을 지키기 위해 손해를 감수하고 건축을 완
성했던 건축업자는 그 직후 본 교회 이현자 집사의 딸과 결혼을 승낙 받아 결
혼 후 현재 서울 삼현장로교회 집사로 교회를 섬기고 있다.[25]

25　송명섭 목사(2020년 7월 31일), 면담.

1993년 8월 8일 신영교회 역사상 최초로 목사 안수를 받은 송명섭 목사가 제15대 담임목회자로 부임했다. 이에 대해 교인들은 지금까지 모든 사역자들이 전도사로 부임해서 목사 안수를 받고 다음 부임지로 이동했다며, 마을 사람들은 교회가 '목사공장'이었다고 웃지 못 할 말들을 하였다고 한다.[26] 송명섭 목사가 부임했을 당시 신영교회와 그 지역상황은 열악했다. 비가 오면 교회 곳곳에 빗물이 떨어지고 장화 없이는 길을 다닐 수 없을 정도였으며 지역복음화율도 너무 낮아 교회는 미자립 상태였다. 3년 동안 여러 교회와 단체들의 후원을 받으면서 목회하던 송명섭 목사는 자립하기로 교회 앞에 선언하고 청소년집회와 찬양집회를 인도하며 지역의 필요를 채워주기 위해 노력했다. 그 결과 농촌지역에서는 드물게 청소년들이 모여들기 시작했고 교회에 장년층이 늘어나며 교회에 대한 동네 어르신들의 시각이 변하여 교회 일에 협조하게 되었다.

1995년 5월 11일에 성전봉헌 예배와 윤오중 집사의 안수식이 있었고 1997년 3월에는 처음으로 본 교회가 정군용 전도사를 카자흐 공화국(침켄트) 선교사로 파송했다. 2001년 12월 31일 제99회 사무총회에서 100주년 기념 성전을 증축하기로 결의하고 2002년 2월 1일에 증축(교육관 16평, 식당 20평, 목양실 6평, 화장실 10평, 사택 10평, 예배당 리모델링, 일부 싸이딩 작업)을 시작하여 5월에 끝마쳤다. 2월 1일에 본 교회 출신자들을 초청하여 'Homecoming Day' 행사를 가졌고 5월 16일 성전 증축 감사예배 및 한종명 전도사 목사 안수식을 시행했다. 그리고 드디어 2003년 3월 1일 창립 100주년 감사예배를 교단의 내 외빈들을 모시고 드렸다.[27]

---

26 송명섭 목사(2020년 7월 31일), 면담.
27 송명섭 목사, '신영교회 연혁.'

새성전 봉헌식

교회 창립 100주년을 맞아 신영교회는 교회 증축이 아닌 새로운 예배당을 건축하기로 결정하고 이인면 신영리 336-8번지 교회 부지를 매입하여 대지면적 965.0㎡에 건축면적 380.55㎡, 연면적 772.86㎡의 지상 3층 구조의 종교시설로 대예배당, 식당, 주방, 교육관, 목양실, 사무실, 사택, 선교관 등의 새 성전을 건축하고 2017년 3월 4일 새 성전봉헌 감사예배를 드렸다.[28]

송명섭 목사는 교회설립 초기 성경중심, 선교중심, 순교를 각오한 윤자학 집사, 박노기 목사, 이종덕 목사의 신앙과 정신을 이어오고 있다. 정군용 전도사를 선교사로 파견한 것을 시작으로 2002년부터는 필리핀의 마닐라, 민도르, 따가이따이 지역과 중국에 해외선교를 시작했으며 2009년 11월에는 필리핀 현지 목회자들을 위해 제1회 '사랑의 동산'을 개최하는 등 해외선교에 목회역량을 집중했다. 뿐만 아니라 본 교회 성도들이 선교적 사명을 감당할 능력을 갖출 수 있도록 신영교회 성경대학을 개설(2018년 4월 1일, 4년제)하여 교육하고 있으며 전교인 힐링캠프(동유럽 4개국)을 통해 선교정신을 고취하고 있다.[29]

송명섭 목사는 또한 평신도 지도자들을 세워 목회사역에서 동역하고 있

---

28 송명섭 목사, '신영교회 연혁.'
29 송명섭 목사, '신영교회 연혁.'

한국 침례교회 100년의 향기

다. 창립 107주년 감사예배(2010년 11월 28일)에서는 윤오중 집사를 장로로, 이현자, 유영희 집사를 권사로 세웠고 창립 110주년 감사예배(2013년 3월 1일)에서는 조경훈 전도사를 목사로, 변충식, 김진병 집사를 장로로, 장정자, 박에스더, 조영여, 김경숙, 한상준, 오정희 집사를 권사로 세워 목회 사역에 동역자로 삼았다.[30]

그동안 본 교회 출신 사역자들로는 서동욱 목사(구세군), 임종남 목사(방축교회), 박경애 사모, 김용철 목사(강릉 새능력교회), 윤석길 목사(미국사역)가 있으며 평신도로는 60여 년 동안 교회를 섬긴 윤오중 장로와 신영리 마을로 시집와서 지금까지 약 50여 년을 교회를 섬긴 이현자 권사가 있다. 또한 이종덕 목사의 아들로 어린 시절 펜윅 선교사의 무릎에 앉아 성경말씀을 들었다는 이신우 집사는 한동안 본 교회에서 신앙생활을 하기도 했다. 이종덕 목사의 묘지는 고향인 이곳 신영리 선산에 오랫동안 있었다. 하지만 지난 2007년 3월 15일에 강경으로 이장되었고 현재는 비석만 남아있다.

송명섭 목사는 "신영교회가 120주년을 준비하며 필리핀 선교지에 비전센터를 세우고 싶습니다. 이 비전센터가 선교의 전진기지가 되어 모든 민족을 향한 선교에 앞장서고 싶습니다. 지난 110년 동안 신영교회 역사 속에서 함께 하셨던 하나님께서 또 다른 100년의 역사에 함께 하실 줄로 믿습니다. 땅 끝까지 이르러 내 증인이 되라는 말씀을 이루기 위해 평신도와 사역자들을 길러 안디옥 교회와 같은 역할을 신영교회가 하고 싶습니다. 또한 온 성도가 사도행전 29장을 써내려가는 주인공들이 되어지길 소망합니다."라며 비전을 밝혔다.[31]

---

30 송명섭 목사, '신영교회 연혁.'
31 송명섭 목사(2020년 7월 31일), 면담.

임천교회

충남 부여군 임천면 성흥로 89
☎ 041-833-2046, 담임목회자 양찬호 목사

충청남도 보령시, 청양군, 공주시, 논산시, 익산시, 서천군으로 둘려 쌓인 부여군은 이전의 부여군 지역, 석성군 지역, 홍산군 지역, 임천군 지역 등 모두 4개의 지역으로 나누어져 있으며, 이 중에 임천군은 충화면(면 소재지 천당리), 양화면(면 소재지 입포리), 임천면(면 소재지 군사면), 장암면(면 소재지 석동리), 세도면(면 소재지 청송리)으로 구성되어 있다. 임천면에는 가신리, 구교리, 군사리, 두곡리, 만사리, 발산리, 비정리, 옥곡리, 점리, 칠산리, 탑산리가 있으며 양화면에는 입포리, 초왕리, 오량리, 족교리, 벽용리, 송정리, 수원리, 상촌리, 시음리, 내성리, 원당리, 암수리가 있다. 임천면과 양화면에 100년 이상된 침례교회가 칠산교회(임천면), 임천교회(임천면), 원당교회(양화면)가 있다.

　임천교회의 설립연도에 대해서는 이견이 다양하다. 2007년 총회 역사연감에는 1901년으로 기록되었으나 당시의 역사적 정황상 분명치 않다. 이 주변의 복음전파에 대해서 허긴 박사는 1898년부터 스테드맨 선교사와 함께 강경교회와 칠산교회를 중심으로 금강 유역인 두고, 입포(笠浦. 옛 지명은 순우리말로 갓개), 용안, 법성, 성광, 웅포, 난포리 등지에서 다수의 결신자들을 얻게 되어 소위 23개의 학습반이 구성되었다고 기록했다. 이 지역의 학습반 신자들이 칠산교회의 전용 나룻배를 타고 예배를 드린 것으로 보아 후일에 이학습반 지역에 세워진 교회들은 강경교회와 칠산교회의 선교적 결과라고 볼수 있다. 특히 1905년 스테드맨 선교사가 마지막으로 칠산교회를 방문하여 집회를 은혜롭게 인도하여 앞서 언급했던 지역에서 많은 신자들이 나왔다는

기록을 볼 때, 주변의 교회들이 이 시기를 전후하여 설립되었을 것으로 유추해 볼 수 있다.[32]

현재 임천면에 있는 임천교회의 설립은 황태봉 교사와 밀접한 관련이 있다. 펜윅 선교사로부터 복음을 받은 신명균 목사(교단 최초로 1905년 안수받음)가 1901년 원산에서 공주로 파견되어 강경, 공주, 칠산 지역을 중심으로 사역을 했고, 1903년 2월 10일에는 교역자 양성을 위해 공주교회 내에 성서학원(초대 원장 신명균 교사)을 시작하였다. 이때 최초로 장석천, 이종덕, 황태봉, 고문중이 입학하였고, 1906년 여름 졸업 후에 교사직분을 받았는데, 이들 중 부여군 임천면 군사리에 살았던 황태봉이 임천면 구교1리 생격골 부락 초가에서 예배를 드리기 시작했다. 이것이 임천교회의 시작으로, 정황상 1905년 전후로 보인다.[33]

임천교회는 성장함에 따라 예배처를 임천면 군사2리 195번지 211평 가옥(강성운씨 소유)으로 옮겼고, 1930년대 까지 크게 부흥하였다. 특히 설립자인 황태봉 교사의 조카였던 황춘덕 부부와 전학선 총장 부부(정에리사벳), 오남례, 원소저, 최사라, 김찬옥과 그의 가족들이 일제의 모진 박해 속에서도 신앙을 지키며, 교회를 유지해 나갔다. 하지만 1944년 5월 10일 함흥재판소에서 본 교단 해체령이 내려와 교회가 강제로 몰수, 매각되어 더 이상 예배를 드릴 수 없게 되어 오남례 전도부인을 비롯한 몇 명의 헌신적인 성도들이 가정 가정을 방문, 권면하여 만사리 권씨 가정에서 예배를 드렸다. 이는 해방 후에도 계속 되었다.[34]

---

32 허긴, 『한국침례교회사』 (대전: 침례신학대학교 출판부, 1999), 73-75.
33 원소저 집사 증언을 양찬호 목사 제공, '임천교회 연혁'; 이정수 편저, 『한국침례교회사』 54; 65-66.
34 양찬호 목사, '임천교회 연혁.'

6.25 사변 이후 1953년 4월에 임천면 군사1구 임병선의 사랑방에서 정구영 부인과 옛 성도들이 김용해 목사를 초청하여 예배를 드림으로 임천교회가 재건되었다. 1954년에는 임천면 사무소 입구 2층을 임대하여 예배를 드렸고, 1955년에는 구 임천면 우체국 건물에서 예배를 드리다가, 1957년에 임천면 군사1구 279번지 목조 함석집을 매입, 개축하여 예배를 드렸고, 1970년 5월 3일에 김만태 목사의 주도로 현 교회건물(약 70평)을 건축하고 예배를 드렸다.

　현 예배당이 세워지기까지 성도들의 헌신과 수고는 이루 말할 수 없다. 예배당의 필요성은 모두 절실했으나 안타깝게도 준비된 것은 아무 것도 없었다. 그러나 다행인 것은 미남침례회 한국 선교부로부터 공주교회, 영주교회와 함께 후원교회로 선정되어 건축비용의 2/3를 지원받을 수 있게 되었다. 그런데 문제는 나머지 건축비용을 마련하는 것이었다. 자갈과 모래 등을 포함한 건축비용을 마련할 수 없게 된 성도들은 비가 오면 강에서 흘러와 쌓이는 모래를 지고 날랐고, 채취한 자갈은 여집사들이 망치로 직접 부수어 교회를 지었다. 건축 도중 모래가 떨어지면 다시 비가 오기를 기다려 모래를 마련하여 교회건축을 이어갔다. 건축 과정에서 놀라운 일이 일어났는데, 교회 다니지 않던 동네 사람들이 일손을 보태주었다는 것이다.[35]

　임천면 군사리에서 태어나 학창시절(초, 중, 고등학교)을 교회에서 지냈던 김영한 목사(서울 남부지방회 더사랑교회 담임)는 당시 시골교회로서는 드물게 40여 명의 학생들이 교회에 출석 했다고 증언하였다. 특히 서중석 안수집사(당시 청년)의 열정적 지도 아래 겨울방학 동안 군사리 성흥산(지금의 가림산성) 정상

35　양찬호 목사, '임천교회 연혁.'

에서 매일 1시간 씩 40일 동안 기도회를 3~4년 간 지속했고, 학생부 자체로 강사를 초청하여 부흥회를 개최 할 정도로 영적으로 뜨거웠다고 한다. 특히 구바울 목사와 이재성 목사 재임 시에 여러 차례 교회 자체 부흥회와 부여군 연합부흥회에 많은 성도들이 참석하며 은혜를 받아 교회가 영적으로 충만했다고 기억하고 있다.[36]

교회의 임직식은 조광연, 이기엽 안수집사(호칭장로, 1993년 4월 17일), 박종필, 서중석 안수집사, 김종례, 양미자, 현부월, 김선초, 백기안, 라길숙, 이춘자, 정상례, 나계점 박복순, 유정자 권사(2002년 11월 16일), 심재윤 안수집사, 강윤자, 박순임, 조옥련, 남궁영자, 최영희, 김영월, 고광례, 오연희, 김용운, 최종욱 권사(2018년 6월 23일)의 임직식이 있었다.[37]

2005년 20여 명의 성도들이 교회의 내적 이견으로 분리, 개척하여 주변에 임천성결교회가 세워졌으나 현재는 대부분 돌아왔고, 2010년 7월 20일 현 담임목회자인 양찬호 목사가 부임함으로써 임천교회는 통합과 새로운 도약

---

36 김영한 목사 (2020년 7월 16일), 전화 인터뷰.
37 양찬호 목사, '임천교회 연혁.'

2019년 신년감사예배 후

의 기회를 맞이했다. 부임 당시 한 건물에서 따로 예배를 드렸던 성도들의 나뉘었던 마음이 차츰 시간이 지남에 따라 하나가 되기 시작했고, 해체되었던 주일학교, 학생부, 성가대가 재조직되었다. 또한 10년 동안 매주 목요기도회 (세도제일교회, 지원교회와 함께)와 금요기도회를 통해 기도에 집중했고, 교회보수, 관리, 공사, 차량운행 등 교회의 전반적인 활동들이 자리를 잡아 현재는 100여 명의 성도들이 예배에 출석하는 교회로 성장하였다.

부임 직후 음악에 관심이 많았던 양찬호 목사는 2015년부터 초등학교 3-5학년 주일학교 학생 8명을 매주 4일, 8개월 동안 직접 차량 운행을 하여 기타, 건반, 드럼 학원에 보냈고, 4개월 동안 한 달에 2차례 미산제일교회 찬양 팀과 맨투맨 레슨, 매주 토요일마다 연습을 6년 동안 이어오고 있다. 이

학생들이 지금은 중, 고등학생이 되어 본 교회 찬양 팀으로 봉사하고 있을 뿐만 아니라 논산 성산교회 주일학생들을 가르쳐 찬양 팀을 결성하는 일에 도움을 줄 정도로 성장했다. 이 학생들 가운데 한 학생은 대학에서 피아노를 전공하고 곧 유학길에 오를 예정이며 드럼실용음악을 전공하려는 학생도 있게 되었다. 임천교회는 음악으로 지역을 섬기는 일에도 앞장서고 있다. 교회 주관으로 진행되는 가림어울림 음악회는 도와 군의 예산 지원을 받으며 지난 3년 동안 열리고 있고, 인근 주민 450여 명이 참석하는 지역축제로 자리매김하였다. 임천교회는 찬양과 복음전도를 통해 이제는 지역사회에 선한 영향력을 끼치는 교회로 성장하고 있는 중이다.

임천교회를 거쳐 간 목회자들로는 개척자인 황태봉 교사(1905. 3. 5-), 한태경 목사(1953-1955), 최승태 전도사(1955-1959), 이건창 목사(1959-1961), 고승혁 목사(1961-1965), 김만태 목사(1965-1971), 김유도 목사(1971-1981), 조병우 목사(1981-1986), 구바울 목사(1986-1989), 이재성 목사(1989-2001), 이복태 목사(2001-2010) 등이 있으며, 현 담임은 양찬호 목사(2010-현재)이다. 본 교회 출신 목회자는 이만엽 목사(옥포교회), 우현식 목사(감리교 목회), 김영환 목사(더사랑교회), 이충일 목사(미국에서 목회) 등이 있다.

원당교회

충남 부여군 양화면 양화동로 473-1
☎ 041-833-3114, 담임목회자 김천희 목사

부여군 임천면에 100년 이상된 칠산교회와 임천교회가 있다면, 양화면에는 원당교회가 있다. 원당교회는 1905년 4월 6일 정성교와 최미리암(본래는 안씨로 남편은 최원여)에 의해 원당리 중앙 섬말 한 복판에 있었던 정성교의 자택에서 예배를 드림으로 시작하였다. 정성교는 신앙으로 자택을 예배당으로 헌납했을 뿐만 아니라 직접 예배를 인도하였다. 그의 기독교 입교는 원당리 출신 고향 선배인 김치화(칠산교회 출석)의 전도에 의해서였고, 개종 후 처음에는 강경교회를 출석하였다.[38]

　최미리암은 강경이 고향으로, 강경교회를 다닐 때 선교사로부터 남편(최원여, 崔元汝)의 성을 따라 서양식으로 "최미리암"이라는 이름을 받았고, 정성교와 원당리에 거주하던 몇 명의 성도들과 같이 강경교회를 출석하다가 점차 원당리에서 다니는 인원이 많아지자 이들을 규합하여 원당교회를 세웠다. 당시 원당리는 지리적으로 금강주변(바로 옆에 입포항이 있었음)으로, 군산과 강경의 조수간만의 차이를 이용한 해상로가 발달하였는데, 원당교회는 수로를 통

38　김갑수, 『원당교회 100년사: 1905-2005』(서울:삼영사, 2005), 29; 허긴, 『한국침례교회사』(대전: 침례신학대학교 출판부, 1999), 73. 김치화는 스테드맨 선교사의 전도로 칠산에서 복음을 받아들였고, 1900년 여름 스테드맨 선교사의 요청에 따라 군산 주재 미남장로교 선교사인 부위렴 목사에게 침례 받은 12명 중 하나였다. 그는 칠산침례교회에서 신앙생활을 하다가 1901년 4월 스테드맨 선교사의 귀국 후 교회 내 분란으로 교회를 이탈하여 원당리에 장로교회를 개척, 예배를 드렸다. 그러나 후일에 다시 침례교회로 돌아왔다.

해 주변 마을에 복음을 전파하였다.[39]

정성교를 중심으로 예배를 드리다가 1910년부터 최미리암의 남편인 최원여가 실제적으로 예배를 인도하며 원당교회를 이끌었다. 훗날 최원여의 아들인 최학기崔學己 반장은 강경교회 설립자 중 하나인 지병석池炳錫의 딸과 혼인했고, 손자인 최종석崔鍾錫, 증손은 최의수 목사은 1950년 7월 본 교회의 담임목회자(당시는 전도사)가 되었다.[40] 한편, 원당장로교회를 설립하여 예배를 드렸던 김치화는 수년 후 자신의 잘못을 뉘우치고 본 교회로 되돌아와 최원여를 대신해 통장직분을 받고 예배를 인도하며 교회를 이끌었다. 김치화는 본래 소리꾼으로, 당시에 사회적 신분은 미천했으나, 주 안에서 신분의 귀천이 없음을 주장하며 맡은 바 직분을 감당하였다.

원당교회 역사와 관련하여 언급할만한 몇몇의 인물이 있는데, 먼저 원당리 출신의 김희서金希西, 1873-1918 교사에 대해 살펴보자. 그는 우리 교단의 첫 순교자요, 김장배 목사의 부친으로, 1873년 10월 20일 충남 부여군 양화면

39　김천희 목사, '원당교회연혁.' 임천교회와 관련하여 주변의 입포교회(갓개 혹은 관포, 일제강점기에는 김제안포로도 불림)에 대한 연구가 필요하다. 그 이유는 교회의 설립연도가 1910년 전후인지 아니면 1940년대 인지 불분명하기 때문이다. 입포의 유래는 옛날 우리 조상들이 많이 사용한 삿갓의 한자인 삿갓 입(粒)과 포구 포(浦)의 결합어로, 일제강점기에는 강경포구와 쌍벽을 이루었고, 안흥, 장항, 웅포와 함께 충청남도 4대 포구였다. 문헌상 입포리 대한 기록은 김용해 목사가 "1906년 원산, 강경, 공주, 영동등 구역을 정하고 … 칠산 장기영 입포 홍봉춘 양 씨를 감노로 안수하고 이영구 이종덕씨는 교사직을 주었다"(15)고 기록하고 있다. 허긴 박사는 "제6차 대화회는 1911년 강경구역의 임천면에 있는 각개(冠浦 관포) 교회에서 개최되었다"(139)고 기록했으나 김용해 목사와 이정수 목사는 제6차 대화회가 입포가 아닌 공주교회에서 열렸다고 기록하고 있는 것으로 보아 이에 대한 연구도 필요하다. 허긴, 『한국침례교회사』, 139; 김용해 편저, 『대한기독교침례교회사』 (발행지 서울: 성청사), 15, 27; 이정수 편저, 『한국침례교회사』 (서울: 침례회출판사, 1994), 67.

40　김천희 목사, '원당교회 연혁.'

원당리에서 아버지 김광석의 다섯 번째 아들로 태어났다. 원당지역의 유명한 한학자였던 그는 32세 때(1905년)[41] 순회전도 중이던 칠산교회의 장기영에게 전도 받아 난포리교회(현 용안교회)에 출석하였고, 전도사명을 받아 충북 단양, 제천지역을 전도하는 등 많은 활약을 하였다.[42] 1915년에 교사직분을 받았고, 1918년 교단으로부터 시베리아로 파송을 받았다. 박노기 목사, 최응선 감로, 전영태 총찰과 함께 국경을 넘어 시베리아로 가기 위해 배를 타고 항해하던 중 보시엘 해역에서 갑작스러운 강한 바람에 배가 뒤집혀 모두 순교하는 사건이 발생했다. 바로 그 날이 김희서 교사의 만 45세 생일날이어서 슬픔은 더했다. 이번 전도 여행 후 목사 안수를 받기로 예정되었던 김희서 교사는 미망인 강성재 여사와 사이에 4남 1녀를 두었는데 막내아들이 김장배 목사로 그 당시에 3살이었다고 한다.

김치화 통장에 이어 1927년부터 원당리 출신의 윤효준尹孝俊 통장이 예배를 인도하며, 교회 일을 주도적으로 살폈다. 그는 입교 후 신앙생활을 열심히 해 통장 직분을 받았고, 10년간 평신도로서 목회사역을 감당했으며, 아들이 없어 노후에 지병석 통장의 손자와 결혼한 딸을 따라 강경으로 이사했다. 이 당시 특이한 일은 평신도들의 전도활동이 왕성했다는 것이다. 실례로 인근 오야골에 살던 김분례金粉禮 성도의 경우, 평신도였으나 토요일마다 성도들의 가정을 방문하며 "내일이 주일입니다"라고 예배참석을 독려하였고, 동네 아

---

41 원당교회 출신 김갑수 목사에 의하면, 김희서는 22세 때(1895년) 이름을 알 수 없는 전도인으로부터 복음을 전해 듣고, 1908년 근처에 칠산교회가 있는 충남 부여군 임천면 주곡리로 이사했으며, 그곳에서 열심히 신앙생활하며 13년간 전도했고, 1915년 목사후보인 교사직분을 받았고 1918년 교단으로부터 시베리아로 파송을 받았다. 김갑수, 『한국침례교 인물사』 (서울: 요단출판사), 64-71. 김희서 교사에 대해서는 서동교회의 역사에서 김장배 목사의 생애를 소개 할 때 잠시 설명되었다.

42 허긴, 『한국침례교회사』(대전: 침례신학대학교출판부, 2000), 90.

이들을 직접 데려와 예배를 드릴 정도로 헌신했다. 김만규, 김덕규, 김명규 목사가 바로 김분례 성도의 손자들이다.[43]

1934년 김용해 교사가 강경구역 순회목회자로 임명받아 본 교회(1개월 혹은 2개월에 한 번씩)를 돌봤고, 1938년부터는 윤효중 통장에 이어 윤유현尹有鉉 통장이 예배를 인도하며 교회 일을 살폈다. 그는 장날마다 십자가를 어깨에 메고 "예수 천당"을 외치며 전도했고, 신유의 은사로 통해 많은 불신자들이 교회로 몰려오는 놀라운 성령의 역사가 일어나기도 했다. 1940년에는 김월선金月仙 전도부인이 예배를 인도하였고, 1944년 5월 10일 일제에 의해 강제로 교단 해체령이 내려졌을 때, 예배당은 폐쇄됐으나, 예배는 김순오金順吾, 김영오 반장 가정에서 지속하였다. 김순오 반장은 1945년 해방과 더불어 11월의 교회 제직회를 통해 윤유현 통장의 뒤를 이어 총장의 직분을 받아 교회사역을 계승하였다. 그는 인근의 암수리, 벽용리, 족교리, 수원리 등지에서 신유은사를 베풀며 심방, 전도하였다. 김순오 총장의 이런 열정적 신앙은 그의 자손들에게 영향을 끼쳐 여섯 아들 중 다섯 명(김갑수, 김을수, 김병수, 김종수, 김지수)이 교단의 목회자가 되었고, 4남인 김정수는 언론인이자 시인이 되었다.[44]

해방 후 교단의 목회제도가 순회제에서 담임제로 변경됨에 따라 원당교회도 1946년 5월 박기양 목사가 첫 담임목회자로 부임하였다. 박기양 목사는 1942년 신사참배를 거부함으로 함흥형무소에서 2년간 옥고를 치렀던 분으

---

43 김갑수, 『원당교회 100년사: 1905-2005』, 42-43.
44 김갑수, 『원당교회 100년사: 1905-2005』 60-63. 김갑수 목사의 아들이 김용복 목사(한국침례신학대학교 교수)이며, 김병수 목사의 아들이 김용성 목사(진흥원 본부장), 김용국 목사((한국침례신학대학교 교수), 김용해 안수집사(미국거주)이다.

로, 성경 말씀을 잘 가르치시는 은사가 있었다. 본 교회를 떠난 후에도 교인들의 간곡한 요청으로 세 번이나 다시 부임할 정도로 본 교회 성도들에게는 잊을 수 없는 목회자였다. 교회가 부흥하여 1946년 예배당을 신축(대지 200평, 건물 18평)하여 이전했고, 1947년 5월에 노재천 목사가 담임목회자로 부임하였다. 노재천 목사 또한 신사참배 거부로 1942년 함흥형무소에서 2년간 옥고를 치른 분이며, 성경중심으로 말씀을 잘 전했다. 1948년 안경춘 집사(후에 통장이 됨. 1975년 작고)를 중심으로 주변의 입포리(옛 지명은 갓개 혹은 관포)에 입포교회를 지교회로 세웠다고 한다.[45]

1950년 7월에 본 교회 출신이며 최 미리암 전도사의 손자인 암수리 출신 최종석 전도사가 담임목회자로 부임했고, 1951년 제41회 교단총회가 본 교회에서 개최되었다. 이 총회에서 미남침례회 한국선교회 소속 존 애버내티John A. Abernathy, 1896-1973, 나요한 선교사가 참석하여 미국과 한국의 양 교단이 정식으로 제휴했고, 교회 직분자를 목사와 집사로, 한국의 침례교가 세계침례회 대회에 가입하기로 만장일치로 가결한 역사적인 모임이었다. 1951년 7월 박기양 목사가 다시 부임하였고(1952년 2월 14일 조영구 집사 안수),

---

45 김갑수, 『원당교회 100년사: 1905-2005』, 69. 입포침례교회의 주장은 원당교회와는 다소 차이가 있다. 원당교회에서 입포침례교회로 이적한 고 안경춘 통장의 증언에 따르면, 해방 후 박기양 목사가 원당교회와 입포침례교회의 예배를 모두 인도했고, 원당교회 사임 후에도 한 동안 입포교회에서 담임사역을 했으며, 해방 후 임시로 현 버스 주차장 부근 초가에서 예배를 드리다가 1949년 미남침례회 선교부 지원을 받아 현재의 교회 건물을 세웠다는 것이다. 한편, 일제강점기의 기록에 따르면, 입포교회가 1943년 일제에 의해 강제로 매각, 공납되어 폐쇄되었다는 기록이 있다. 박원기 목사(2020년 7월 17일), 전화인터뷰. 한편, 또 다른 가능성도 제기될 수 있는데, 1943년 일제에 의해 폐쇄됐던 입포교회가 해방 후 원당교회의 지원으로 1948년에 재건됐을 가능성이다. 한편, 허긴 박사는 "제6차 대화회는 1911년 강경구역의 임천면에 있는 각개(冠浦 관포) 교회에서 개최되었다"고 기록했는데, 이는 입포교회의 입장에서는 교회가 1911년 이전에 설립됐음을 암시하는 것처럼 보인다. 그러나 그렇게 되려면, 각개교회가 지금의 입포교회임을 입증해야 하는데, 이것은 추후의 연구과제이다. 허긴, 『한국침례교회사』(대전: 침례신학대학교 출판부, 1999), 139.

제41차 교단 총회(1951)

원당교회 교인들(1952, 김장배 목사시무)

한국 침례교회 100년의 향기

1952년부터 김장배 목사가 담임목회자로 부임하였다. 1953년 11월에는 박기양 목사가 세 번째로 부임했다. 이후 1959년 4월에 김현중 전도사가 담임목회자로 부임했고, 1964년 7월에 임문규 전도사, 1966년 1월에 김용해 목사, 1966년 10월에 문창환 목사가 담임목회자로 부임하여 1969년 예배당을 20평으로 증축하였고, 1971년에 대지 300평을 구입, 확장하였다.[46]

1971년 8월 박기양 목사가 다시 부임하였고, 1972년 9월에 김선경 목사, 1979년 4월에 안수복 목사가 부임했다(1981년 양화교회 분리, 1982년 김형만, 박길호 집사 안수). 1986년 7월 강동원 목사(세종선한목자교회 원로)가 부임했고, 1990년 새로운 부지 500평을 구입하여 1층 60평, 2층 60평, 3층 15평의 현 예배당 건물을 완성했으며, 강동원 목사는 연기교회(현 세종선한목자교회)로 이동했다. 1991년 1월 김천희 전도사가 부임하여 그 해 11월에 목사 안수를 받고 현재까지 시무하고 있다.[47]

강동원 목사 재임 시절 현재 예배당 건축과정은 하나님의 역사 그 자체였다. 원래 교회가 예배당을 짓기로 하고 구입했던 땅(1200평)이 산 위에 있어 교회부지로 적합하지 않아 도로변의 새로운 부지를 물색했지만, 땅 주인 4명 중 한 명이 팔지 않아 모든 성도들이 돌아가며 2년 동안 작정기도를 했다. 그러던 어느날 그 땅 주인이 토지 문서를 들고 와 "꿈에 전두환 대통령이 나타나 내 땅이니 내어 놓으라"라고 했다며 마음을 바꾸었다고 했다. 교회는 당시 시가의 4배를 지불했지만 그 부지를 매입한 후 1층을 짓고 2층을 올리는 중에 2,000만 원이 없어 공사가 중단되었다고 한다. 이때 암으로 사형선고

---

46   김천희 목사, '원당교회 연혁.'

47   김천희 목사, '원당교회 연혁.'

받았던 박길호 안수집사가 자신의 개인택시를 처분한 돈 2,000만 원을 헌금하여 2층 공사가 마무리되었고, 서울의 아들집으로 이사 간 74세의 여성도가 하루 일당 3천 원을 틈틈이 모아 300만 원을 헌금하는 등 여러 성도들의 헌신과 수고로 현 예배당을 건축하였다.[48]

원당교회는 오지에 위치해 있음에도 불구하고 지금까지 많은 지교회와 목회자들을 배출했고, 교단과 한국 교회에 성령의 부흥의 바람을 일으켰다. 20세기 한국의 대표적 부흥강사인 김충기 목사가 본 교회 출신으로, 김충기 목사의 신앙은 어머니인 김경자 집사(1909-1980)로부터 물려받았다. 1909년 6월 18일 충남 서천군 북석면 가산리에서 태어난 김경자 집사는 17세에 신앙생활을 시작하였고, 19세 되던 때에 이곳 암수리에 사는 김사인과 결혼하여 원당교회에 출석하기 시작했다. 무려 30년 동안 지속되었던 남편의 박해에도 신앙을 굽히지 않은 결과 결국 남편도 신자가 되었고, 어느 여전도인 못지않게 심방과 전도에 힘썼다. 이러한 불굴의 신앙은 결국 그녀의 자녀들을 목회자의 길을 걷도록 했는데, 장녀가 목사 사모로, 장남 김충기 목사(1932-2019. 김성호, 김성국 목사가 아들)는 강남중앙교회를 개척했으며, 삼남 김윤기는 호주 선교사가 되었다. 그리고 이남인 김정기 집사는 본 교회 집사로 섬겼다.[49]

교단 내외에 수많은 목회자들과 신앙의 위인들을 배출했던 원당교회는 산업화로 인해 급격히 줄어들고 있는 농촌인구와 성도들의 노령화에 직면하고 있다. 이는 어느 농촌교회의 현실과 다를 바 없으나 "눈을 들어 밭을 보라 희

---

48 강동원 목사(2020년 7월 17일). 전화 인터뷰.
49 김갑수, 『원당교회 100년사: 1905-2005』 117-119.

어져 추수하게 되었도다"(요한복음 4장 35절)는 말씀을 의지하여 변화하고 있는 시류에 물들지 않고 재도약의 발판을 기대하고 있다.

태성교회

충남 공주시 정안면 풍정길 41
☎041-858-5005, 담임목회자 이대영 목사

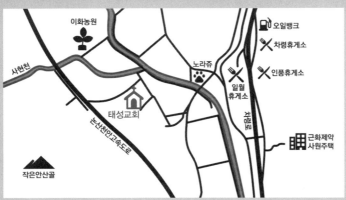

특산품 공주 정안밤으로 유명한 정안면은 동쪽으로는 장군면, 서쪽으로는 사곡면과 유구읍, 남쪽으로는 의당면과 우성면, 북쪽으로 천안시 동남구 광덕면과 접해있는 전형적인 농촌으로, 지명은 조선시대에 정안골로 불린 것에서 유래했다. 태성교회의 설립연도와 설립자에 대해서는 다음과 같은 이견이 있다. 김용해 목사, 이정수 목사, 허긴 박사는 1907년 황상필黃商弼 교사에 태성교회가 세워졌다고 주장했으나,[50] 태성교회 측에서는 1910년 말콤 C. 펜윅으로부터 전도 받은 최종영崔淙泳이 정안면 태성리 자신의 집에서 첫 예배를 드리기 시작함으로써 시작됐으며, 이후 교인들이 점차로 늘어남에 따라 태성리의 한 처소를 교회로 삼아 '동아기독교 태성예배당'으로 불렀고, 이 시기에 황상필 교사와 이후곤 권사가 합류하여 이들을 중심으로 태성교회가 자리 잡게 되었다고 주장한다.[51]

황상필에 대해서 허긴 박사는 펜윅의 원산사역에 함께 동역했던 최초의 권서순회전도자들(신명균, 장석천, 황태봉, 고문중, 손필환, 박노기, 이영구, 지병석등) 중 하나였으며, "공주에서 사역하던 황상필은 정안면 태성리에 교회를 개척하고 연기면 남면 송담리에도 전도사역이 미치고 있었다"라고 기록하였다.[52]

50 김용해 편저, 『대한기독교침례교회사』 (서울: 성청사, 1965), 127; 이정수 편저, 『한국침례교회사』 (서울: 침례회출판사, 1994), 89.

51 이대영 목사, '태성침례교회 연혁.'

52 허긴, 『한국침례교회사』 (대전: 침례신학대학교 출판부, 1999), 83, 89.

다시 말해, 황상필은 펜윅의 원산교회 초기 사역자들(4명의 토착인 학생들, 이정화, 황태봉등) 가운데 하나였으며, 1903년 신명균과 함께 교사 직분(현 전도사)을 받았다.[53]

　하지만 태성교회의 설립역사와 발전과정을 보면, 황상필 교사의 활동에 대한 기록은 거의 없고, 오히려 최종영과 그의 자녀들과 이후곤 권사와 그의 자녀들의 활약이 두드러진다. "최진사"로 불렸던 최종영은 약방을 운영하며 정안면에서 유일하게 기와집(12칸)을 소유했던(지금도 현존하고 있음) 마을의 유지요 부자였다. 그의 기와집에서 예배를 드리다가 점차 교인들이 늘어나자 마을 한복판의 집을 구입하여 예배를 드렸다. 이 예배당은 외부에서 보기와 달리 ㄱ자 형태로 되어있어, 남자와 여자가 강대상을 중심으로 좌우로 따로 앉아 예배를 드렸다.[54]

　최종영의 신앙은 그의 두 아들인 최병소 집사와 최병덕, 그리고 여러 명의 자녀들을 통해 본 교회와 침례교단에 계속되었다. 큰 아들인 최병소 집사는 본 교회 집사로서 성경묵상하기를 좋아했고, 전도인들과 선교사들을 대접하는 일에 솔선수범했다. 최병소 집사는 청년시절 소를 타고 가다가 갑자기 낙상하여 소에 밟히는 바람에 평생 말을 거의 못하고 살았지만, 신성균, 이종덕 목사와 같은 순회사역자들을 극진히 섬겼고, 교회 일에 앞장섰다. 그러나 운명하기 직전 갑자기 말문이 터져 "하나님의 천사가 나를 데리러 오셨다. 나는 천사와 함께 천국에 간다"라고 말하며 찬송을 부르다가 운명하였다. 최병소 집사는 슬하에 외아들인 본 교회 최문환 안수집사와 여러 딸(막내 딸은 신성

53　기독교 한국침례회 총회 역사편찬위원회 이정수 편저, 『한국침례교회사』, 50, 53, 124.

54　신덕현 목사(2020년 6월 1일), 전화 인터뷰. 1940년 태성리에서 태어나고 그곳에서 목사 안수 받은 신덕현 목사(이리교회 원로)는 그 당시 예배당이 ㄱ자 형태였고, 박기양 목사가 직접 구입하신 예배종이 강대상에 놓여 있었다고 기억한다. 신덕현 목사의 큰 딸은 신경애 선교사(태국, 사위 정연오 목사)이며, 아들은 신범철 목사(강릉시동교회)이다.

균 목사의 며느리가 됨)을 두었고, 최문환 안수집사는 슬하에 1남 3녀를 두었는데, 큰 딸이 최영숙 사모(사위 안중모 목사, 꿈의교회 원로), 둘째 딸이 최미자 사모, 막내딸이 최지영 사모이다.[55]

최종영의 둘째 아들인 최병덕은 동네의 이장과 면에서 일했던 그 지역의 유지였으며, 펜윅 선교사의 가방을 들고 다녔다고 한다. 슬하에 1남 7녀를 두었는데, 외아들이 본 교회 최필환 집사(큰 딸이 최성남 사모, 사위 이성종 목사, 둘째 딸이 최성자 사모, 사위 김용복 한국침례신학대학교 교수, 셋째 딸은 최옥자)이며, 둘째 딸은 이종덕 목사의 며느리(사위, 이나사로 목사, 이신우로도 불림, 손자가 이상철 목사)이며 막내딸이 최옥자이다.[56]

또 다른 개척자는 부유했던 이후곤 권사였다. 이후곤은 원산에서 펜윅 선교사에게 성경공부를 배우고 침례 받은 후 고향(공주)으로 내려왔고, 이후 교회 부지(현 교회 이전 부지)를 내놓아 예배당이 건축되도록 했으며, 6.25 사변 이후까지 교회에서 전도사로 사역하면서 공주지역 복음화에 헌신했다. 원덕교회, 월산교회, 광정교회 개척과정에 직접적으로 관여하였다. 이후곤 권사의 신앙은 그의 아들인 이현구 목사(호적에는 이영춘)가 이어받았는데, 김충기 목사와 신학교 동기였던 그는(1976년 태성교회에서 안수받음) 오관석 목사가 담임목회자 시절에 전도사로 종종 설교사역을 감당하였고, 현 교회 부지를 내놓아 지금의 예배당(인풍리)이 건축되도록 했다. 이현구 목사의 큰 아들이 이종연 목사(작고, 새천안교회, 아들 이병의 장로, 딸 이미영 집사)이며, 둘째 아들이 이병웅 목사(새천안교회)이다.[57]

---

55 신덕현 목사, 전화 인터뷰; 안중모 목사(2020년 6월 11일), 전화 인터뷰.
56 신덕현 목사, 전화 인터뷰(2020년 6월 1일); 안중모 목사, 전화 인터뷰.
57 신덕현 목사, 전화 인터뷰.

최종영, 황상필, 이후곤과 그의 자녀들을 중심으로 성장한 태성교회는 일
제강점기에 신사참배 반대 등으로 많은 탄압과 박해, 그리고 1944년 5월
10일 교단폐쇄령으로 예배가 중단되는 시련을 겪었으나, 이종덕, 신성균 목
사 중심의 순회사역자들을 통해 간간히 예배를 드릴 수 있었다. 해방 이후 교
단 명칭 변경에 따라 교회 명칭을 "대한기독교침례회 태성교회"로 개칭하였
고, 1945년 장일수 목사, 1946년 박기양 목사, 1948년 신성균 목사를 거쳐
1950년에 임정일(임대철) 목사가 부임했다. 이 시기에 몇몇 지교회가 개척되
었는데, 1947년 광정교회, 1949년 월산교회(정안면 마곡사 인근), 덕하교회, 정
안면 석송에 지교회가 개척되었다. 1953년 윤상순 목사가 담임목회자로 시
무 시에 교회가 태성리에서 현 위치인 인풍리로 옮겼는데, 이때에도 교회
부지를 이현구 목사 가정이 내놓았다. 이후곤 권사, 이현구 목사 부자가 교
회 부지를 두 번에 걸쳐 내 놓으므로 교회 건축과 발전에 큰 역할을 하였다.
1954년에 이덕홍 목사, 1956년에 임정일 목사가 재부임 했고, 1958년에 홍
동겸 목사가 부임했으며, 태성교회는 나날이 성장을 거듭했다.[58]

옛 태성교회 교우들의 단체 기념

58　이대영 목사, '태성침례교회 연혁.'

옛 태성교회 전경

태성교회의 놀라운 성장은 1959년 오관석 전도사의 부임 후 일어났다. 당시 60여 명이었던 교회의 성도들이 갈수록 줄어들었고, 영적 침체에 빠졌던 오관석 전도사는 계룡산 양정기도원에서 성령의 놀라운 능력을 체험하고 내려와 그 날부터 새벽, 낮, 저녁 하루 세 차례 연속적인 부흥회를 열었다. 이를 통해 부흥의 불길이 태성교회를 넘어 인근 지역으로 번져갔고, 오관석 전도사가 주일 낮에 설교를 하자 많은 청중들이 가슴을 치고 울부짖으며 회개하는 등 성령의 새로운 바람이 일어났다. 이로 인해 30여 명으로 줄었던 교인이 300여 명으로 급격히 늘어났고, 모든 성도들이 새벽기도회에 모여 합심으로 기도를 하자 교회 지붕에서 불이 활활 타오르는 모습을 본 동네 사람들이 "교회에 불이 났다"고 몰려오는 일이 발생했다. 교인 수가 급격히 늘어나자 합심하여 새로운 예배당(증축)을 짓게 되었고, 이후 오관석 전도사는 교단과 한국 교계를 대표하는 부흥사로서 우뚝 서게 되었다.[59]

---

59 오관석 목사, '오관석 목사의 회고록.' ; 오관석 목사(2020년 5월 21일), 전화 인터뷰.

당시 교회 부지는 이미 이현구 전도사가 희사한 곳이었고, 미남침례회 한국선교부의 후원금 40만 원과 교회헌금 20만 원 등 총 60만 원의 경비가 소요됐으며, 1963년 12월 25일에 완공하였다. 새 예배당 건축 후 고승혁 목사(1964년), 최병산 목사(1970년), 한상교 목사(1974년), 김삼랑 목사(1982년), 유병호 목사(1986년), 유병곤 목사(1991년) 그리고 1995년에 현재의 담임목사인 이대영 목사가 부임하였다. 한편, 이 시기에 태성교회와 관련하여 1975년 새실교회, 태성제일교회가 세워졌다.[60]

본 교회 출신 목회자로는 신덕현 목사(이리교회 원로), 이영춘 목사(작고)와 그의 아들 이종연 목사(작고), 조재선 목사(작고), 구찬희 목사(산동교회, 전의교회. 아들이 구자홍 목사 작고), 구자성 목사(작고)가 있다. 특히 어렸을 때 공주 월산리에서 이곳 태성리로 이사와 성장한 조재선 목사는 결혼 후 본 교회 집사로 섬기던 중 오관석 목사로부터 은혜를 받고 저녁마다 7시간씩 기도했고, 집사로서 원덕교회를 개척했을 뿐만 아니라 주변의 교회에서 집회를 인도했다. 이후 그는 오관석 목사로부터 성령과 능력을 체험하며 은혜를 받는 사람들 가운데 첫 번째로 목사가 되어 전의교회로 부임해 교회건축 중에 갑자기 피를 토하는 고통으로 인해 부산침례병원에서 몇 개월 살지 못한다는 통보를 받았으나, 공주의 벧엘기도원에서 믿음으로 20일간 단식기도를 하여 하나님의 놀라운 은혜로 치유를 받았다. 완쾌 이후 평택의 서부교회(현 함께하는 교회, 김인환 목사)를 개척했고, 공주의 평정교회, 연기의 월산교회에서 시무하다가 소천했다. 조재선 목사는 슬하에 3남인 조황호 목사(화성교회 담임, 작고), 조광호 목사, 조용호 목사(칠산교회) 형제를 두었다.[61]

60 이대영 목사, '태성침례교회 연혁.'
61 조용호 목사(2020년 6월 23일), 전화 인터뷰.

교단 내외의 수많은 목회자를 배출하며 성령의 바람을 일으켰던 태성교회는 농촌지역의 복음화를 위해 영농 법인을 세웠고, 된장, 고추장과 같은 지역 특성에 맞는 유기농산물을 생산해 복음을 전하며 이익을 창출하려는 계획을 가지고 있다.[62]

---

62 이대영 목사(2020년 7월 22일), 전화 인터뷰.

광시교회

충남 예산군 광시면 광시길 12
☎ 041-332-2254, 담임목회자 정한구 목사

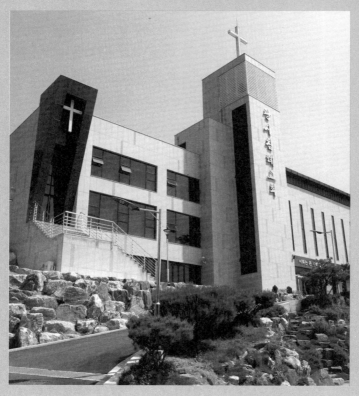

동쪽으로는 청양군, 서쪽으로는 홍성군과 접하면서 예당저수지의 수원이 되는 무한천無限川이 중앙에 흘러 농산물(쌀, 보리)과 인삼재배, 특산품(꽈리고추, 딸기), 한우생산지로 유명한 충청남도 광시면. 방문할 문화재로는 최익현 선생 묘(충남기념물 29), 대련사(大蓮寺, 보물 제2006호 비로자나불 괘불도) 3층 석탑(충남문화재자료 178), 독립운동가 김한종(1883~1921) 의사 생가지(충남문화재자료 353) 등이 있다. 광시면의 특산품은 꽈리고추와 딸기를 생산하며 특히 한우생산지로 유명하다. 광시면에는 약 350여 농가에서 3500두의 한우를 사육하고 있으며, 면소재지인 광시리 일대에 한우 생고기를 판매하는 한우타운이 형성되어있다.

광시교회는 1910년 6월 이우로의 전도로 온 가족이 믿게 된 이정회李正會. 아내 김징봉 가족이 그들의 사랑방에서 예배를 드림으로 시작되었다. 예수를 영접한 가족들이 마을 사람들을 전도하여 점차 사람들이 모이자, 같은 해 6월에 냇물 건너에 있는 봉우실에 예배처소를 정하여 드렸고, 11월부터는 이정회의 장남인 이덕여李德汝. 1897~1967, 호적상은 이덕근, '덕을 널리 펼친다'는 의미로 바꿔 부름가 성경을 가르치며 예배를 인도하기 시작했다.[63] 점점 예배드리는 수가 증가하여 장소가 비좁게 되자 이덕여는 자신의 집 전체를 예배당으로 드려 확장했지만, 이

---

63 이덕여 목사의 부친인 이정회 성도가 14살 되는 아들에게 성경을 직접 공부하여 가르치고 예배를 인도하라고 권하였다고 한다. 이정희 목사(2020년 7월 30일), 전화 인터뷰.

이덕여 목사

이덕여 목사 사모

이덕여 목사 모친

것도 인근에서 몰려드는 사람들을 감당하기에 역부족이었다고 한다. 예배당 건축은 교인들이 성냥을 팔아 건축기금을 모았고, 청년들은 돌을 날랐는데, 이렇게 확장된 교회는 후에 충남 예산 지역의 모교회 역할을 감당하였다.[64]

1956년 5월 1일에 목사 안수를 받고 예산 지역과 교단 전역에서 주의 사역을 감당했던 이덕여는 1897년 9월 7일 충남 예산군 광시면 광시리에서 이정회 성도의 장남으로 태어났다. 그는 어려서 한문을 공부했고, 1910년 6월 이우로의 전도를 통해 신앙을 갖게 되었다. 같은 해 11월부터 예배 인도를 시작한 이덕여는 1911년 2월에 자신의 집 전체를 교회로 드렸고, 1913년 5월에 광천 새터교회의 이영구 목사에게 침례를 받았다. 이후 이덕여는 1913년 7월에 대한기독교회로부터 반장 직분을, 1930년 10월에는 통장 직분을 받았다. 1931년 2월부터는 구역당회와 사경회를 인도하기 시작했고, 1935년 1월부터는 전도대를 조직해 당진지역에서부터 전도대회를 시작하여 결신자를 모아 교회를 조직하였다. 그리하여 당진(1935년), 천안, 풍세(1936년)에 교회가 세워졌다. 1938년 9월 제33회 대화회(원산)에서 감로 직분을 받아 예산구

---

64   김갑수, 『한국침례교 인물사』(서울: 요단출판사, 2007), 170-173.

한국 침례교회 100년의 향기

역에서 사역을 감당했다.[65]

1934년 현 교회 부지에 14평의 목조 예배당을 자력으로 건축하여 예배를 드렸으나, 일제에 의해 1944년 5월에 발발한 교단 해체령에 따라 예배당이 폐쇄되었다. 한편, 32명의 교단의 임원들이 원산형무소에 구속될 때, 이덕여 감로 또한 함께 감옥에 갇혔고, 1943년 5월 1일 함흥 형무소로 이감되었다가 14일 만에 석방됐다. 해방 후인 1946년 여름 이덕여 감로의 사랑채에서 여름성경학교가 열렸고(강사는 태성교회의 임대철 신학생) 현 교육관 부지에 대지 25평에 목조 14평의 예배당을 건축하기 시작했다. 건축과정에서 꾀부리는 청년들에게 "죽으면 다 흙으로 돌아갈 육신인데 그것을 그리 아껴서 무엇하나"라고 독려했고(노전리의 민 집사), 1km 떨어진 산에서 큰 소나무 3그루를 베어 날라 온 이덕홍 집사의 헌신 등을 통해 교회 건물이 세워졌다. 이 후 1949년 10월에 다시 35평의 콘크리트 예배당이 세워졌다.[66]

6.25 전쟁은 이덕여 목사 가정과 온 성도들에 말할 수 없는 시련을 남겼다. 이덕여와 그의 아들인 이태진, 그리고 그의 동생인 이덕홍은 공산정권의 체포대상이 되어 도피하였고, 성경과 찬송가는 압수되어 불태워졌다. 전쟁 종식 이후 미남침례회 한국선교부의 후원으로 긴급 구호품들이 교회로 들어오자 많은 사람들이 교회로 몰려들었고, 허물어졌던 교회 건물도 재건하는 일에 큰 도움이 되었다. 특별히 미남침례회 한국선교부는 중학생들에게 장학금을 주어 공부하게 했는데, 이 당시 학생이었던 이창희 목사(이덕홍 목사의 아들로 조치원교회 담임 역임, 현 조치원지구촌교회 원로, 제49대 총회장 역임)가 큰 혜택을

---

65   이정희 목사, '이덕여 목사님의 일생과 후손들 총정리.'
66   이정희 목사, '광시침례교회 110년사, 1910-2020' 준비자료 참조.

입었다.[67]

교회는 계속 성장했다. 1954년에 이태진 집사가 예배를 인도했고, 1956년 9월 박경배 목사(제31대 총회장 역임), 1958년 이덕홍 목사(제22대 총회장 역임), 1959년 방효태 전도사가 담임목회자로 부임했다. 평소에 은사를 사모했던 방효태 전도사는 오관석 목사를 초청하여 부흥집회를 가졌는데, 이후 교회가 은혜파와 보수파로 양분되었다. 왜냐하면 그동안 교회는 동아기독교의 전통을 중요하게 생각하여 은사운동을 그리 달갑게 여기고 있지 않았기 때문이었다. 바로 이런 상황에서 교회 맞은편에 소위 베뢰아파로 알려진 김기동 전도사가 천막교회를 짓고 방언으로 기도하며 성령의 능력을 강조하자 이에 동조하는 여러 명의 교회 청년들이 그곳에 출석하였다. 이들은 광시리 '큰광시'라고 불리는 지역에 천막교회를 짓고, 성령의 은사와 역사를 열렬히 사모했다.

이때 청년들이 짠 멍석은 전국에서 가장 큰 멍석이었다고 하며, 이런 상황이 3년간 지속되었다. 하지만 곧 김기동 전도사가 장재리 감리교회 전도사로 초빙되어 감에 따라 교회의 분란은 가라앉게 되었다.[68]

김갑수 목사 안수식(1957년)에 참여한 이덕여 목사
(1959년 홍성교회)

당시 연기교회에서 사역하던 우제창 전도사가 1960년에 광시교회 담임목회자로 청빙되었는데, 목회자와 성도들의 노력으로 서로 반목하고 대립하며 분열되었던 교회의 내분이 가라앉고 다시 하나가 되었다. 우제창 목사는

---

67 이정희 목사, '광시침례교회 110년사, 1910-2020' 준비자료 참조.
68 이정희 목사, '광시침례교회 110년사, 1910-2020' 준비자료 참조; 이정희 목사, 전화 인터뷰.

광시교회 역사에서 가장 오래 사역한 목회자 중 한 명이었으며, 교회부흥의 기틀을 마련했다. 그는 1960년부터 1978년까지 무려 18년 동안이나 본 교회에서 시무했다.

우제창 목사

10여 명의 성도들과 사역을 시작한 우제창 전도사는 김기동 전도사에 의해 분열된 교회를 다시금 하나가 되게 하기 위해 교회 청년들과 여러 성도들을 심방하며 격려하였다. 그 결과 교회는 하나가 되었고, 100여 명이 넘는 교인들이 예배에 출석하게 되었다. 1965년 12월 2일에 우제창 전도사는 광시교회에서 목사 안수를 받았고, 목회기간 중에 특히 신유의 은사가 많이 나타나 눈 먼 자가 눈을 뜨고, 귀신 들린 자가 고침을 받는 등의 여러 기적이 일어났다. 우제창 목사가 시무하는 동안 많은 젊은 사역자와 평신도 지도자들이 배출되어 광시교회는 지역사회에서 앞서가는 교회가 되었다. 이기영 목사, 임광오 목사, 박학렬 목사, 성은창 목사, 장병찬 목사 등이 이때 동역했다. 우제창 목사는 1971년에 현 교육관 위치에 48평의 콘크리트 예배당을, 1977년에는 사택 13평을 신축

하였다.[69]

    1978년 6월에 영성이 뛰어난 전석일 목사가 제19대 담임목회자로 부임(1981년 사임)하여 교회는 영적, 양적으로 성장했고, 1979년 3월에 다시 예배당을 120평으로 확장하여 1980년 11월 25일에 헌당식을 가졌다. 전석일 목사는 슬하에 4남매를 두었는데, 아들이 전성수 목사(영등포교회), 전필수 목사(부여 벽용교회)이며, 딸 전은실은 서울 행복샘교회 사모가 되었다. 네 자녀 모두 아버지의 목회 사역에 귀한 동반자였다. 1970년대 이곳에서 중, 고등학교 학창시절을 보냈고, 지금도 본 교회 장로로 섬기고 있는 최병두 장로(아들이 최복규 목사, 둘째 사위가 안산밀알선교단 단장 박상수 목사)는 "그 시절 교회는 성령을 갈망하는 분위기로 충만했고, 주일학교 교장직을 맡았을 때는 교사들과 함께 서산에 있는 기도원에 참석해 은혜를 받으며, 학생들을 신앙으로 가르쳤다"고 회상하였다.[70]

    예배당 건축(건축위원장 이태진 집사)은 온 성도의 헌신과 노력의 결과였다. 1979년 3월 직영으로 시작한 교회 건축(연건평 120평, 반지하는 교육관, 2층은 본당)은 모든 성도들이 터를 다지고, 광시천에서 골재를 직접 채취하여 경운기와 들통으로 지고 날랐다. 이런 노력에 힘입어 1979년 11월 25일에 헌당예배를 드릴 수 있었다. 1984년 11월에 이태진, 윤영복 집사의 안수식이 있었고, 1989년 12월에 교육관을 완공했다. 1991년 6월 6일에 교육관 헌당식과 이은연, 최동길, 성시복, 신현직, 최병두 집사의 안수식이 있었고, 2003년 9월 김용관 목사의 사임에 따라 정한구 목사가 제22대 담임목회자로 부임하여

---

69   이정희 목사, '광시침례교회 110년사, 1910-2020' 준비자료 참조.

70   최병두 장로(2020년 7월 22일), 전화 인터뷰.

현재까지 이르고 있다.[71]

지난 17년 동안 정한구 목사의 목회는 크게 세 가지로 나누어 볼 수 있다. 첫째로 지역과 도움이 필요한 이웃들과 함께 하는 위로의 목회이다. 미자립 교회 목회자 부부 초청 위로회(2005년 1월), 광시면 불우이웃 초청위로잔치 (2005년 12월), 침례교 원로목사 부부 26명 초청 위로회(2008년), 침례교단 산 하 전국 홀사모 초청 위로회(2009년) 등을 통해 지역과 교단을 섬겼다. 둘째 는 교육을 통한 다음 세대를 준비하는 목회였다. 조철호 집사 소유의 건물 60평을 임대해 지역아동센터를 개원(2009년 9월)하여 다음 세대를 준비하고 있으며, 권태웅 전도사, 박상수 전도사의 목사 안수식과 15명의 권사취임식 (2005년, 시무권사 이재희, 이춘자, 유정자, 김경실, 우종예, 손순자, 박순옥, 명예권사 김경

---

71   정한구 목사, '광시침례교회 연혁.'

련, 이월선, 이영예, 이계영, 정낙규, 최긍환, 김영숙A, 김영숙B), 조철호 집사, 김용기 집사의 집사 안수식(2010년), 조철호, 김용기 집사의 집사 안수식과 9명의 권사 취임식(2010년, 박찬묘, 이윤덕, 최영자, 김향춘, 정인자, 이순희, 김진숙, 엄영옥, 최현순)을 통해 평신도 지도자들을 세웠다. 셋째는 목회환경 개선을 위한 인프라를 구축하는 일이다. 교육관과 주차장 확충, 화장실 현대화, 복지관 리모델링, 특히 새 예배당 건축(연건평 470평)은 하나님의 놀라운 역사 그 자체라 할 수 있다.[72]

430평 규모로 1층은 소예배실, 사무실, 남선교회실, 학생회실, 여선교회실, 카페, 화장실, 식당으로 2층은 대예배실과 목사님 서재, 새신자실, 성가대실, 화장실로 3층은 사택과 방송실, 유아실로 구성되어 있으며 특히 방송실은 최신 영상시설을 구비하여 설교를 듣는 데에 최적화되어 있다.[73]

광시교회는 수많은 교단의 목회자들과 평신도 지도자들을 배출했고, 지교회를 세웠다. 대표적 가문은 이정회 성도이다. 그는 김정봉 여사와 슬하에 2남 2녀를 두었는데 그 후손들이 교단의 일군들이 되었다. 큰 아들이 이덕여 목사(아들이 이태진 안수집사, 이정희 전 침신대 총장)이며, 작은 아들이 이덕홍 목사(제22대 총회장 역임, 아들 이창희 목사, 이창홍 안수집사, 이경희 장로, 이요섭 교회진흥원원장, 딸 이연회 사모, 이복회 전도사)이고, 큰 딸이 이한나 성도(아들 양태선 목사, 양태영 목사, 큰 딸이 양태회 집사(아들이 김의룡 목사), 작은 딸이 이대연 성도이다.[74]

이들의 후손 역시 여러 목회자를 배출했다. 양태선 목사의 아들이 양승원

---

72   이정희 목사, '광시침례교회 110년사, 1910-2020' 준비자료 참조.
73   이정희 목사, '광시침례교회 110년사, 1910-2020' 준비자료 참조.
74   이정희 목사, '이덕여 목사님의 일생과 후손들 총정리.'

목사(미국 워싱톤에서 목회)이며, 양태원 목사의 아들이 양승현 목사(미군 군목)이고, 양태희 집사의 아들이 김의룡 목사이다. 이덕여 목사는 문금이 사모 사이에 이태진 안수집사(아들이 이기영 예향교회 목사), 이정희 목사(아들이 미국 버지니아에서 목회하고 있는 이기중 목사)를 두었고, 이덕홍 목사의 딸인 이복희 전도사의 아들이 이영진 목사(캐나다 뱅쿠버 목회)와 이계성 목사(대흥교회 목사)이다.[75] 이 외에 본 교회 출신 목회자로는 이기영 목사, 임광오 목사, 권태웅 목사(안면중앙교회), 박상수 목사(장로교 안산밀알선교회), 김현철 목사(장로교), 이청일 목사가 있으며, 금마교회,(1964년), 신광교회(1960년), 행천교회(1984년) 등을 지교회로 세웠다.

정한구 담임목사는 "수많은 목회자와 평신도 지도자들을 세웠던 지난 110년의 광시교회 역사 가운데 함께 하신 하나님이 또 다른 100년의 역사에 함께 하실 것을 믿습니다. 더욱 섬기고 가르치며 다음 세대를 준비하는 목회자가 되겠습니다"라고 목회비전을 밝혔다.

---

75 이정희 목사, '이덕여 목사님의 일생과 후손들 총정리.'

화계교회

충청남도 홍성군 장곡면 장곡길 434번길 71
☎ 041-642-5783, 담임목회자 정수미 전도사

장곡면은 충청남도 서북부 최대 명산인 오서산을 중심으로 하여 동남쪽으로 보령시와 경계를 이루고, 동으로 청양군, 서로는 광천읍, 북으로는 홍동면, 예산군 광시면과 경계를 이루는 홍성군의 한 면이다. 주요 생산물은 벼농사와 밭작물이 주종을 이루며 마늘, 고추, 씨앗 재배(무우, 꽃 씨앗등)를 주로 하는 전형적인 농촌지역이다. 장곡면 16개 리 가운데 하나가 화계리이며, 1919년 김영철에 의해 이곳에 화계교회가 세워졌다. 설립자 김영철에 대해서는 어디서도 그 흔적을 찾을 수가 없고, 오직 김용해 목사와 이정수 목사의 언급을 통해 설립연도와 이름만 남아있다.[76]

임영오 목사(제4대) 부부 방문

---

76   김용해 편저, 『대한기독교침례교회사』 (서울: 성청사, 1964), 129; 이정수 편저, 『한국침례교회사』 (서울: 침례회출판사, 1994), 136. 화계교회는 광시교회(1910, 이정회), 담산교회(1928, 명기삼)와 함께 충서지방에 속해있었다.

개척자 김영철이 어떤 사람이었는지에 대해 기록도 관련 증언도 존재하지 않는다. 다만 초기 화계교회를 이끌었던 순회목회자는 대한기독교회(현 한국 침례교 전신) 제2대 감목이며 1914-1924년까지 교단을 이끌었던 이종덕(1884-1950) 목사와 평신도인 김재환 집사였다. 예배장소는 김재환 집사의 오두막이었다. 1884년 충남 공주군 탄천면 신영리(백암골)에서 태어난 이종덕 목사는 1907년에 예수를 영접하고, 1912년 10월 제7회 대화회(경북 산점교회, 현 개포중앙교회)에서 목사 안수를 받은 후 전국에 있는 교회를 순회하는 중에 화계교회 예배도 인도했다. 화계교회 교인들이 첫 순회목회자로 이종덕 목사를 기억하는 것으로 보아 이곳에 자주 방문했던 것으로 보인다.[77] 전국적으로 순회사역에 분주했던 이종덕 목사가 예배를 인도하지 못할 때는 김재환 집사가 대신 예배를 인도하였고, 목회자를 대신해서 지방회에 참석할 정도로 이종덕 목사에게는 훌륭한 평신도 동역자였다.[78]

이종덕 목사   김재환 집사(아들 김기원 제공)

1937년 신사참배 거부로 이종덕 목사가 4개월 동안 감옥에 갇혔다가 풀려난 후 만주의 봉황성으로 이주하기까지 이종덕 목사와 김재환 집사는 화계교회를 같이 섬겼다. 이종덕 목사 가정이 만주로 이주 할 때, 김재환 집사 가정도 예배장소였던 자신의 오두막을 어머니처럼 여겼던 김순금 집사에게 맡기고 만주로 이주하였다. 그곳에서 김재환 집사는 3년간 거주하다가 해방 직전에 화계리로 귀향

77   김갑수, 『한국침례교 인물사』 (서울: 요단출판사, 2007), 36-41.
78   김기원(김재환 집사의 아들로 현재 화계리에 거주중이다. 2020년 3월 28일), 전화 인터뷰.

하여 예전 예배장소에서 다시 예배를 드렸다.[79] 1945년 해방 후 만주에서 돌아온 이종덕 목사와 김재환 집사는 화계교회를 섬기다가 1950년 6.25 사변 중에 이종덕 목사는 금강 연변 갈밭에서 총살당하여 66세의 생을 마감하게 되었다.[80]

화계교회의 역사에서 반드시 기억해야 할 인물은 '32년 동안 짚신감발(양말이 없어 무명옷감으로 감고 신을 신는 것)로 전도활동을 벌였던 강요한나('극성스런 예수쟁이 아줌마' 혹은 '할렐루야 할머니'라 불림) 전도부인이다. 침례교단 최초 전도부인이었던 그녀는 1886년 7월 6일 충남 홍성군 장곡면 화계리에서 강영황의 셋째 딸로 태어나서 18세가 되던 1904년 김정필과 결혼하여 1남 2녀를 두었지만 1918년에 남편이 갑자기 사망하자 절망하게 되었다. 마침 오송산 대법사에 불공드리고 오던 길에 한 낯선 청년으로부터 '만민좋은기별'이란 쪽복음을 받아 읽은 후 예수를 믿기로 결심했다. 그 때 마침 순회목회 중이던 전치규 목사를 만나게 되었고, 1919년부터 화계교회에 다니기 시작하였다. 1923년 강경에서 개최된 대화회에 참석했으며 충남 예산, 광시, 청양, 태안,

강요한나 전도부인(가운데)

예전의 교회 사택

79 김순금 집사가 소천하였을 때 김재환 집사가 장례를 도맡았다. 김기원, 전화 인터뷰.
80 김갑수, 『한국침례교 인물사』, 43-47.

홍성 들을 다니면서 복음을 전하였다.[81]

　　강 전도부인은 5일 혹은 일주일, 길게는 2주일 씩 전도여행을 다녔으며, 2-3일 쉬고 다시 복음전도 여행을 떠날 정도로 신앙열정이 대단했다. 1926년 가정이 강경으로 이사했음에도 불구하고 여전히 강 전도부인은 화계교회에 남아 5년을 더 섬겼고, 이후 다시 가족이 용안리로 이사함에 따라 화계교회를 떠나 용안교회를 섬겼다. 이후에도 공주, 강경, 익산, 용안, 송천, 함라, 신라, 송담, 나포, 두동 등 여러 곳을 다니며 복음을 전하다가 해방 2년 전인 1943년 소천하였다. 강전도부인의 후손으로는 손자인 김순갑 목사(수도침신 교수 역임, 선교사, 25년 동안 괌에서 교회개척, 교도소와 방송사역을 하였고, 괌제일교회에서 은퇴)와 증손자 김종걸 목사(한국침례신학대학교 교수), 김의룡 목사(주포제일교회)가 있다.[82]

　　이종덕 목사 순교 후, 화계교회는 1960년대 전후까지 담임목회자가 없었다. 당시 이종덕 목사의 큰 사위요 광천교회를 담임하고 있었던 신혁균 목사의 주도 아래 김성조 목사(대천교회 은퇴), 장기영 목사가 방문하여 예배를 인도하였고, 때로는 김기석 형제(당시 고등학교 졸업생, 수원제일교회 원로, 신혁균 목사의 생질)와 광천교회 이석동 집사를 보내 예배를 인도하게 하였다. 그 당시에 10여 명의 성도들이 함께 예배를 드렸다고 한다.[83]

　　제1대 담임목회자로 김완진 목사(무창포교회 원로)가 1969년 11월에 부임하여 교회를 크게 부흥시킨 후 1974년에 사임하였고, 무창포교회로 자리를 옮

81　김갑수, 『한국침례교 인물사』, 134-139.
82　김갑수, 『한국침례교 인물사』, 140-141; 김종걸 교수(2020년 5월 26일), 전화 인터뷰.
83　김기석 목사(수원제일교회 원로, 2020년 3월 28일), 전화 인터뷰.

졌다.[84] 이후 잠시 김명근 전도사가 제2대 담임목회자로 시무했고, 1975년에 박정원 목사(새빛교회 원로)가 제3대 담임목회자로 부임하여 1976년까지 사역했다. 그 이후 임영오 목사(동일교회 원로, 아들 임진혁 목사, 캐나다 알바타 주 목회, 딸 임윤정 집사, 용인 명선장로교회)가 1976년에 제4대 담임목회자로 부임하여 1982년까지 시무하면서 교회건축을 시작했다.[85]

원래 화계교회의 첫 예배당은 김재환 집사의 오두막이었으나 점차 낡아져 주변 방앗간 자리(토지소유는 김만중)에 한옥 형태로 목조와 짚 지붕을 얹은 교회가 세워졌다. 하지만 세월이 지남에 따라 건물이 낡게 되어 허물어졌고, 더욱이 토지가 다른 사람의 소유였던 관계로 그곳을 떠나 광성리 지역으로 교회를 이전하기로 결정했다. 교회부지가 확보되지 않아 임영오 목사는 본 교회의 신길례 집사(2018년 작고, 아들 본 교회 김주범 장로, 김주민 광천교회 장로, 김주신, 딸 김주옥, 김주희)에게 요청하여 150여 평(예배당은 40여평, 사택부지 40여평)의 땅을 기증받았다. 올드암 선교회(이대복 선교사, Daniel B. Ray)의 미화 500$과 충서지방회의 일부 도움과 전 성도들이 힘을 합하여 지금의 예배당을 건축하였다. 온 성도들이 개울에서 돌을 주어 기초에 넣었고, 시멘트를 부어 벽돌을 만들어 쌓는 중에 바람이 불어와 다

1977년 교인들 (임영오 목사 시무)

84 김완진 목사(2020년 4월 21일), 전화 인터뷰.
85 임영오 목사(제4대 담임목사, 동일교회 원로, 2020년 3월 27일), 전화 인터뷰.

1979년 여름성경학교

무너져서 성도들이 호미와 망치를 가지고 다시 골라내는 등의 헌신으로 건축을 마쳤다. 지붕은 함석으로, 나머지는 벽돌 건물이었다.[86]

　임영오 목사 사임 후, 김선면 목사(용안교회 김현중 목사 아들)가 제5대 담임목회자로, 성천봉 목사(군산 기쁨의 교회)가 제6대 담임목회자로 1989년 4월 1일 부임했다. 성천봉 목사가 시무했던 1992년 새벽에 전기누전으로 사택이 불이 나는 참변을 겪었으나 이내 다시 사택을 건축하였다. 건축과정에 신길례 집사가 다시 약간의 논을 기증했고, 호서지방회 교회에서 헌금(500만원)과 성도들의 헌신으로 총 1200만원을 들여 사택건물을 지을 수 있었다. 이 과정에서 이옥자 집사(재무집사)의 헌신은 만인의 귀감이 되었다.[87] 성천봉 목사가 1992년 10월에 사임하자 제7대 담임목회자로 우선호 목사(사모 정수미 전도사)가 1992년 11월에 부임했다. 우선호 목사는 26년 동안 사역하다가 2018년에 소천 함에 따라 정수미 전도사가 현재까지 담임사역자로 섬기고 있다.[88]

86　임영오 목사, 전화 인터뷰.

87　성천봉 목사(제6대 담임목사, 2020년 4월 21일), 전화 인터뷰.

88　정수미 전도사(2020년 4월 21일), 전화 인터뷰.

우선호 목사, 정수미 전도사 부부

예배모습(우선호 목사)

　각종 암자와 점치는 곳, 불교 사찰로 둘러 쌓인 이곳 화계교회(화계리, 광성 1, 2, 3구, 신풍리, 오성리)에서 목회하고 있는 정수미 전도사는 하루하루가 영적 싸움의 연속이라고 말한다.[89] 100여 년 전에 복음의 기수를 높이든 한국 침례교회 최초의 여전도인을 배출한 교회, 일제강점기에도 예배의 명맥을 이어온 화계교회가 주변의 어둠의 권세를 물리치고 승리의 깃발을 높이 들 날이 속히 오기를 기도한다.

89　정수미 전도사(2020년 4월 21일), 전화 인터뷰.

3

강원해안권의
100년 이상된 침례교회들

용장교회

행곡교회

구산교회

신평교회

행곡교회

문화재청 근대문화유산등록문화재 제286호(2006년 12월)
경상북도 울진군 근남면 천연1길 13(행곡리 102-4252)
☎054-783-4252, 담임목회자 김의철 목사

"동해안의 예루살렘 교회", "순교의 피를 흘린 교회", "한국기독교의 숨은 성지", "국민일보가 선정한 한국의 아름다운 교회", "울진 최초의 교회" 등으로 불리며, 1년에 약 2천여 명의 국내외 교회순례자들이 방문하고 있는 울진군 최초의 교회인 행곡교회! 한국고등신학연구원KIATS의 『기독교 신앙유산을 찾아서 한국기독교 성지순례 50 BELT』에서도 "동해안의 영적인 척추 도시들" 가운데 하나로 소개했고, '한국기독교역사 문화순례회'와 '한국순교자기념사업회'가 적극 추천한 바로 그 교회. 예로부터 전통종교와 불교가 강한 경상도 해안지역에서 지금껏 기독교의 영적흐름을 지켜오고 있는 7번 도로(울산광역시, 경주시, 포항시, 영덕군, 울진군)의 끝자락에 위치한 행곡교회는 1907년 세워진 이래 순교자 세 분과 36명의 목회자를 배출했으며, 대한기독교회(현 기독교 한국침례회) 울진구역의 출발점이요, 주변의 구산교회, 용장교회, 대흥교회, 쌍전교회, 삼당교회, 울진교회, 죽변교회, 근남교회, 기양교회, 성류교회 등이 개척되는 데에 모교회의 역할을 감당해 왔다.[90]

울진군에서 봉화로 가는 국도 36호선을 타고 자동차로 약 5분쯤 가다보면 왕피천 맞은편 근남면 행곡리 첫 마을에 위치한 행곡교회를 만날 수 있다. 행곡교회가 속한 울진지역 전도는 지금으로부터 110여 년 전인 1906년 10월

---

90 김재현, 류명균, 최선화, 『기독교 신앙유산을 찾아서 한국기독교 성지순례 50 BELT』 (서울: 한국고등신학연구원, 2018), 404-405; 전병식, "울진의 정체성 찾기 ① …역사기행, 행곡침례교회 편," 울진신문(2019년 11월 22일).

1일 대한기독교회의 권서문서 전도자이며 공주성경학원을 졸업한 손필환孫弼煥 교사가 울진군 행곡리를 방문하면서 시작되었다. 이듬해인 1907년에 그는 행곡리에 거주하던 남규백의 초당채를 빌려 예배를 드리기 시작함으로써 울진지역에 최초의 침례교회가 뿌리 내렸다. 1907년 9월 충청도 공주교회(현 꿈의 교회)에서 개최된 제2차 대화회(현 총회)에 손필환 교사가 울진 지역 출신인 전치규, 전치주, 남규연, 남규백, 전성수, 전병무 등 모두 8명의 성도들을 대동했다는 기록은 그 당시 이 교회의 상황을 잘 말해주고 있다.[91]

당시 손필환 교사의 탁월한 전도활동에 대해 펜윅 선교사는 다음과 같이 말했다. "손 씨는 성서 판매원으로서는 저조하였으나 영혼을 구원하고 교회를 설립하는 일에는 아주 탁월했다. 그와 그의 동료들은 짧은 기간에 8개의 교회를 세웠다. …그는 교육을 필요로 하는 바닷가(울진 지역)에 있는 매우 흥미로운 교회로 파송되었는데 2주일 만에 다음과 같이 보고를 하였다. '또한 8명의 사람이 주님의 복음을 전하기 위하여 자신들을 주님께 바치게 되었습니다.'"[92]

손필환 교사는 1909년 제4차 대화회에서 펜윅 선교사에게 목사로 안수를 받고 잠시 원산에서 훈련을 받은 후 1910년 4월 두만강 상류지역에 있는 교회들의 조직과 감로 임명하는 일을 수행하도록 파송을 받았다. 그 이후 손필환 목사는 행곡교회에서 1912년까지 왕성히 활동하였다. 1910년 현 위치에

---

91 전병식, "울진의 정체성 찾기 ① …역사기행, 행곡침례교회 편." 기독교 한국침례회 총회 역사편찬위원회 이정수 편저, 『한국침례교회사』 (서울: 침례회출판사, 1994), 66. 제2차 대화회에 출석한 8명의 명단에 대해 어느 곳에도 기록이 남아있지 않다. 총회 역사편찬위원회에서는 전치주, 전치규, 남규현 등의 이름만 명시했으나 행곡교회에서 8명 중 위의 6명의 이름을 최근에 확인해 주었다.

92 Malcohm C. Fenwick, The Church of Christ in Korea (New York: H. Doran Co., 1911), 85-92, 허 긴, 『한국침례교회사』 (대전: 침례신학대학교 출판부, 1999), 121 재인용.

초가집 형태의 예배당을 건축한 손필환 목사는 동역자들과 함께 척동교회, 구산교회, 용장교회, 쌍전리교회 등의 설립에 도움을 주었으며 울진구역이 새롭게 증설되는데 큰 역할을 하였다.[93] 1912년부터 1914년까지 행곡교회에는 담임목회자가 없어 울릉도 최초 선교사였던 김종희 전도와 박기양 목사가 순회하면서 예배를 인도했고, 신성균 목사(1916년~1918년)와 노재천 목사(1918년) 또한 순회하면서 예배를 인도했다. 김종희 전도는 울릉도 저동교회(1906년 5월 1일 설립)의 설립자인 김두근의 아들 김창규를 이곳 행곡에서 만나 울릉도에 함께 입도하여 복음을 전하고 예배를 드림으로 저동교회를 설립한 인물로 알려져 있다.[94]

행곡교회의 역사에서 반드시 기억해야 할 이들은 전치규, 전병무, 남석천이다. 먼저 손필환 교사로부터 복음을 받아들인 전치규田穉珪에 대해 살펴보자. 그는 1888년 1월 5일 울진군 근남면 행곡리에서 태어났다. 착하기로 소문났고, 영민한 학생이었던 전치규는 후에 서당에서 학생들을 가르치는 선생이 되었고, 손필환 교사로부터 전도를 받아 1907년 제2차 대화회에 참석한 후, 모든 것을 버리고 펜윅 선교사가 머물던 원산에 가서 6년 동안 성경을 배웠다. 일반인들이 6개월 만에 수료하는 과정을 6년 간 공부한 것을 보아 펜윅 선교사가 얼마나 그를 아꼈는지 알 수 있다. 다음의 두 일화는 전치규의 인간됨과 신앙심이 어떠했는지를 보여준다. 먼저, 그는 아들인 전인철(부산교회 안수집사)에게 "너는 절대로 뒷거래를 하지 말 것이며, 저울 눈금을 속이지 말라"라고 당부할 정도로 자녀교육에 매우 엄격했다. 또한 펜윅 선교사가 공부하는 학생들에게 무를 주며 거꾸로 심으라고 했다고 한다. 이에 모든 학생들

---

93 허긴, 『한국침례교회사』, 123; 전영철, "(12) 울진행곡침례교회와 순교자들," 기독교방송원고(2018년 10월 11일).

94 울릉지방회 역사편찬위원회, 『울릉도 침례교 발전사』 (증보판) (부산: 기침 울릉지방회, 2017), 15.

이 이를 비웃으며 바로 심었지만, 오직 전치규만은 그대로 순종하여 무를 거꾸로 심었다고 전해진다. 펜윅 선교사가 그의 순종을 칭찬했음은 물론이다.[95]

이 시기 펜윅은 전치규와 성서번역 작업(펜윅이 번역하고 전치규는 어휘를 다듬는 방식)에 몰두해 1919년에 신약성서 번역본(원산번역)을 출판했고, 256쪽에 달하는 복음찬미도 발행했다. 전치규는 1912년(25세)에 교사로, 1917년(30세)에 목사로, 1924년에는 제3대 감목으로 임명되었다. 10년 간 감목으로 재직하는 동안 124명의 전도인을 시베리아와 만주에 파송하여 오지 선교에 전력을 다했다. 이 과정에서 1925년 4월 북만주에서 한국 독립당에게 첩자로 오인되어 사살 당한 전도인들(김상준, 안성찬, 이창희, 김이주, 윤학영)과 1932년 10월 중국 공산당에 의해 죽임을 당한 종성동교회의 김영진 목사, 김영국 감로, 정춘보 성도, 이규현 집사의 순교사건은 전치규 감목의 마음을 아프게 했다. 일본 총독부의 창씨개명과 신사참배 강요에 전치규 감목은 1935년 10월 총회임원들과 함께 전국의 교회에 이를 거부한다는 서신을 발송하였다. 그는 이 사건으로 김영관, 백남조, 이종덕, 노재천 목사 등과 함께 3개월간 옥고를 치르기도 했다.

1942년 6월 복음찬미가 7장의 가사 '대왕님 예수 씨 보혈' 문제로 이종덕 목사와 함흥 형무소에 투옥된 전치규 목사는 "예수가 대왕이면 천왕은 대왕 위인가"묻는 고등 검찰관에게 "그것은 오해다. 우리 주 예수는 천지를 창조하신 구세주이시다. 그 위에는 하나님 아버지 하나님이 있을 뿐이다. 천왕이 예수 위냐고 묻는 것은 하나님을 모독하는 불경스러운 언행이다"라고 대답했다. 이때 행곡교회의 남규백 감로도 함께 투옥됐으며, 교단은 폐쇄되고

---

95   김갑수, 『한국침례교 인물사』 (서울: 요단출판사, 2007), 73-76.

한국 침례교회 100년의 향기

모든 교회재산이 몰수당했다. 1944년 2월 13일 전치규 목사는 차가운 형무소에서 일제의 간악한 회유와 무자비한 모진 고문에 의해 숨을 거두었다. 마지막 숨을 내쉬면서 그는 "아버지여, 땅에 남은 교단과 식구들을 부탁드리오니 보살펴 주옵소서"라고 기도했다고 한다. 당시 그의 나이는 불과 57세였으며 그의 시신은 펜윅 선교사가 묻힌 원산에 묻혔다.[96] 김갑수 목사는 순교자 전치규 감목의 생애를 다음과 같이 요약했다. "어릴 때부터 올곧은 성격으로 인근 마을 사람들의 신망을 한 몸에 받고 한학을 공부했으며, 6년간 펜윅 선교사의 성경학교에서 신학을 공부했다. 이후 목사 안수를 받고 8년 뒤인 1924년 침례교회 감목으로 취임하여 10년간 교단의 발전을 위해 심혈을 기울였으며 하나님께 받은 사명을 한껏 감당하다가 57세의 삶을 마감한 전치규 목사는 원산에 안치되었다."[97] 전치규 목사의 자녀들은 지금도 침례교회에서 신앙생활하고 있다. 자손으로는 장남 전인철 안수집사(부산교회, 침례병원 초대원무과장 역임), 손자 전대식(서울교회, 현재 일산 거주)이 있다.

두 번째 인물은 친구들 사이에서 걸어 다니는 '옥편'이라 불렸던 전병무(田炳武, 1888년 4월 21일 출생)이다. 이는 그의 영민함을 엿볼 수 있는 별명으로, 전병무는 1907년(20세) 손필환 교사로부터 전도를 받고 같은 해 9월에 열렸던 제2차 대화회에 참석한 것으로 보인다.[98] 1916년 전병무는 전치규 목사의 형님(전치현)의 주선으로 원산에서 펜윅 선교사가 가르치던 성경공부방에 참여하여 수학한 후(이곳에서도 '성경옥편'이란 별명을 얻음), 전도인의 직분을 받았다. 고향으로 돌아온 후 1920년에 감로직분을 받았고, 남규백 감로(1923년 혹

---

96 김의철 목사, '행곡교회 연혁.'
97 김갑수, 『한국침례교 인물사』, 81.
98 김갑수는 전병무가 1909년 2월 어느 전도인으로부터 전도를 받았다고 기록하고 있다. 김갑수, 『한국침례교 인물사』, 144. 하지만 행곡교회 연혁에서는 1907년 손필환 교사의 전도를 받은 것으로 기록되어 있다.

은 1926년에 감로안수 받음)와 1940년까지 2년 씩 윤번제로 행곡교회에서 시무
했다.[99] 1940년-1941년에는 남재연 통장이 예배를 인도했다. 남재연 통장은
울릉도 서달교회의 남규연 장로의 친형으로 그의 아들이 남용순 목사이며 손
자가 한국침례신학대학교 교수로 있는 남병두 목사이다.[100]

일제의 탄압이 날로 심해지자 동아기독교의 많은 교회와 교인들이 간도
로 이주했는데, 전병무 목사의 가족도 장남 전부흥의 주도로 이주를 결정했
으나, 전병무 목사는 교회를 저버릴 수 없다며, 가족들과 헤어져 홀로 교회를
지켰다. 1942년 6월 전병무 목사는 일제의 강요에 의한 신사참배와 황궁요
배를 거부했다는 죄목으로 교단 대표 32인과 함께 원산감옥에 투옥되어 만
2년간 온갖 고초를 겪었다. 1944년 5월 자신의 건강도 돌보지 못한 채 폐허

1950년대와 1960년대 교인들

99   전병무는 감로직분을 위임받고 행곡교회에서 교역자로 시무하다가 목사 안수는 1949년 9월 제39회
      총회(강경교회)에서 받았다. 전병무는 39세 때인 1926년에 '성탄가'와 '구주성탄가'를 작사하여 많은
      교회에서 이 곡이 불렸다고 전해진다. 김갑수, 『한국침례교 인물사』, 143-144, 158.
100 남병두 교수(2020년~), 전화 인터뷰

가 된 예배당을 재건하고, 힘들게 삶을 지속하다가 8.15 해방을 맞이하게 되었다. 해방되기 전까지 교회는 폐쇄되어 일본군 창고로 사용되었다. 해방 이후 교회는 다시 예배를 드리기 시작했고, 전병무 목사가 시무했으며, 남규백 감로(1945), 남재연 집사(1946-1947), 이종만 전도사(1948. 4. 10-1949) 등이 활동하였다.

해방 이후, 전병무 목사는 목회뿐만 아니라 근남면장과 군민회장으로 지역사회를 섬기기도 했는데, 안타깝게도 해방 후 극심한 좌우대립의 희생양이 되었다. 행곡면을 공산화하기 위해 불영 계곡에 은신 중이던 7명의 빨치산들이 행곡리의 주요 인물 7인을 암살할 계획을 세우고, 그 중에 전병무 목사를 첫 제거대상으로 삼았다. 1949년 10월 7일 빨치산들이 행곡리에 들이닥쳐 마을 입구에서 거름을 만들던 남 모씨를 협박하여 전병무 목사의 집으로 인도할 것을 요구했다. 저녁식사를 기다리고 있었던 전병무 목사는 빨치산들에 의해 안방에서 끌려 나와 산 밑에 살던 마을회장 남석천(원산사건으로 순교했던 남규백 감로의 아들, 행곡교회 성도)의 집으로 끌려가 결국 그 집 마당에서 두 사람 모두 총살당했다. 이때 그의 나이 62세였다.[101]

세 번째 인물은 전병무 목사와 함께 순교한 남석천 형제다. 그는 1922년에 행곡리에서 태어난 행곡교회 성도요, 마을의 청년 회장이었다. 먼저 전병무 목사를 붙잡은 빨치산들이 산 밑의 남석천의 집에 이르러 그의 이름을 부르자 부인이 먼저 부엌에서 나왔는데, 분위기가 심상치 않음을 감지하고 이내 도망치려하자 방아쇠를 당겼다. 남석천의 아내는 팔에 관통상을 입었고,

---

101 행곡침례교회 김의철 목사, "행곡교회 연혁." 김갑수는 전병무 목사가 저녁예배를 인도하던 중에 빨치산들로부터 끌려 나가 총살되었다고 기록하고 있다. 김갑수, 『한국침례교 인물사』, 147. 허긴은 저녁식사를 마치고 성경을 읽던 중 끌려나갔다고 기록하고 있다. 허긴, 『한국침례교회사』, 346.

전병무 목사 순교현장

위험을 알리는 나팔소리가 동네에 울리자 빨치산들은 급하게 전병무 목사와 남석천을 사살하고, 허겁지겁 자리를 피했다. 이때 그의 나이 27세였다. 지금 이곳에는 작은 묘지와 비석이 세워져 있다.

전병무 목사와 남석천 형제의 순교는 행곡교회의 영광이요, 이들의 순교로 교회는 세상의 고통과 비정함을 경험하는 계기가 되었다. 두 분의 순교로 7명의 암살대상자 중 5명이 화를 면했다. 이후 살아남은 자들과 그들의 자손들은 지금껏 두 분의 순교에 깊은 감사와 존경의 마음을 갖고 있다 전해진다. 하지만 전병무 목사와 아들을 잃음으로 인해 그 자녀들의 생활고는 이루 말할 수 없었고, 그 영향 때문인지는 몰라도 이후 자녀들이 신앙생활을 지속했다는 기록을 찾을 수 없다. 남석천 형제도 이 세상에 자녀를 남기지 못했고, 그가 살던 집도 흔적 없이 사라졌다. 당시 주변에서 떠도는 말로 "예수를 믿으면 가문이 몰살당한다"라는 소문만 무성했다고 전해진다.[102]

지금도 그때의 순교 상황을 생생하게 기억하고 있는 생존자 한 분이 현재 살아계시는데, 지금껏 행곡교회를 출석하고 있는 이영희 권사(104세,

---

102 김의철 목사, '행곡교회 연혁.'

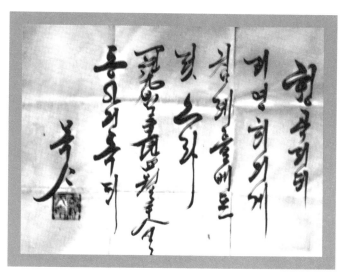

2020년 현재)이다. 이영희 권사는 본래 울릉도 출신이었으나, 1923년 무렵 부친께서 대화회에 참석하신 후 행곡리로 이사와 줄곧 행곡교회에 출석하고 있다. 16세던 되던 해인 1931년에 이 권사는 노재천 목사로부터 침례를 받았다. 이때 노재천 목사가 이 권사에게 침례증서를 주면서 "죽어서 관에 이 증서를 꼭 넣으라"라고 말씀하신 것을 마음에 두었고, 지금까지 이를 소중하게 보관하고 있다고 한다. 19세 되던 1935년 교회에서 전치규 감목의 주례로 주병삼 안수집사와 결혼했고, 그 이후 만주에서 생활하다가 해방 후 행곡리로 귀향하였다. 이영희 권사는 두 분의 순교자가 희생당하신 그날 날씨와 분위기까지 아직도 생생하게 기억날 정도로 충격적이었다고 한다. 이후 이영희 권사는 전병무 목사가 기거하셨던 사택에 살게 되었고, 100세가 넘으셨음에도 불구하고 여전히 손전등을 들고 논길을 헤치며 새벽예배와 저녁예배에 참석하고 있

이영희 권사 가족사진(2016년)

다.[103]

　이영희 권사 자녀로부터 증손자까지 5대째 침례교 신앙을 지켜오고 있다. 주한석, 주완석, 주옥화, 주화자, 주광순, 주영미 모두 6남매가 4대째 행곡교회에 출석했고, 현재 주한석 집사는 울진의 영동교회를, 주한석 집사의 사위는 울진 후포비전교회의 한명수 목사이며, 주완석 집사와 침례병원에서 퇴직한 주광순 집사는 부산 영안교회를, 주옥화 집사와 주영미 집사는 울산의 침례교회를, 주화자 집사는 서울제일교회에 출석하고 있다.[104]

　행곡교회 건축과정 매우 특별했다. 1907년 남규백의 초당채를 빌려 예배드리기를 시작한 이후 1910년경 초가예배당을 건축하여 예배드리다가, 전

103　김의철 목사, '행곡교회 연혁.'
104　김의철 목사, '행곡교회 연혁.'

치주(전치규 형)가 행곡리 102-1의 106평 땅을 기증해 1936년 한옥예배당을 준공했다. 이는 울진읍성 병사들의 숙소를 매입해 그 일부를 가져와 현 장소(지금은 교육관 및 박물관으로 사용)에 새 예배당을 지은 것이다. 지금도 이 건물의 대들보 상량문에는 붓으로 쓰여진 '嘉慶十四年己巳三月二十伍日吾時立柱上樑'(가경십사년기사삼월이십오일오시입주상량, 조선 순조 9년, 1809년)을 볼 수 있다. 이 교회 건물의 특징은 정면 4칸과 측면 2칸의 한옥구조로, 건립초기의 남녀유별 사상에 따라 예배석과 출입구가 따로 구별되어 있고, 지금도 그 당시에 사용되었던 놋종, 의자, 강대상 등 교회 성구들의 일부가 남아있다.[105]

최삼룡 목사 시무(1964-1971) 기간에 행곡리 103-1의 부지 65평을 매입(일부 미남침례교 한국선교부 지원)했고, 주성백 목사 시무(1971-1986, 아들 광석, 요셉 목사) 기간에는 그곳에 순교자 기념 예배당을 지어 헌당예배를 드렸으며(1983년 3월 29일), 현재까지 본 교회 예배당으로 사용하고 있다. 1983년 신축된 교회의 머릿돌에는 다음과 같은 글귀가 새겨져 있다.

2005년에 한옥 예배당의 기와를 교체했고, 2007년에는 순교자 기념 예배당 재단장 및 담장, 마당을 정비했으며, 2008년 11월 15일에는 교회창립 100주년 기념예배를 드렸다. 경사스러운 일은 건물 전체의 보존상태가 양호해 2006년 12월 문화재청으로부터 근대문화유산 제 286호로 지정되었다. 김의철 담임목사(2018년 부임)는 "두 분이 총살당한 순교현장이 현재 타인의 소유로 되어있어 수 차례 교회가 매입을 시도했지만 불가능하여 현장과 가까운 군유림에 순교자기념공원을 조성하고 그분들의 자손들이 국가유공자로

---

105 전병식, "울진의 정체성 찾기 ① ⋯역사기행, 행곡침례교회 편."; 김성준, "동해의 예루살렘 '행곡교회.'" 울진21 (2011년 1월 15일 기사).

교육관 전경, 내부의 전시물

등록될 수 있도록 노력중이며, 이를 위해 한국수력원자력, 경북도청, 울진군, 기독교 한국침례회 총회에도 요청중이다"라고 밝혔다.[106]

행곡교회 출신 목회자로는 주성백 목사, 남용순 목사, 권찬수 목사, 주진성 목사, 주대석 목사, 주광석 목사, 권찬대 목사, 임홍기 목사, 주요섭 목사, 주자순 목사가 있다. 3명의 순교자(전치규 목사, 전병무 목사, 남석천 형제)와 수많은 목회자를 배출했고, 10여 개 교회의 모교회 역할을 감당하고 있는 행곡교회는 지금도 지역사회 복음화를 위해 노력하고 있다. 왕피천의 시냇물이 마르지 않는 한 행곡교회의 사역 또한 그치지 않을 것이다.

---

106 행곡침례교회 김의철 목사, "행곡교회 연혁"; 김의철 목사(2020년 2월 24일), 면담; 전병식, "울진의 정체성 찾기"

구산교회

경상북도 울진군 기성면 구산길 113-4
☎ 054-788-5568, 담임목회자 임길수 목사

평해 IC에서 기성휴게소로 가는 7번 국도 우측에 월송리 한국원자력 마이스터교를 지나 우축에 소나무로 우거진 구산해수욕장이 나온다. 백사장 길이만 500미터, 소나무 사이로 불어오는 시원한 해풍, 특히 구산해수욕장은 아름다운 해변으로 종종 TV 에도 나와 수많은 피서객들이 찾는 명소이다. 구산항에서 갓 잡아 온 신선한 해산물을 맛 볼 수 있고 관동팔경 중 하나인 월송정이 자리 잡고있는 전형적인 어촌마을 구산. 안 씨 집성촌으로 원래 이곳은 조선시대부터 울릉도와 독도로 들어가는 울진지역의 대표적인 뱃길로 유명했다. 갑자기 파도가 세지거나 배를 탈 수 없는 사람들이 잠시 머물 수 있는 대풍헌(待風軒, '바람을 기다리는 곳'의 의미)이 이곳에 세워져 있어 조선시대부터 울진지역에서 울릉도와 독도를 가고자 하는 많은 사람들은 이곳을 이용했다. 구산은 현재 1리와 2리로 나뉘어져 있으며 300호 정도가 모여서 어업을 중심으로 살고 있다. 주로 대개와 문어등을 잡고 있으며 젊은이들은 대도시로 나아가 노년층이 주축을 이루고 있는 어촌이다.

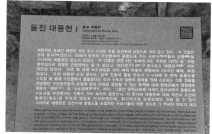

울진 구산 대풍헌 전경

1908년 6월 7일 구산리 200번지(구산봉로 109-2)에서 구산교회가 창립되었다. 설립 당시 안영조 집사의 헌신이 컸으며 그의 가정에서 구산교회가 시작되었다.[107] 울릉도로 가는 배를 타기 위해 외부인들이 잠시 머물던 이곳에서 안영조는 선교사들로부터 전도를 받아 자신의 집에서 예배를 드리기 시작했다(첫 번째 초가예배당). 하지만 오랫동안 담임목회자가 없이 순회 사역자에 의존하여 예배를 드릴 수밖에 없었다. 이곳은 원래부터 안 씨 집성촌으로 구산교회의 초창기와 해방 전후의 성장에 이들의 헌신이 컸다.

교인단체사진(첫번 째 예배당, 1953년 12월 18일)

---

107 일반적으로 손필환 교사에 의해 구산교회가 세워졌다고 알려져 있으나, 김용해 목사와 이정수 목사는 안영조를 설립자로 기록하고 있다. 김용해 편저, 『대한기독교침례교회사』(서울: 성청사, 1964), 127; 이정수 편저, 『한국침례교회사』(서울: 침례회출판사, 1994), 136. 안영조의 손자인 본 교회 안송학 성도는 할아버지 되시는 안영조에 의해 교회가 시작되었으며 장소는 할아버지 집(초가)이었다고 증언하고 있다. 안송학 성도(2020년 3월 9일), 전화 인터뷰.

먼저 교회를 설립하고 자신의 집을 예배당으로 내놓은 안영조 집사에 대해 알아보자. 안영조의 아내는 허생 집사(1901-2000년, 허긴 침신대 전 총장 고모)로 원래는 조사리교회 출신이었으나, 이곳 구산리로 시집을 온 이후 부부가 구산교회의 주축이 되었다. 시간이 지남에 따라 교인들이 증가하여 예배당이 비좁게 되자 허생 집사는 대전의 미남침례교 한국선교부를 직접 찾아가 교회 건축 지원금을 받고 함석을 구입 해 교회를 건축하였다. 돌아가시기 전까지 달력 뒷면에 성경을 옮겨 적을 정도로 하나님 말씀을 사랑하였다. 안영조 집사는 3형제를 남겼고, 현재 며느리 성도숙 권사와 손자인 안송학 성도가 타지에 살다가 돌아와 구산교회에 출석하고 있다.[108] 안영조 집사의 삼촌인 안만수 집사는 구산교회가 초창기에 성장하는데에 여러 가지 역할을 했다고 알려져 있다.[109]

또한 언급되어야 할 사람은 안 전도(안영태라고도 알려짐)라고 불렸던 분으로, 본 교회에서는 전설적 인물로 알려져 있다. 신장이 180cm가 넘을 정도로 기골이 장대한 사람으로, 성격이 매우 엄해 안 전도가 나타나면 그 지역의 아이들이 소란스러웠다가도 순식간에 잠잠해졌다고 한다. 안 전도는 해방 전에 이승만 전 대통령과 독립운동을 벌였으며, 초가에서 가정예배를 드릴 때도 열심히 전도했다고 한다. 하지만 안타깝게도 이 분의 후손과 사진 등 관련 자료들이 그 어느 곳에도 남아 있지 않다. 안전도는 이 고장에서 소천하였고 해안가 어느 곳엔가 묻혔다고 전해지나 아직까지 그의 묘가 확인되지 않고 있다.[110] 침례교회 초창기에 구산교회의 중요한 역할은 복음이 행곡교회로부

108 안송학 성도(2020년 3월 9일), 전화 인터뷰.
109 안송학 성도, 전화 인터뷰; 이준철 목사(2020년 3월 9일), 전화 인터뷰. 이준철 목사는 이정희, 강풍일 목사와 같은 졸업동기(1970년)로 1970-1978년 6월 까지 구산교회에서 사역했다.
110 임길수 목사(2020년 1월 19일), 면담.

터 구산교회로 전파되고 이곳에서부터 울릉도 지역으로 들어갔다는 점이다.

구산교회는 오랫동안 담임목회자가 없이 순회사역자들에 의해 예배를 드렸다. 특히 이곳을 방문하여 예배를 인도했던 대표적인 순회사역자는 신성균 목사였다. 1897년 10월 12일 경북 문경군 점촌읍 점촌1리에서 태어난 그는 1914년 9월 25일 이종덕 목사에게서 침례를 받았고, 1924년 10월 25일 경북 울진 행곡교회에서 개최된 대화회에서 목사 안수를 받았으며, 이후 평북 자성 구역과 중국의 임강구역에서 활동했다. 1946년부터는 공주지역, 포항지역, 예천구역 등 경상북도의 구역에 파송되어 순회사역을 했는데, 지금껏 구산교회 성도들은 주로 신성균 목사를 기억하고 있다.[111]

1908년 6월 7일 구산리 200번지(구산봉로 109-2)에 안영조 집사에 의해 첫 번째 초가 건물이 세워진 이후, 두 번째 건물은 해방 이후 인근 구산리 205번지(구산 봉산로 107)의 가정집을 개조하여 예배를 드리다가 성도들이 점차 늘어나 예배당이 비좁게 되자 목조건물을 세우기로 했다. 이 목조건물은 미남침례교 한국선교부의 일부 지원과 교인들이 힘을 합쳐 신축되었는데, 1970년에 부임한 이준철 목사는 "부임 초창기만 하더라도 방파제가 제대로 지어지지 않아 바닷물이 교회 마당까지 밀려와 고생한 적이 한 두 번이 아니었다"고 기억하고 있다.[112] 이후 1979년에 와서 현 위치에 교회가 세워졌다. 2009년 8월 31일 구산교회는 설립 100주년 기념예배를 드렸다. 집사 안수식(이성호, 김영선, 전효달)과 권사 취임식(윤춘매, 신옥랑)을 갖고 역대 교인들을 초청해 가칭 '모교회 사랑회'(준비위원 이성직, 김종하)를 조직했다.

---

111 김갑수, 『한국침례교 인물사』 (서울: 요단출판사), 240-245.
112 이준철 목사(2020년 3월 6일), 전화 인터뷰.

    지난 110여 년 동안 구산교회에서 사역했던 목회자들은 첫 사역자인 안전도, 김경출 집사(한국침례신학대학교 출신), 이준철 목사, 강희용 목사, 김만수 목사, 박한철 목사, 김관영 목사이며 임길수 목사가 2016년 6월에 부임하여 현재까지 시무하고 있다. 구산교회는 1975년에 지교회로 삼율교회(현재는 존재하지 않음)를 개척했으며, 구산교회 출신 목회자로는 이광수 목사(침례교), 지계진 목사(장로교), 지개근 목사(선교사), 안응식 목사(장로교), 권정곤 목사(장로교), 이경용 목사(장로교)등 총 6명이지만 이광수 목사(현 대구성문교회)를 제외

현 구산교회 예배모습

하고는 타 교단에서 목회하고 있다.[113]

　　현재 구산교회는 매주 40여 명이 예배를 드리고 있으며 교회 구성원은 주
로 70세 이상이 60％를 차지하고 있는 전형적인 어촌교회이다. 해안가 마을
의 특성상 여전히 미신과 토착적인 우상숭배가 계속되고 있지만, 지금도 어
둠의 세력을 물리치며 신앙을 지켜오고 있는 믿음의 성도들이 있다. 임길수
담임목사는 '회복'의 목회에 중점을 두고 있다. 교회의 주요 구성원들이 어르
신들이나 신앙 만큼은 더욱 젊어지며 예배를 사랑하는 마음을 갖도록 노력
하고 있다. 또한 지난 110년 이상의 역사 속에서 본 교회를 거쳐 간 성도들이
다시 이곳으로 돌아와 믿음이 회복될 수 있도록 기도하고 있다. 임길수 목사
는 "예배, 말씀, 기도로 성도의 삶이 주 안에서 행복하고 삶의 모든 영역에서

113 이광수 목사(본 교회 1호 출신 목회자, 2020년 3월 7일), 전화 인터뷰.

질병이 치유되며 마을의 우상이 떠나감으로 살기 좋은 구산, 번영하는 구산, 영적인 기운이 지배하는 그런 지역을 만드는 일에 우리 교회가 쓰임 받기를 원합니다. 지난 110여 년 동안 수많은 고난과 환란과 핍박속에서도 지속되었던 우리 선조들의 신앙이 다가올 100년에도 지속되기를 희망합니다"라며 기도제목을 밝혔다.

용장교회

경상북도 울진군 죽변면 용장길 151-7
☎ 010-5438-2598, 담임목회자 최계환 목사

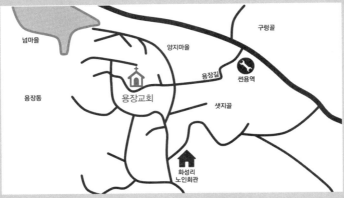

'일제 강점기 울진지역 초기의 한옥 형태를 지금도 유지하고 있는 교회.' '2006년 12월 4일 문화재청 제287호로 등록된 근대문화유산.' '대한기독교회 흔적이 남아있는 교회.'

울진군 죽변면에서 북면 소곡리로 향하는 지방도로 920호선 우측(2km내외) 화성초등학교 근처 용장마을에 조그마한 용장교회가 있다. 용장龍場의 유래는 '앞산과 뒷산이 연못에 비칠 때 용처럼 보이기 때문'이며, 이곳은 남평 문씨 집성촌으로 죽변의 해변가와는 직선으로 3km 정도 떨어져 있는 곳으로 주로 벼농사와 밭농사(고추, 감자등)를 짓고 있다.[114]

용장교회는 1909년 문 씨 집성촌에 살았던 문규석文圭錫, 1889-1949에 의해 세워졌다.[115] 그는 1889년 7월 16일 경북 울진군 울진읍 화성리 273번지(용장동)에서 아버지 문영모 씨와 어머니 이내곡 사이에서 3대 독자로 태어났다. 10년간 한학을 공부하여 젊은시절(20세 이전)에는 한학 교사로 활동하였다. 같이 활동했던 친구 박성도, 방사현과 함께 펜윅 선교사를 만나 전도를 받고, 신앙생활을 시작함으로써 용장교회는 시작되었다. 당시 교회건물은 마을 입구 왼쪽에 조그마한 초가집 형태의 교회였다.

---

114 구본선, 『한국 교회 처음 예배당』(서울: 홍성사, 2013), 293; 최계안 목사(2020년 3월 9일), 전화 인터뷰.
115 김용해 편저, 『대한기독교침례교회사』(서울: 성청사, 1964), 127.

1910년 일제의 강압으로 한일합방이 체결되자 전국 각처에서 독립군이 조직될 때 문규석도 애국단체에 가입하여 독립운동에 가담했다. 더해가는 일제의 탄압으로 인해 수많은 애국지사들이 독립운동을 위해 만주로 이주했는데, 이때 문규석도 펜윅 선교사를 따라 만주로 이주하여 그곳에서 전도활동과 독립운동을 병행하였다.[116] 그가 작사한 것으로 알려진 20절로 구성된 '독립운동가'가 지금까지도 전해 내려오고 있는데 이것은 일부이다.[117]

문규석 목사

建國感謝獨立歌

아야바라돗타 뚜여라
獨立國權이 도라왔다.
⋮
13. 三十六年 매인結縛 解放되어 感謝토다
할렐루야 할렐루야 하나님께 할렐루야
20. 感謝토다 感謝토다 우리共和 感謝로다
萬歲萬歲 萬萬歲요 우리共和 萬萬歲요

1911년 만주에서 펜윅 선교사로부터 침례를 받고, 1919년 종성동에서 개

---

116 김갑수,『한국침례교 인물사』(서울: 요단출판사, 2007), 252-254; 문종은 목사(2020년 3월 24일), 전화 인터뷰. 문종은 목사는 제1대 목사인 문규석 목사의 손자이며 2대 목회자인 문제익 전도사의 아들이다. 울진군의 빛으로교회(장동업 목사)의 협동목사이며 그의 아들인 문창원 전도사는 광명시 한사랑교회 전도사다.
117 김갑수,『한국침례교 인물사』257-259. 원본은 현재 독립기념관에 전시되어 있다.

최된 제14회 대화회에서 손상열, 김용제, 이종근 등과 함께 교사 직분을 받은 후 전도지로 파송된 문규석은 활발하게 전도 활동을 했다. 전도 활동을 하던 문규석 교사는 15년 동안 전도 활동을 하다가 1934년 원산에서 개최되었던 제29회 대화회에서 동네 친구였던 박성도, 방사현과 함께 목사 안수를 받았다. 목사 안수 이후 1935년부터 함북의 산수갑산山水甲山 지방을 이덕상 전도와 순회사역을 하며 많은 신자들을 얻었으며, 1942년 교단 지도자 32인 구속사건 때에 원산 헌병대 유치장에 구속되어 2년 동안 감옥에서 모진 고통을 받기도 했다. 그는 용장교회를 섬기면서 만주를 오가는 등 목회와 선교에 헌신했다. 문규석 목사와 평생 함께 신앙생활했던 교인들은 문맹석, 문재무, 문재종, 문옥석 등이 있다. 이때만 하더라도 84호의 주민이 살고 있었고, 절반 이상이 교회에 출석하고 있었다고 한다. 문규석 목사는 마을 입구에 있었던 초기 교회건물을 자비로 다시 건축했으며, 조국과 교회 재건에 나섰다.[118]

문규석 목사는 8.15해방 후 1946년 9월 이승만 박사가 주도한 대한독립촉진군민회 울진군 지부 위원장으로서 울진지역 사회 재건에 앞장섰을 뿐만 아니라 역사적인 교단재건회의로 알려진 1946년 제36회 대화회(강경교회)에서 울도와 울진지역을 책임지는 역할을 맡았다.[119] 1947년 제37회 대화회(공주교회)에서 교단체제가 총회체제로 변경되자 문규석 목사는 이에 반대하고 동아기독교의 모든 체제와 전통을 그대로 고수하려는 10여 명의 목사들과 함께 원래의 명칭인 대한기독교회에 남았다.[120] 문규석 목사는 4대 독자인 문

118 문종은 목사(2020년 4월 12일), 전화 인터뷰.
119 기독교 한국침례회 총회 역사편찬위원회 이정수 편저,『한국침례교회사』(서울: 침례회출판사, 1994), 108-109, 129, 136, 143, 152; 김갑수,『한국침례교 인물사』, 255.
120 제36회 대화회에서 그동안의 감목정치를 회중정치 체제로, 대화회를 총회체제로 바꾸고 종전의 직책 명칭을 거의 다 변경했다. 이에 윤종두, 박성래, 김성기, 김재덕, 박맹춘, 노성하, 윤종성, 장진규, 이종배, 임윤창 목사가 반대하고 분립하여 대한기독교회에 그대로 남았다. 김갑수,『한국침례교 인물사』

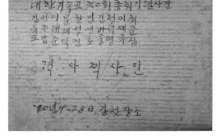

대한기독교회 60회 총회 기념사진(1970년 4월 28일)

제익 전도사를 남기고 평생을 교회와 지역사회를 섬기다가 1949년 3월 26일 향년 60세의 일기로 소천했다.

　용장교회의 제2대 담임목회자는 문규석 목사의 아들인 문제익 전도사였다. 문제익 전도사가 사역을 시작하자마자 6·25전쟁이 일어났다. 공산당이 이 지역을 접수하고 용장교회 예배당을 인민군 임시사무소로 쓰려고 하자 문제익 전도사는 이에 반대했다. "거룩한 하나님의 교회를 세상적인 용도로 쓸 수 없다"고 버티자 문제익 전도사는 심한 구타를 당하였고, 이때의 상처는 오래동안 지속되었다.[121] 문제익 전도사는 절친이던 행곡교회 주성백 전도사(집안 누님의 남편)가 목사 안수를 받음에 따라 교회와 주변사람들의 목사 안수 요청에도 불구하고 목사 안수 받기를 거절했다. 그 이유에 대해 아들인 문종대 집사는 "안수 받으면 7남매 자녀 중 그 어느 하나라도 잘못을 저지르면 목회자로 어찌 당당하게 설 수 있단 말인가. 그냥 전도사로 평생을 주를 위해 헌신 하겠다"고 말씀하셨다고 한다. 문제익 전도사는 농사를 지으며 사역을 감당했고,

---

(서울: 요단출판사), 330-331; 이정수 편저, 『한국침례교회사』, 152-154, ; 문종대 집사(2020년 3월 10일), 전화 인터뷰. 용장교회에 출석하고 있는 문종대 집사는 제1대 목사인 문규석 목사의 손자이며 2대 목회자인 문제익 전도사의 아들이다.

121 문종대 집사(2020년 8월 12일), 전화 인터뷰.

문제익 전도사   문제익 전도사가족 (좌1열 종범, 제익, 삼교, 종헌,
좌2열 종대, 옥화, 종은 목사, 라헬, 종호)

그 당시 대한기독교회에 속한 영동지역(현 강원도지방)의 북평 송정교회, 구산리
교회, 삼근교회, 신림교회, 장평교회, 삼당교회(개척)에서 목회한 후, 다시 본 교
회로 돌아와 소천할 때까지 사역했다. 본 교회에서 사역하는 동안 집안의 아저
씨 되는 문병련 집사의 헌신적 도움(본 교회 재무와 때로는 설교로)을 받았다.[122]

    문제익 전도사는 교단변경 문제로 여러 번에 걸친 주변의 권유와 회유가
있었지만 끝까지 대한기독교회에 남았다.[123]
1999년 3월 12일 82세의 나이로 소천하기 직
전 아들인 문종대 집사에게 다음과 같은 유언
을 남겼다고 한다. "절대로 교회 문을 닫지 마
라. 그리고 대한기독교회에 그대로 남으라."[124]
문제익 전도사는 사모 김삼교(2008년 2월 23일
91세로 소천)와 슬하에 5남 2녀를 남겼다(종범,
종헌, 옥화, 종대, 종은, 종호, 영자(라헬)).

문창원 전도사(문종은 목사의 아들로
4대 목회자 가정,
광명시 다사랑침례교회 전임전도사)

---

122 문종대 집사(2020년 3월 10일), 전화 인터뷰.
123 문종은 목사(2020년 3월 24일), 전화 인터뷰.
124 문종대 집사(2020년 3월 10일), 전화 인터뷰.

문제익 전도사가 돌아가신 후, 교회는 예배드리는 데에 많은 어려움에 직면했다. 평신도로 설교하는데 어려움을 겪었던 아들 문종대 집사는 성경읽기와 주기도문을 외우는 것으로 예배를 6-7년 동안 드리다가 결국 2002년 8월에 대한기독교회를 탈퇴하고 기독교 한국침례회에 가입하는 현실적인 결단을 내렸다.[125] 목회자 없이 10여 명의 교인들이 예배를 드리는 동안 영동지방회 소속 목회자 8명이 돌아가면서 주일 아침 9시 예배(수요일은 문종대 집사 인도)를 인도했고, 울진군 근남면의 석류교회의 주상철 목사와 그의 딸인 주순희 전도사가 한동안 예배를 인도하다가 2009년부터는 죽변교회의 고숙환 목사가 9시 예배를 인도하였다. 그로부터 2년 후인 2011년 10월 22일 최계환 목사가 부임하여 오늘까지 이르고 있다. 현재 마을은 노인 3가구에 8분이 살아계시며 나머지는 빈집인 전형적인 농촌이다.[126]

원래는 마을 입구에 있던 예배당이 허물어져 1936년 현 위치로 이전하게 되었다. 건물은 남서향으로 정면 팔각지붕에 정면 2칸, 측면 2칸의 규모(대략 16평)로 비교적 아담한 한옥형 건물이었으나, 기와의 무게를 견디지 못해 무너져 내리게 되자 2010년에 현재의 경량 기와형 철판으로 개조했고, 서까래(목조 건축물에서 지붕을 받쳐주는 갈비뼈 모양의 구조물로 지붕을 이루는 가로대를 말함)를 각재(나무)로 교체한 것을 제외하고는 건축 당시의 모습이 비교적 잘 보존되어 있다. 바닥은 한식 마루이며, 벽은 흙벽, 외부는 시멘트 모르타르를 뿌렸으며, 출입구 정면은 두 짝 미닫이문으로, 양 측면에는 외여닫이문을, 창은 두 짝 미닫이창으로 지어져 있다.

---

125 김진규 목사(금남교회, 2020년 7월 1일), 전화 인터뷰. 그동안 주일 저녁예배와 수요일 예배는 문종대 집사가 인도했다.
126 문종대 집사(2020년 3월 10일), 전화 인터뷰; 최계안 목사(2020년 3월 10일), 면담.

외형도 외형이지만 내부에는 예전의 대한기독교회 시절 교회 현판이 지금도 잘 보존되어 있으며, 용장교회의 전성기처럼 보이는 성도들로 가득 찬 전 교인 사진이 걸려있다. 세월을 알 수 없는 풍금이 한 쪽에 놓여 있고, 손

으로 쓴 예전의 넘기는 찬송가가 펼쳐져 있다. 교회 마당 한 쪽에는 일제가 공출해간 교회 종을 대신하여 사용하고 있는 공업용 산소통이 매달려 있다(문제익 전도사가 설치). 예배당은 초기 기독교 건축물로 종교적으로 그리고 건축학적으로 그 가치가 인정되어 2006년 12월 4일에 문화재청에 의해 등록문화재 제287호로 지정되었다.

조국의 독립을 위한 투쟁과 만주 일대에서 복음을 전파했던 신앙의 열정, 해방 후 조국과 교회재건에 앞장섰던 믿음의 선조들의 정신이 살아있는 용장교회. 오늘날 점점 쇠락해져가고 있는 농어촌의 현실과 같이 그 역사와 전통이 잊혀져 가고 있지는 않은지 되돌아보아야 할 시점이다.

최계환 담임목사와 교회종

신평교회

경북 영양군 석보면 건들길 7-6
☎054-682-8684, 담임목회자 송승영 목사

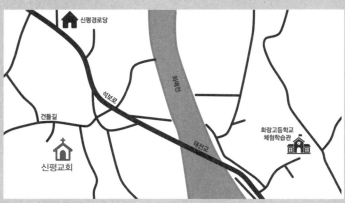

산나물과 약초 생산지로 유명한 일원산(해발 1,219m)을 중심으로 발달한 경북 영양군은 예로부터 빼어난 자연환경과 한국을 대표하는 여러 문인을 배출한 선비의 고장이다. 영양 고추, 어수리, 참나물, 곰취, 담배, 배추, 블루베리, 버섯, 사과 등 각종 특산물과 청록파 시인 조지훈(1920-1968)과 잡지 시원詩苑을 창간하여 '예술을 위한 예술'을 한다는 예술지상주의l'art pour l'art의 꽃을 피게 하였던 시인 오일도(1901-1946), 그리고 이문열(1948-)과 같은 문인들을 배출하였다.

한편, 영양군 남쪽에 위치한 석보면은 아시아 여성으로서 최초의 요리책인 '음식디미방'(1672)을 저술한 장계향(1598-1680), 독립군의 어머니로 불린 남자현(1872-1933)지사, 현대문학의 거장 이문열 작가 등을 낳은 유서 깊

신평교회와 마을전경

은 고장이다. 석보면 택전리 326번지에 위치한 신평교회는 면 소재지로부터 4km 떨어져 있고, 주변 마을로는 신평리(40여 가구)와 택전리(35여 가구)로 이루어진 전형적 농촌교회이며, 주민들은 채소류(고냉지 배추), 사과, 고추농사 등에 종사하고 있다.[127]

신평교회의 설립에 대한 기록이나 정보가 교회에 남아있지 않으나, 교인들은 1919년 박두하 감로로부터 교회가 시작된 것으로 알고 있다. 교회 설립 연도에 대해서 김용해 목사(129 쪽)와 이정수 목사(136 쪽)가 1919년 봄 박두하에 의해 설립되었다고 각각 밝히고 있고, 박두하 감로에 대해서는 제29회 대화회(총회, 1934년 원산)에서 문규석, 방사현, 박성도가 목사 안수를, 박두하, 한기훈이 감로로 안수받았다는 기록이 존재한다. 박두하 감로는 교단의 지도자 32인 구속되었을 때 함께 구속되었다가 풀려났으며, 제38회 총회(1948년 점촌)에서 옥중의 고난 후유증으로 고생하다가 소천한 박두하 감로를 위로하기 위해 가족들에게 총회가 위로금을 전달했다는 기록이 남아있다.[128]

신평리에 전해 내려오는 증언에 따르면, 신평교회가 시작되던 시기에 마을에 구세군 교회가 있었고, 제1대 박두하 감로가 현 예배당 뒷산 골짜기('예배당개골'로 불렸던 택전리 303번지 부근)에 교회를 세우고, 이 지역에 복음을 전파하기 시작했다고 한다. 초기 교회형태는 알 수 없으나, 곧 이 건물은 허물어져 지금의 신평리 137-2번지에 해당하는 한 가정에서 예배를 드렸다. 주민 대부분이 불신자들로 인해 교회에 대한 핍박은 이루 말할 수 없었고, 일본 순사들의 온갖 욕설과 무자비한 폭행에도 교인들은 교회를 지키며 불신자 전

---

127 송승영 목사, '신평교회 연혁,'
128 이정수 편저, 『한국침례교회사』(서울: 침례회출판사, 1994), 108, 136, 155.

한국 침례교회 100년의 향기

도에 온 힘을 기울였다.[129] 박두하 감로가 언제까지 목회했는지에 대한 기록이 없다. 박두하 감로 소천 후, 제2대 담임목회자로 이인식 목사(李仁植, 1896-1957. 사모 정정하)가 시무했고, 이후 담임목회자가 없어 예배 인도는 전적으로 평신도였던 김마리아 전도사(제3대 담임목회자로 본 이름은 김한니로 후에 교단 총회에서 전도사로 인준)가 맡아서 했다.

안동의 학자 집안에서 태어난 김마리아 전도사는 조실부모하여 할머니 밑에서 자랐으나 다행히 할머니에게 글을 배웠고, 이곳 신평리로 시집오게 되었다. 시어머니와 남편의 계속되는 시집살이에 너무 괴로워 교회에 나가게 되었는데, 교회에서 하는 말씀이 너무 좋았고, 틀린 말이 하나도 없다는 사실을 깨달은 후 신앙을 갖기로 결심했으며, 모진 어려움을 신앙으로 극복했다. 저녁마다 동

김마리아 전도사

네 사람들에게 글을 읽어주며 전도하기 시작했고, 성경을 읽고 힘을 얻어 교회 일을 맡았을 뿐만 아니라 주일학교와 설교까지 감당했다. 박해하던 남편(이현세 집사)도 결국 모든 것을 포기하고 신앙생활을 시작하여 집사가 되었다. 김마리아 전도사는 동네의 청년 가운데 일직 부모를 여의고 할아버지 밑에서 성장했던 이죽전(나중에 이근영 장로로 불림)을 신앙으로 양육하여 자신을 대신해 교회 일을 감당하도록 했다.[130]

---

129 고 김동수 성도 증언, 송승영 목사, '신평교회 연혁' 참조. 고 김동수 성도는 본 교회 김광현 장로의 부친으로 그의 부친은 김일강 성도였으며 슬하에 7남매(김덕현, 김봉현 본 교회 안수집사, 김갑영, 김경화, 김광현 본 교회 장로, 김경순, 김철현 본교회 집사)를 두었다.
130 이옥련 권사(김 마리아 전도사의 둘째 딸, 2020년 7월 2일), 전화 인터뷰. 남편 이현세 집사 사이에 이벽호, 이학기, 이은호, 이옥련등 2남 2녀를 두었다.

그 후 교회가 부흥하면서 김기풍 전도사(제4대), 우동호 목사(제5대)가 본 교회의 담임목회자로 시무했으며, 이 시기 교회의 형태를 갖춘 세 번째 예배당(신평리 140-5번지)이 세워졌다. 초가지붕에 십자가가 세워진 건물이었고, 현재 교육관 자리(택전리 326번지)에 있는 목조건물이 1960년대 초기에 우동호 목사 재임 기간 중에 세워졌다. 이 목조건물은 특별히 서울의 단성사團成社. 1907년에 설립라는 큰 영화관을 운영하던 김마리아 전도사의 큰 아들 이벽호 성도가 교회건축비 대부분을 헌금하고, 온 성도들이 힘을 모아 세워졌다. 건축당시 대부분의 성도들이 참여했을 뿐만 아니라 마을의 불신자들까지도 벽돌과 시멘트, 모래를 지거나 머리에 이고 나르며 교회건축에 참여하였고, 산에서 직접 통나무를 베고 다듬어 교회 지붕을 올렸다. 이때 지어진 건물이 현재까지 예배당으로 사용되고 있는데, 그 당시의 교회사진을 보면, 대략 60-70명의 성도들이 출석하고 있었던 것으로 보인다.[131]

이후, 최낙규 목사(1960년대 초), 신성종 목사(1960년대 중. 말), 박영선 목사(1970년대), 박한철 목사(1985-1987), 천병화 목사(1988-1990), 이종훈 목사(1990-1992), 금철한 목사(1993-1995), 차재훈 목사(1996-1998), 이기종 목사

---

131 송승영 목사, '신평교회 연혁.'

교인 신분증(1968)

1980년대 초 주일학교

안수집사 임직식(박수갑, 임경섭, 김순호)

(1999-2000), 이종훈 목사(2001-2004), 박정석 목사(2005-2015), 이장원 목사(2015-2019)를 거쳐 현재는 송승영 목사(2019-현재)가 담임목회자로 시무하고 있다.

신평교회의 역사에 있어서 특이한 점은 농촌교회로서는 드물게 전문기술자가 아닌 성도들에 의해 큰 체육관이 건립되었다는 것이다. 전 교인들이 2007년 11월에 석보면 택전리 326-1번지(711㎡)에 건물(86.8㎡)을 건축(증축)하기로 계획하고, 12월 26일 터파기 공사를 시작으로 체육관 공사가 시작되었다. 터파기 공사는 농사를 주업으로 하는 지역이라 농한기인 겨울철에 공사를 시작하였고, 온 성도들이 매일 공사 현장에서 일손을 보탰다. 부족한 재정은 장로와 몇몇 집사들의 대출로 충당했고, 이후에 교회에서 건축헌금을 시작하여 차츰 갚아 나갔다. 이러한 모든 과정에 담임목회자 박정석 목사의 결단과 성도들의 헌신이 있었다. 체육관 공사는 2008년 8월 초에 완료하고

기념 감사예배(8월10일 주일)를 드렸다.

문제는 건물의 사용용도였다. 지역의 어린이들을 위한 공부방이나 지역의 노인 복지시설로 사용하려 했으나, 체육관으로 활용하기로 결정하였고, 지금까지 교회행사, 부흥회, 각종 모임, 학생부 수련회 등이 이곳에서 행해지고 있다.[132]

신평교회는 전형적인 농촌교회로서 도시의 교회들과 연합하여 행사를 치르고 있다. 2010년(박정식 목사 시무)을 전, 후하여 서울의 지구촌교회와 연합하여 지역 전도 행사를 가졌고, 포항침례교회 후원으로 지역민들에게 무료미

---

132 김광현 장로, '신평교회 체육관 약사.'

용봉사활동도 진행하였다. 2019년 10월 5일에는 신평교회 100주년 기념감사예배를 드렸고, 이때 총회장을 비롯하여 포항지방회, 지역민과 본 교회 출신 목회자들과 성도들이 참석하여 100년 동안 축복하신 은혜에 감사하는 시간을 가졌다.[133]

오늘날 신평교회가 있기까지 교회를 지켜온 수많은 성도와 가정이 있다. 그중에서 특히 제2대 담임목회자였던 이인식 목사의 자손들과 김마리아 전도사, 김일강 성도, 김숙자 권사가 있다. 이인식 목사는 정정하 사모 슬하에 2남 4녀를 두었는데, 많은 후손들이 교단의 목회자가 되었다. 큰 아들 이진팔 목사(사모 이숙이)는 포항에서 목회했으며, 그의 아들 이정철 장로는 전국 남선교회 고문으로, 또 다른 아들인 이정일 목사(포항 청하교회)는 현재 포항에서 목회하고 있다. 막내 아들인 이진호 목사는 4형제를 두었는데, 이정만 목사(서울북한산교회), 이정구 목사(세종 호산나교회), 이정도 목사(미국에서 목회), 이정훈 목사(청주 빛과 소금의 교회)가 목회 일선에 있다.[134]

이인식 목사의 첫째 딸인 이분선 권사의 아들이 신광석 목사이고, 둘째 딸이 이종선 집사(남편 권찬득 장로), 셋째 딸인 이일선 집사(남편이 박기양 목사의 장남인 박은식 안수집사)의 자녀들이 박정의 목사, 박정응 목사, 박정복 목사(소망교회), 박정근 목사(영안교회 담임. 아들 박광진 목사)이며, 막내 딸인 이덕분 사모(남편 박일래 목사)의 자녀들이 박경호 목사(영안교회 공동담임), 박경훈 목사(영안교회 센텀예배당 음악목사)이다.[135] 김마리아 전도사 또한 자녀들 모두(이벽호. 이각기. 이은호. 이옥련)를 신앙으로 양육했으며, 김숙자 권사는 신평리로 시집온 이

---

133 송승영 목사, '신평교회 연혁.'
134 이정일 목사(2020년 7월 2일), 전화 인터뷰; '이인식 목사 가계도.'
135 이정일 목사, 전화 인터뷰; '이인식 목사 가계도.'

후, 교회 옆에 살면서 남편인 이형걸 성도와 함께 교회에 출석하였고, 시동생이 미국에 거주하고 있는 이대열 목사이다.[136] 김일강 성도와 그의 아들인 김동수 성도는 슬하에 7남매를 두었는데 3형제(김봉현, 김광현, 김철현)가 현재 본교회에서 직분자로 섬기고 있다. 이병익 목사 또한 신평교회 출신이다. 이처럼 신평교회를 통해 많은 사역자들이 교단과 목회일선에서 뛰고 있다.

송승영 담임목사는 "교회의 확장이나 자립과 같은 외형적인 성장보다 주님과 성령께서 일하시고 역사하시는 교회임을 보여주며 싶으며, 단순히 들려지는 말씀이 아닌 성도들의 삶 속에서 실천되는 그러한 목회를 하고 싶습니다. 모든 성도가 불러주신 은혜에 감사하며 부활의 소망을 가지고 하루하루를 살아가는 교회가 되었으면 합니다"라며 목회 비전을 제시했다.

136 이옥련 권사, 전화 인터뷰; 김숙자 권사(2020년 7월 2일), 전화 인터뷰.

4

경북내륙권의
100년 이상된 침례교회들

마성교회

개포중앙교회

점촌교회

용궁교회

용담교회

서동교회

용궁교회(구, 원평교회)

경상북도 예천군 용궁면 읍부리 391-3
☎ 054-653-6317, 담임목회자 김용철 목사

경북지역 초기 교회설립의 역사를 살펴보면 경북 울진에 이어 예천지역에 교회가 세워졌다. 예천지역 용궁면 금남리에 사는 장진운(후일에 통장직분 받음, 아들 은출은 장로가 되었고, 손자 덕환은 대구중앙교회에서 집사안수 받음), 노상묵, 노재천(훗날 목사 안수 받음)이 복음을 받아들여 각 사람의 가정에서 돌아가며 예배를 드리다가, 금남리 396번지에 처음으로 교회를 세움으로 훤평 교회가 그 모습을 드러냈다. 훤평교회는 1908년 10월 20일을 교회설립일로 지키고 있는데 교회이름을 '훤평'이라 부른 이유는 금남리 앞 뜰이 '훤평'이라 불렸기 때문이다. 때로는 헌평으로 표기되기도 한다.[137]

　1908년 10월 20일이 설립일로 결정된 과정은 꽤 흥미롭다. 이 날은 이 마을에 사는 노재천 씨가 방영호 전도인의 전도로 처음으로 예배에 참석했는데 마침 그날에 부인이 큰아들 노한성(아들 노윤백 전 한국침례신학대학교 교수, 손자 노은석 한국침례신학대학교 교수)을 낳아 기쁨이 배로 더하여 그날을 전교인이 교회 창립일로 정하고 교회이름을 훤평교회로 부르기로 일치를 보았다고 한다.[138]

　당시에 담임목회자가 없었으므로 예배인도는 주로 장진운이 했고, 설교는 순회목회자였던 신시우 총찰, 이종덕 목사(1913년), 백남조 목사(1919년),

---

137 김용철 목사, '용궁교회 연혁.'
138 김용철 목사, '용궁교회 연혁.'

노재천 목사   박기양 목사

노재천 목사(1924년), 문규석 목사, 신성균 목사, 김재형 목사 등 대한기독교
회의 대표적 목사들이 순회사역을 했는데, 이로 보건데 당시 휜평교회가 이
지역에서 차지하는 위치가 어떠했는지를 짐작해 볼 수 있다. 1920년 즈음
396번지 일대가 강가에 위치해 있어 홍수의 위험이 빈번함에 따라 교회를 금
남리 257번지로 이전하여 흙집과 초가로 건물을 지었다. 1923년에는 경북지
역 당회(현 지방회)가 본 교회에서 모였고, 임윤창 전도인의 전도로 이유종 씨
일가가 복음을 받아들였다.[139] 이유종의 아들 이성우는 본 교회에서 장로 안
수를 받았고, 큰 손자인 이태준 목사는 1960년대 교단분열 당시 포항파에 속
해 있다가 1968년 교단이 통합하는 과정에 참여하지 않고, 대한기독교침례
회에 잔류한 10여 개 교회 중 하나인 김천의 동산교회에서 담임목사로 사역
하였다.[140]

이 시기에 본 교회와 주변에 활발하게 전도 활동을 벌였던 사람은 김경화

139 김용철 목사, '용궁교회 연혁.'
140 허 긴, 『한국침례교회사』(대전: 침례신학대학교 출판부, 1999), 515.

(호적 이름은 김약지. 전 한국침례신학대학교 권혁봉 교수와 본교회 권혁록 장로가 친손자이며, 권분순이 친손녀) 전도부인이었다. 김 전도부인은 용궁면 김 씨 가문에서 같은 동네 권 씨 가문으로 시집 온 후 손이 몹시 아팠다. 이를 고치고자 침을 맞았으나 잘못되어 손가락이 굽었고, 이를 비관해 웅덩이(샘)에 빠져 죽으려고 들어갔는데, 마침 지나가던 대한기독교회 전도인에게 구출되어 예수를 믿고, 용궁교회에 출석하기 시작했다. 김 전도부인은 바느질과 사카린을 팔며 쪽복음을 판매했고, 한 번 나가면 보름 이상 전도여행을 다녔다. 특히 축귀와 신유은사가 있었던 그녀는 목회자가 없었던 산양교회와 두인교회를 돌보았고, 6.25 사변 직후까지도 활동하다가 작고했다. 대한기독교회 시절, 종종 부흥회가 열렸는데 사례비는 전혀 없었고, 가정에서 수수떡을 만들어 강사를 섬겼다.[141]

1935년 예천읍 청북동에서 살던 박기양 朴基陽 전도인 가정이 박해를 피해 금남리로 이사 오면서 휀평교회는 새로운 발전과 부흥의 전기를 맞이하게 된다. 박기양 목사는 1894년 11월 20일 경북 예천군 예천읍 청북동에서 박규섭의 장남으로 태어났다. 1911년 결혼한 그는 충북 황간지방에서 파송된 박영호 전도인에게 복음을 듣고 교회에 출석하다가 1915년 이종덕 감목으로부터 침례를 받았다. 1916년 예천구역 새원교회(현 마성교회)에서 개최된 제11회 대화회에서 이종덕 감목의 설교에 감동을 받은 박기양은 평생 전도인으로 살고자 1917년 2월에 가족과 고향을 두고 원산을 지나 두만강을 건너 만주의 임강현으로 가서 2년 동안 보수도 없이 복음을 전했다.[142]

---

141 권혁봉 목사(2020년 5월 15일), 면담, 세종 Coffee Hole. 박기양 목사를 통해 복음을 받아들인 권혁봉 목사는 할머니인 김 전도부인을 존경한 나머지 자녀들에게 "내가 죽거든 화장하여 할머니 묘 속에 넣으라"고 유언했다.
142 김갑수, 『한국침례교 인물사』(서울: 요단출판사), 160-163.

1920년 8월에 광천에서 개최된 제15회 대화회에서 박기양은 전도 직분을 받았고, 그 이듬해 간도구역 종성동 성경학원에 입학하여 제1기 과정을 수료 후 사역하다가 1924년 10월 25일 경북 울진 행곡교회에서 개최된 제19회 대화회에서 김용세, 신성균, 김영관과 함께 목사 안수를 받았다. 1946년 이후 충남 원당교회를 시작으로 입포(갓개)교회, 상주교회, 용담교회에서 사역하다가 1979년 4월 11일에 향년 86세의 일기로 소천했다. 6.25 전쟁은 박기양 목사에게 큰 슬픔을 주었다. 용궁교회를 담임하던 중 6.25 사변이 일어나 아들을 전쟁터에 보내야 했다. 많은 교인들이 떠나는 아들 주변에 몰려들어 걱정하자, "가는 사람 가더라도 다 들어와 예배하소"하며 침착하게 예배를 인도하였다고 한다. 전쟁터로 간 그 아들은 그 이후 돌아오지 못했다.[143] 박기양 목사는 슬하에 2남 4녀를 남겼는데, 장남 박은식과 차남 박은호는 목사이며, 장남인 박은식 씨의 아들 사형제 모두 침례교 목사가 되었다(박정의, 박정웅, 박정복, 박정근).[144]

교회가 부흥하여 예배장소가 비좁게 되자 1937년 기존의 예배당을 철거하고, 40평 정도의 건물을 흙 담과 초가지붕으로 지었으나, 이듬해인 1940년 교회는 일본사람들에 의해 빼앗겨 더 이상 예배를 드리지 못하게 되었다. 이후 예배당은 박해했던 지역주민들에 의해 완전히 허물어졌다. 해방 직후인 1945년 9월 박은식이 금남리 252-1번지 120평의 땅을 교회에 헌납하여 모든 성도가 15평 크기의 흙 담과 초가집 형태의 교회를 3일 만에 건축했다. 주님께서 3일 만에 부활하신 것에 착안한 것이었다. 이로써 5년 동안 드리지 못했던 예배를 비로소 다시 시작되었다.

---

143 권혁봉 목사(2020년 5월 15일), 면담.
144 김갑수, 『한국침례교 인물사』, 164-167.

1950년대 초가집교회 모습

1974년 성탄절

1946년까지 예배를 인도하던 박기양 목사가 부여의 원당교회로 이임함에 따라 이성우 집사가 1947년부터 1952년까지 예배를 인도했고, 1949년 교단 이름이 "대한기독교 침례회"로 변경되자 교회 이름도 훤평교회에서 "용궁교회"로 개명하였다. 교회가 점점 부흥하여 1950년에 예배당을 21평으로 증축하였고, 당시에 산양면에서 예배 참석하는 성도들이 많아 그곳에(산양면 교동리) 첫 지교회인 산양교회(김기준 전도사)를 세웠다. 해방 이후 이처럼 용

1988년 교회 모습

궁교회의 성장에 큰 역할을 감당했던 이성우 집사는 1962년 종로교회에서 개최된 제52회 총회에서 재단이사로 선임되어 전 성도의 큰 기쁨이 되었다. 1963년에는 산양면 신전리에서 출석하던 성도들을 위해 신전교회를 두 번째로 개척했다. 1955년부터 김기준 전도사, 박진택 전도사(1956), 박은호 전도사(1958-1960), 정태진 전도사(1961-1963, 한국침례신학대학교 김광수 명예교수의 매형), 조광현 전도사(1966-1968), 신성균 목사(1968-1969)가 각각 시무하였다. 1969년 11월에 김판갑 전도사가 부임했고, 예배당이 너무 오래되어 흙 담이 기와를 견디지 못하여 허물어지게 되자 새로 시멘트 건물로 짓기를 시작하여 1975년 4월에 42평(1층 36평, 2층 6평)에 준공하고, 이판갑 전도사의 목사 안수식을 거행했다. 1976년 11월 25일에는 교회 헌당식과 장차석, 장은출, 이성우 집사의 안수식이 있었다. 현 교회건물은 1986년 말부터 공사를 시작하여 우여곡절 끝에 1987년 5월 21일에 완공되었다. 예배당 건축을 전후하여 1986년 11월 25일에 김웅 전도사의 목사 안수식과 장현이 집사의 집사 안수식이 있었다. 1995년 11월에 김용철 목사가 부임하여 현재까지 이르고 있다.[145]

지난 2008년 11월 15일에 교회창립 100주년 기념예배를 드렸다. 교단 내외의 귀빈들과 출신 사역자들, 그리고 전 성도가 지난 100년의 역사 가운데 함께 하신 하나님의 은혜에 감사드리며 김 웅 전도사의 목사 안수식, 장정웅, 이순주, 장경환, 권혁록, 최장권 집사의 집사 안수식이 있었다. 김용철 목사는 지역의 특성상 무엇보다 삶으로 보여주는 복음 전도와 성도와 지역사회를 섬기며 교회 공동체가 선한 영향력을 끼치기 위해 노력하고 있다.

---

145 김용철 목사, '용궁교회 연혁.'

개포중앙교회(구, 산점교회)

경상북도 예천군 개포면 예성로 72-1
☎054-3824-4620, 담임목회자 길상태 목사

'대한기독교 최초의 순교자를 배출한 교회', '제7회 대화회가 개최됐던 교회'

동쪽으로는 호명면과 예천읍, 남쪽으로는 지보면, 서쪽으로는 용궁면, 북쪽으로는 유천면과 문경시 산북면이 접해 있는 개포면은 낮은 구릉지에 위치하며, 예로부터 청양고추, 부추, 복숭아, 토마토, 수박 등과 같은 농산물 산지로 유명하다. 11개의 동네로 이루어진 산점(山店) 마을에 산점교회가 세워졌다. 교회 설립과정에 대해 허긴 박사는 "1908년에⋯경북 지역에서는 헌평과 산점에 교회가 개척되었고 점촌, 용궁, 용담, 마성 방면으로 전도사역이 뻗어가고 있었다"라고 했다.[146]

교회 창립100주년 기념비

146 허 긴, 『한국침례교회사』 (대전: 침례신학대학교 출판부, 1999), 124.

본 교회는 교회 창립일을 1908년 2월 5일로 지키고 있으며, 1911년 예배당을 신축하고 대한기독교회 산점교회로 간판을 걸었다고 교회연혁에 기록되어있다.[147] 교회 창립연도와 설립자에 대한 정보는 유일하게 이정수 목사의 기록으로, 그는 1908년 이상현에 의해 산점교회가 설립되었다고 주장하고 있다.[148] 설립자가 누구이며 어디에서 예배를 드리기 시작했는지에 대한 정보는 그 어느 곳에도 존재하지 않는다. 다만 놀라운 것은 그로부터 1년 후인 1912년 제7회 대화회가 본 교회에서 개최될 정도로 교세가 상당했다는 것이다. 펜윅 선교사, 전국 각지의 목사, 감로, 총대위원들이 이곳에 모였고, 본 대화회에서 김규면, 이종덕(1914년에 원산에서 제2대 감목으로 임명받아 10년 동안 교단을 이끌었음), 이명구에게 목사 안수를, 허담, 전치규, 안대벽에게 교사직을 수여했다.[149]

산점교회 역사에 기억될 인물은 박노기 목사(박원규 목사 부친)이다. 그는 산점교회 순회목사로 1918년 9월 러시아 첫 파송선교사(최응선 감로, 김희서 교사, 김영태 총찰과 함께)로 선택되어 선박을 타고 러시아 보시엘해 모커우 지점에 이르렀을 때 갑작스런 풍랑으로 해상에서 순교한 대한기독교회 역사상 첫 순교자 중 한 명이다.[150] 박노기 목사는 1882년 충남 공주군 신영리의 한 유교 집안에서 태어나 20세가 되었을 때 서당에서 한문을 가르치는 훈장으로 활동할 정도로 지덕을 겸비한 총명한 학자였다. 1903년 이름이 알려지지 않은 전도인에게 복음을 듣고 믿게 된 박노기 목사는 1906년 전도 직분을 받은 후 고향(공주 신영교회)을 떠나 경상도 밀양에서 전도하다가 1909년 교사 직분

---

147 길상태 목사, '개포중앙교회 연혁.'
148 이정수 편저, 『한국침례교회사』(서울: 침례회출판사, 1994), 67-68.
149 이정수 편저, 『한국침례교회사』 67-68.
150 이정수 편저, 『한국침례교회사』 80-81.

을, 1911년 공주에서 개최되었던 제6회 대화회에서 목사 안수를 받았다. 안수를 받은 후 경상도와 전국을 순회사역 하다가 1913년 동역하던 김재형, 최성업 전도와 함께 원산의 성경공부에 참석하며 그 지역의 교회들을 섬겼다. 1918년 총부로부터 러시아 시베리아 선교사로 파송 받아 가던 중 해상에서 순교했다. 당시 그의 나이는 36세였다. 박노기 목사는 슬하에 아들 박원규(목사)와 두 딸을 남겼다. 이정수 목사는 그의 생애를 "예수 그리스도의 겸손과 사랑을 배워 그대로 실천한 사람"이었다고 평가했다.[151]

1920년대부터는 백남조 목사가 순회목회사역을 하였다. 그는 산점교회 뿐만 아니라 옥동교회, 마전교회, 서동교회, 암실교회, 새원교회, 산발교회, 함평교회, 월촌교회, 위만교회, 유곡교회 등도 함께 순회사역 하였다.[152] 백남조(白南祚) 목사는 1875년 6월 9일 경북 영일군 송라면 광천리 출신으로, 35세 때(1910년)에 복음을 받아들이고, 1912년 전도인으로, 1919년 간도 종성동에서 개최된 제14회 대화회에서 김재형, 김영진과 함께 목사 안수를 받았다. 그 이후 백남조 목사는 주로 울진, 울릉도, 예천, 제천, 포항지역에서 순회사역 했으며, 후에는 북간도 지역에서 사역하다가 1925년부터는 원산에 있는 총부에서 서기(현 총무)로 교단의 사무와 행정을 감당했다. 1935년 신사참배와 황궁요배를 거부하다가 옥고를 치렀고, 1944년 8월 8일 집행유예 5년을 선도 받고 풀려난 후 고향으로 돌아와 5년 동안 목회했다. 6.25 전쟁 중 공산군에 의해 점령당한 조사리 해변에 숨어 지내시다가 폭격에 집이 무너져 소천했다. 백남조 목사가 순회 사역하는 중 1921년 전국 겨울성경교회 강습회가 산점교회에서 열렸다.[153]

---

151 이정수 편저, 『한국침례교회사』, 80-81.; 김갑수, 『한국침례교 인물사』 (서울: 요단, 2007), 56-63.
152 길상태 목사, '개포중앙교회 연혁.'
153 김갑수, 『한국침례교 인물사』, 126-133.

1923-1930년까지 주로 신성균 목사가 산점교회를 중심으로 순회사역을 하였고, 1945년 8월 15일 해방 때까지 교회가 폐쇄되었다가 해방과 함께 다시 예배드리기 시작하였다. 노재천 목사, 박기양 목사, 신성균 목사가 순회사역을 하였고, 1951년에 되어서야 이종만 감로가 산점교회에서 안수받고 초대 담임목사가 되었다(충남 원당교회에서 개최된 제41회 총회에서 인준 받음). 1960년 산점교회 출신인 배상덕 목사가 제2대 목회자로 사역했고, 1973년 박남윤 목사(사위 배진민 목사, 딸 박유정 사모)가 제3대 담임목회자로 부임하였다. 30호 정도 살고 있었던 작은 동네가 1974년 4월 예천비행장 활주로 건설공사에 의해 모두 편입됨에 따라 대다수의 교인들이 다른 지역(천안 근처의 입장)으로 떠났고, 교회는 어쩔 수 없이 인근의 다른 지역으로 옮길 수밖에 없는 상황이 되었다. 박남윤 목사와 남아있는 성도들은 우여곡절 끝에 인근 성주 이 씨 문중 토지 300여 평을 매입하여 지금의 예배당을 건축했다. 건축 과정에 대해 박남윤 목사는 "모든 교인들이 개울가 모래를 퍼서 시멘트를 섞어 벽돌을 만들어 교회를 건축했다. 모든 것이 교인들의 노력동원 결과였다"라고 회상하였다.[154]

1978년 6월 제4대 박은호 목사가 목회자로 부임했고, 1978년 8월에 교회 명칭을 산점교회에서 "개포중앙교회"로 변경했다. 이후 제5대 김영택 목사(1993년), 제6대 최원석 목사(1998년), 제7대 박창근 목사(1999년), 제8대 이창훈 목사(2001년), 제9대 길상태 목사(2012년)가 부임하여 지금까지 사역하고

154 박남윤 목사(2020년 3월 10일), 전화 인터뷰. 박남윤 목사는 1973년-1978년 4월까지 담임목사로 시무했으며 서울약수교회를 거쳐 은퇴하신 후 지금은 서울교회 협동목사로 있다. 박남윤 목사의 외할아버지인 권병선 교사는 펜윅 선교사와 함께 간도(만주)지역 일대를 돌아다니며 전도했으며 부친이신 박점용 집사는 원산총부교회를 섬기면서 원산사건으로 투옥된 교단의 목사님들에게 사식을 제공하고 투옥 후까지도 돌보았다. 박남윤 목사는 원산에서 초등학교를 다녔다. 1948년 더 이상 예배를 드릴 수 없게 되자 가족(부모와 남동생)이 3.8선을 넘어 월남하여 경북 점촌에 정착했다.

한국 침례교회 100년의 향기

있다. 2018년 5월 26일 창립 110주년 기념예배와 이춘희 집사, 황희자 집사, 최종금 집사, 윤억수 집사를 권사를 임직하는 행사를 가졌다.[155]

길상태 목사는 "지난 112년 동안 함께 하신 하나님의 은혜에 감사드리며 본 교회의 옛 믿음의 선배들이 지켜온 교회의 역사를 소중히 간직하겠습니다. 아울러 지역 사회와 함께하는 교회로, 한국교계와 함께하는 능력있는 교회로 거듭나기 위해 노력하겠습니다"라며 포부를 밝혔다.

---

155 길상태 목사, '개포중앙교회 연혁.'

점촌교회

경상북도 문경시 점촌2길 55
☎ 054-553-6602, 담임목회자 김위수 목사

"예전에 점촌에 들어오면 점촌교회만 보일 정도로 높은 언덕 위에 세워진 아름다운 교회", "아무런 설계도면 없이 그저 미국에서 온 그림엽서 한 장을 보고 건립했다는 교회", "외벽의 석재는 모두 문경새재의 것으로 지은 한국 침례교회 건축중 가장 완벽한 형태로 남아있는 교회."

경상북도 문경시는 우리나라의 동남부, 경상북도의 서북단 내륙에 자리잡은 중산간 지역으로, 동쪽으로는 예천, 남쪽으로는 상주, 서쪽으로는 괴산, 북쪽으로는 제천, 충주, 단양과 경계를 이루고 있는 지역으로 예전부터 영남대로嶺南大路의 관문이었으며 이 중에서 한 때 석탄산업으로 발전한 문경, 가은, 점촌이 중심지였다. 점촌(문경시)에는 문경면, 마성면, 가은면, 농암면, 호계면, 산양면, 영순면, 산북면, 동로면, 신북면, 호서남면이 속해있으며 이 일대에 복음의 전초기지 역할을 감당했던 교회가 바로 점촌교회이다.

1947년의 예배당과 현재의 예배당

창립자 김창원　　　　　창립자 박래원　　　　　창립자 김상규

점촌교회는 1909년 10월 5일 김창원, 박래원(박경배 목사가 후손), 김상규 성
도가 문경군 호서남면에서 첫 예배를 드림으로 시작되었다. 이에 대한 역사
적인 기록으로는 김용해 목사가 "1910년…척동 김창재, 임경식, 김재덕, 제
씨의 전도로 산발_{店村} 산점 _{山店}에서 김창원, 김상규, 박내영, 제 씨 밖에도 많
은 신자를 얻고 교회를 세워 우세한 구역이 되었다"고 기록하고 있고[156] 허긴
박사는 "경북 지역에서는 헌평과 산점에 교회가 개척되었고 점촌, 용궁, 용
담, 마성 방면으로 전도사역이 뻗어 가고 있었다"고 기록하고 있다.[157] 김창
원 성도는 그 당시 정미소를 운영하고 있었고 박내원, 김상규 성도 또한 규모
가 꽤 되는 농사를 짓고 있었다.

1909년 10월에 이들 세 가정을 중심으로 교회가 시작되었지만 예배당 건
축을 시작할 만한 여력이 없었다. 이때 김창원이 소유하고 있었던 사가 한
채를 1910년 봄에 희사하여 예배당(첫번째 교회건물)으로 사용하게 되었고
1913년에 소실되자 드디어 교회를 신축(건평 10평, 두 번째 교회건물)하여 50여

---

[156] 김용해 편저, 『대한기독교침례교회사』 (서울: 성청사), 26; 이정수 편저, 『한국침례교회사』 (서울: 침례
　　회출판사, 1994), 67.
[157] 허 긴, 『한국침례교회사』 (대전: 침례신학대학교 출판부, 1999), 124.

　　　　　　　　　　　　　　　　　　　한국 침례교회 100년의 향기

노재천 목사   신성균 목사

명의 남녀신자들이 예배를 드릴 수 있게 되었다.[158] 교회가 부흥하여 곧 예배당이 비좁게 되어 다시 1920년에 교회를 신축(건평 30평, 세 번째 교회건물) 했다. 이 당시에는 담임목회자가 없던 시기로 설교는 순회사

역자들이었던 노재천 목사, 신성균 목사, 이하기 전도인 등 대한기독교회의 대표적인 목사들이 사역을 감당했는데 이들 중에서 특히 노재천 목사와 신성균 목사는 점촌교회 주변에 가족이 살면서 전국적으로 순회 사역을 했다.

노재천廬載天 목사는 1884년 1월 21일 경북 문경군 호서남면 효계서남에서 노성수 씨의 둘째 아들로 태어났고 가족이 용궁으로 이사하여 그곳에서 유년시절을 보냈다. 그가 20세가 되었던 1908년 10월 20일 예천지역 용궁면 금남리에 사는 방영호 전도인의 전도로 처음으로 휜평교회(현 용궁교회) 예배에 참석했고(이 날을 용궁교회는 교회창립일로 지키고 있다. 용궁교회의 역사 참조 할 것), 1910년 6월 신명균 목사에게서 침례를 받고, 1915년 교사 직분을 받고 경남 진주지방을 중심으로 전도하다가 1917년 제12회 대화회(간도 종성동교회)에서 목사 안수를 받고 특히 만주지역 순회 목사로 파송되었다. 노재천 목사는 가족을 점촌에 남겨둔 채로 봉천면, 임강현, 통화현, 집안현등 만주지역 일대를 돌아다니며 복음사역에 헌신했다.[159]

---

158 김주언 장로, '점촌교회 창립약사' ; '점촌침례교회사.' 김창원의 증손자이자 김주언의 손자인 본 교회 김병윤 장로 제공.

159 김갑수,『한국침례교 인물사』(서울: 요단출판사, 2007), 150-156.

1917년 한봉관, 노재천 두 목사님께서 목사 안수를 받고 동료친구와 함께한 기념사진

　　1897년 10월 12일 경북 문경군 점촌읍 점촌1리에서 신학희 씨의 차남으로 태어난 신성균 목사는 1914년 1월 5일 이만기 성도가 전하는 복음을 받아들이고 대한기독교 유곡 교회에 출석하기 시작했고 같은 해 9월 25일 이종덕 목사에게서 침례를 받았다. 그 이후인 1917년 3월부터 전도인으로 헌신하기로 작정하고 가족을 남겨두고 떠나 충청도 단양, 원산, 길림성, 임강 구역, 대목송 교회 일대를 순회하면서 복음을 전했다. 그 해 10월 20일 제12회 종성동 대화회에서 전도인의 직분을 받고 러시아 땅에서 사역을 하다가 1923년 10월 25일 제18회 대화회(충청도 강경교회)에서 교사직분을, 1924년 10월 25일 제19회 대화회(경북 울진 행곡교회)에서 목사 안수를 받았다. 그 이후 평안북도 자성 구역과 중국의 임강 구역에서 순회사역을 했으며 1927년부터 1942년 까지는 충북 제천 구역에서부터 경북 예천 구역, 포항구역에서도 사역했고 그 이후에도 평북 초선 구역과 평남 맹사 구역에서도 순회사역을

계속했다.[160]

이 당시 점촌교회의 규모와 영향력을 가름해 볼 수 있는 한 가지는 1926년 제21차 대화회(전치규 감독)가 본 교회가 개최되었다는 점이다. 이 대화회에서 펜윅에 의해 전 동아기독교회에 속한 모든 교회에게 학교교육을 금지한다는 교육 폐지령이 내려졌고 복음찬미가 증보(78장에서 150장으로), 보급되었고 길림성 개척전도의 사명을 띠고 파송되었던 김상준 교사, 안성찬, 이창희, 박문기, 김이주, 윤학영 교사들의 순교 사실이 알려졌다.[161]

점촌교회의 역사에서 빼놓을 수 없는 사건은 1942년 4월 일제의 기독교 탄압으로 일어난 일명 원산사건으로 알려진 32인 투옥사건이다. 주로 목사와 교단의 장로 32인이 투옥되거나 조사를 받았는데 점촌교회 출신이 모두 4명이었다. 노재천 목사, 신성균 목사, 김창원 성도의 아들인 김주언 감로(1936년 제31회 원산대화에서 감로로 피선), 이덕상 감로가 투옥되었다. 김주언 감로의 기록에 따르면, 모진 매 맞음과 굶주림 속에서 감옥살이를 하다가 1943년 5월 15일 집행정지로 풀려나 교회로 돌아오니 교회는 집회 금지를 당하고 있었고 교회 문도 굳게 닫혀있었다.[162] 1945년 8월 초대 담임목회자인 노재천 목사가 부임할 때까지 교회는 순회목회 체제를 유지했다.

김창원은 젊은 시절 점촌으로 이사와 살던 중 29세 때에 김창제씨의 전도로 복음을 영접하였고 본 교회 총장(현 집사에 해당)으로 교회를 대표하여 펜윅 선교사의 장례식(1935년 12월 6일, 72세)과 1936년 9월 원산 대화회에도 참석

160 김갑수,『한국침례교 인물사』, 240-143.
161 이정수 편저,『한국침례교회사』, 91.
162 김주언, '점촌교회 창립약사'; '점촌침례교회사.'

했으며, 대화회에서 돌아온 직후 병을 얻어 오랫동안 고생하다가 1940년 4월 10일 60세의 일기로 소천했다.[163] 김상규(본 교회 김주옥 권사, 김정임 권사의 조부) 성도 또한 교회 안팎의 어려운 살림살이에 헌신했다. 김상규의 재정적인 헌신에 대해 할아버지와 할머니를 직접 모시고 살았던 본 교회 김주옥 권사는 "교회 손님들과 동네 사람들을 섬기느라 식구들끼리 밥 먹은 기억이 없으며 밖에 나가면 누구 집 자손인지 다 알아봤다"고 회상했다.[164] 박래원(박우배 목사, 박경배 목사가 손자) 또한 이들과 함께 열심히 교회를 섬겼다.

1945년 8월 해방과 함께 점촌교회의 재건이 시작되었다. 1945년 8월 초대 목회자로 노재천 목사가 부임했고 김주언 장로의 창고에서 임시 예배를 드리던 중 1946년 4월에 예배당을 건축하기로 하고 교인들의 헌금으로 건축을 시작했다(교회부지 200평을 김성춘 집사가 기증). 1946년 이 마리아 심방 전도사가 부임(1956년 사임)했고 그 해 9월 9일에 김주언과 이덕상을 장로로 안수하였다. 1947년 5월 17일에 건평 45평의 목조 건물 교회를 신축(네번째 교회)했고 그 해 10월에 노재천 목사는 사임하고 제2대 신성균 목사가 1947년 10월 담임목회자로 부임했다. 1948년 9월 10일 제38회 총회를 본 교회에서 개최했는데 이곳에서 교단의 장기적인 발전을 위해 한기춘 목사의 제안에 따라 미남침례교와 제휴하기로 결정했다. 교섭위원회의 위원장에는 한기춘 목사가 위원에는 김용해 목사, 안대벽 목사가 선출되었다. 총회를 마친 직 후

---

163 김병윤 장로(2020년 5월 4일, 김창원의 증손이자 김주언 장로의 손자로 본 교회 장로), 전화 인터뷰. 김창원의 아들인 김주언 장로는 점촌교회의 창립역사와 발전과정, 그리고 건축과정에 대해 노트에 자세히 기록해 놓았다. 김주언이 직접 손으로 기록한 노트 점촌교회창립약사, 점촌침례교회사 참조.
164 김주옥 집사(2020년 4월 24일, 김상규의 손녀로 본 교회 집사), 전화 인터뷰. 사경회에 참석하기 위해 각 처에서 온 손님들을 각 가정에서 나누어 섬겼는데 몰고 온 소 또한 책임져야했다. 김주언 장로의 아들인 김정식 장로의 기억에 따르면 보통 겸상 7개 정도(14명)로 끼니를 책임졌다고 한다. 김병윤 장로(2020년 5월 13일), 전화인터뷰.

신성균 목사가 사임하고 10월에 제3대 장일수 목사가 부임했다. 1949년에 예배당을 1차로 증축하고 10월에 장일수 목사가 사임하고 바로 한태경 전도사가 부임했다.[165]

1950년 3월에 한태경 전도사가 사임하고 바로 다시 노재천 목사가 부임하고 4월에 제40회 총회를 본 교회에서 개최했다. 이때 존 애버내티(John Arch Abernathy, 1896-1973) 선교사가 내한, 참석하여 마침내 미남침례교와의 제휴가 성사되었고 안대벽의 목사 안수식이 있었다. 1952년에 예배당 2차 증축하고 6월에 노재천 목사가 사임하고 바로 제6대 한기춘 목사가 부임했다. 1953년 5월 1일 제43회 총회가 본 교회에서 개최되었고 이곳에서 지난 제38회 총회(1948년)에서 가결되었던 성경학원(강경 성경학원은 1949년 3월 1일에 설립됨)설립안이 통과되었다.[166] 그 해 7월에 한기춘 목사가 사임하고 9월에 제7대 김진성 목사가 부임했다. 김진성 목사는 1954년 5월 8일 현 예배당 기공식을 거행했고 이 공사는 제8대 김상민 전도사(1954년 9월-1955년 8월 9일)을 거쳐, 제9대 이덕수 목사(1957년 5월-1958년 3월 14일)에 의해 1957년 9월 14일에 준공되었다(연건평 116평, 아래층 98평, 2층 14평, 종탑 4평, 다섯 번째 교회건물로 현 예배당). 이로써 한국 교회사와 한국 침례교회사에서 자랑할만한 아름다운 석조건축물인 점촌교회가 지어졌다.[167]

석조건물로 된 아름다운 예배당이 세워지기까지 수많은 성도들의 헌신과 미남침례교 한국선교부의 지원이 있었다. 본 교회 김주언 장로는 1948년

---

165 김위수 목사, '점촌교회 연혁'; 이정수 편저, 『한국침례교회사』, 158.
166 침례회 성경학원(침례신학대학교 전신)은 1953년 6월 1일 개설되었고 원장에 애버내티, 교사로는 한기춘, 최형근, 한태경 목사였다. 그밖에도 인천에 시온중학교(고등공민학교), 성애원(고아원), 서울침례교회(1954년)가 세워졌다. 이정수 편저, 『한국침례교회사』, 179-180.
167 김위수 목사, '점촌교회 연혁.'

9월 12일 제38회 총회(총회장 이종덕 목사)에서 총회 상의위원으로 피선되었고 1950년 4월 7일 제40회 총회에서 미남침례회 한국선교부 초대선교사 존 애버내티(한국명 나요한) 선교사 부부 내한입국 환영위원으로 선임되었다. 6.25 동란 이후, 당시 점촌교회는 크게 부흥하여 남녀교인이 600여 명, 유년주일 학생들이 1200여 명 이상이 되어 주일마다 그 일대의 혼잡은 이루 말할 수 없었다. 1953년 5월 1일 제43회 총회를 개최한 점촌교회를 방문한 나요한 선교사가 입추의 여지가 없는 좁은 예배당 현실을 목격하고 건축비 절반을 보조해 줄 테니 건축할 것을 총회석상에서 선포하였고 곧 건축위원회가 조직 되고 3년 4개월간에 걸친 교회 건축이 시작되었다.[168]

건축위원으로는 김주언, 변희규, 김용석, 박점용(총회 재단사무국장을 역임한 박남윤 목사와 본 교회 박남석 장로, 박남순 전도사의 부친), 김말용, 김기만, 노한성 7인이 선정되었고 김주언 장로가 위원장으로 선출되었다. 구조는 석조로, 재료는 화강석으로, 형식은 근대식 전면 3층 건물로 총평수는 116평(1층 98평, 2층 14평, 3층 4평)이며 총 부지는 485평(내부는 약 200평)이었다. 자금은 선교부의 일부 보조와 전 교인들의 헌금으로 충당되었고 전 교인들이 직접 건축 작업에 참여했다. 1954년 5월 28일에 시작된 건축은 1957년 9월 14일 3년 4개월만에 준공되었다. 총 공사비용은 13,284,793원 들었다. 건물은 완공되었지만 빚 때문에 헌당식을 미뤄오다가 1959년 12월 4일 교회창립 제50주년 기념예배에 맞추어 헌당식을 거행했다.[169]

---

168 김주언, '점촌교회 창립약사'; '점촌침례교회사.'
169 공사책임자 분담은 다음과 같다. 설계 도안 김천 이재원 장로, 석축 감독 전북 황등 최기장 장로, 출역 동원 및 자재 감독 박점용 집사, 목공책임 변희규 집사, 자금출납 및 회계 김봉춘 집사, 총감독 김주언 장로였다. 교회 창립 50주년 기념 헌당식 사회는 한기춘 담임목사, 기도 노재천 목사, 설교 총회장 김용해 목사, 공사보고 김주언 장로, 기념사 안대벽, 이원균 목사, 축문 축전 낭독 노한욱 집사, 광고 김봉춘 집사, 축도 이원균 목사로 진행되었다. 김주언, '점촌교회창립약사'; '점촌침례교회사.'

1953년 전 교인사진과 1954년 예배당 기공식

1964년 4월까지 거의 담임목회자 없이 교회가 운영되었다. 1962년 5월 27일에 공평동에 기도소(공평교회로 1964년 3월 2일에 총회로부터 인정됨)를 설치했고 1964년 9월 제11대 담임목회자로 김장배 목사가 부임했다. 1967년 12월 김장배 목사가 사임하고 제12대 담임목회자로 배양찬 목사가 부임했고 1970년 2월 15일에 일부 성도들이 분리하여 점촌제일침례교회를 개척했고 7년 후인 1979년 7월 17일 김정기 목사 등 여러 명의 성도들의 노력으로 다시 합동예배를 드리게 되었다.[170]

1971년 9월 19일 제13대 담임목회자로 박형중 목사가 부임했고 1972년 3월 31일 교회 묘지를 구입했다(상주시 함창읍 나한리 산22번지). 1978년 3월 12일 박형중 목사가 사임하고 1978년 4월 3일 제14대 담임목회자로 김정기 목사가 부임했다. 1978년 8월 10일 교육관(대지 286평, 건평 270평)을 매입했고 그 해 12월 25일에 박점용, 노한욱, 이학출 집사 안수식을 거행했으며 1979년 3월 12일 어린이집 사무엘(126명)을 개원했다(1993년 1월에 폐원). 1983년 10월 2일 어린이 놀이터를 구입했고, 1985년 11월 20일 제16대 최모식 목사 부임 이래 1986년 12월 15일 교회 사택 및 테니스장(272평)을 구입, 1988년 12월 1일 이주상, 이남훈의 집사안수식(호칭장로), 1989년 7월 13일 국내선교부와 의성침례교회 개척되었다. 1991년 11월 7일 노윤식, 김오식, 정성모, 박정일, 김병상, 김학재 집사 안수식(호칭장로)이 거행되었고 1992년 8월 21일 국내선교부와 논산 예루살렘교회를 개척지원했다. 1997년 3월 20일 최모식 목사가 사임했고 1997년 9월 14일 제17대 담임목회자인 김위수 목사가 부임하여 현재까지 이르고 있다.[171]

---

170 김위수 목사, '점촌교회 연혁.'
171 김위수 목사, '점촌교회 연혁.'

부임 후, 김위수 목사(아들 김희윤 분당지구촌교회 대학부 담당전도사)는 예배당을 포함한 여러 가지 목회환경개선, 지역사회 전도와 섬김, 국내외 선교사역에 중점을 두었다. 먼저 김위수 목사는 목회환경을 개선하기 위해 교회 사택 및 교회 식당, 교육관 용도를 위한 베들레헴관 준공(1998년 2월 14일), 본당에 110석의 중 2층을 새로 마련하여 드린 교회창립 90주년 교회 증축 헌당예배(1999년 10월 3일), 주차장 확보를 위한 교회부지 매입(점촌동 394-7, 30평과 390-1, 175평), 비전관(교육관)을 짓기 위해 기존의 건물(대지 286평, 건평 270평)을 철거하고 그곳에 다목적 교육관을 건설하여 2010년 10월 9일에 101주년 기념 및 100주년 기념 비전관 및 봉헌예배를 드렸다. 그리고 2019년 10월 8일에 창립 110주년 기념예배를 드렸다. 이러한 목회환경개선으로 장년부터 어린아이들까지 그리고 각 부서들이 편리하게 활동할 수 있는 여건이 마련되었다.[172]

---

172 김위수 목사, '점촌교회 연혁.'

김위수 목사는 '성도들의 삶이 복음의 향기가 되어 지역 사회에서 참된 그리스도인으로 인정받음으로 날마다 구원받는 무리가 더해가는 생명을 살리는 건강한 교회'(사도행전 2장 47절)를 목표로 지역사회에 선한 영향력을 끼치기 위해 노력하고 있다. 이를 위해 문경시 기독교 연합회, 교경협의회, 문경 YMCA 창립과정에 지역교회의 지도자들과 함께 했으며, 기독교연합회 회장 등을 역임하며 초교파적으로도 교회 연합을 위해 활동하고 있다. 또한 매년 초교파적으로 부흥강사를 초빙하여 지역의 교회 부흥과 복음화를 위해 노력하고 있다.[173]

점촌교회는 국내외 선교, 기관선교에도 힘쓰고 있다. 국내에서는 모두 19교회를 후원하고 있으며, 해외로는 해외선교훈련원, 태국(치앙마이), 대만 중국신학교(중국), 마다카스카르, 캄보디아, 영국(맨체스터)에 후원하고 있으며 기관으로는 군경선교회, 문경YMCA, 수원밀알, 홀리비전코리아, 국내선교부 대전밀알선교회를 후원하고 있다. 2019년에는 110주년을 기념해 한국침례신학대학교 강의실 한 동을 재단장(리모델링)하기 위해 2천만 원을 지원했고 경북지방회 선교 100주년 기념교회인 주행전교회(130평건물)의 확장이전 비용 5천만 원을 지원했다. 또한 목회자들과 평신도 지도자들을 세우는 일에도 앞장서고 있다. 이진규, 김시현 전도사의 목사 안수식, 이승용, 정하문, 박남석 집사의 집사안수식(호칭장로, 2001년 5월 1일), 김경집, 이종길 집사의 집사안수식(호칭장로, 2004년 10월 2일), 송중헌 전도사의 목사 안수식(2006년 10월 15일), 김종구, 김병윤 집사의 집사 안수식(호칭장로), 명예권사 22명, 시무 권사 16명의 취임식(2012년 11월 18일), 2018년 7월 15일 이정우 전도사의 목사 안수식이 있었다.

---

173 김위수 목사, '점촌교회 연혁.'

111년이 되는 점촌교회의 역사는 그야말로 하나님의 은혜와 모든 성도들의 헌신과 수고의 결과였다. 교회건축 과정에서 나무를 자르다가 나뭇가지에 찔려 실명되는 아픔을 겪었던 노약윤(약한. 요한으로도 불림) 성도, 자신의 가정집을 예배당으로 헌납한 성도, 벽돌 한 장 한 장 직접 쌓아 올리며 예배당을 건축했던 성도들, 철야기도시간마다 침례교단과 한국 교회를 향한 본교회의 사명을 완수할 수 있도록 눈물을 흘렸던 수많은 성도들. 이 모든 분들이 있었기에 오늘의 점촌교회가 지속되고 있다.[174]

---

174 노은석 목사(한국침례신학대학교 교수, 2020년 6월 20일), 전화인터뷰

마성교회(구, 신원 또는 새원교회)

경상북도 문경시 마성면 신현 3길 3
☎ 054-571-4377, 4378, 담임목회자 하상선 목사

마성면의 지명은 원래 '신원' 혹은 '새원'이라 불린 곳으로, 조선 중엽 (1729년)에 출장 관리들과 나그네들의 숙박을 위해 원院을 설치하자 이곳에 많은 이주민들이 정착하여 마을이 형성되었고, 동네 이름을 "신원新院" 혹은 순우리말로는 "새원"으로 부른 데서 유래했다. 한국침례교회사에서 마성교회는 점촌교회와 유곡교회와 함께 등장한다. 허긴 박사는『한국침례교회사』에서 1914년 교권파동으로 선출된 이종덕 감목이 신명균과 손필환 목사의 교단 이탈로 심한 타격이 불가피했던 교단을 추스르기 위해 "4월 14일에는 원산총부를 출발하여 … 16일에는 다시 충주, 현풍, 수안보를 거처 문경의 신원교회, 유곡교회, 산점교회, 헌평교회, 척동교회 등을 두루 순방하며 교권파동의 여파 수습에 진력"했다고 기록했다.[175] 산점교회는 현 개포중앙교회이며, 헌평(훤평)교회는 현 용궁교회이다. 하지만 이곳에서 주목해야 할 것은 점촌교회, 유곡교회, 신원교회의 관련성이다.

경북 문경시는 우리나라의 동남부, 서북단 내륙에 자리 잡은 중산간 지역으로, 동쪽으로는 예천, 남쪽으로는 상주, 서쪽으로는 괴산, 북쪽으로는 제천·충주·단양과 경계를 이루고 있는 지역으로, 예전부터 영남대로嶺南大路의 관문이었으며, 이 중에서 한 때 석탄산업으로 발전한 문경, 가은, 점촌이 중심지였다. 점촌(문경시)에는 문경면, 마성면, 가은면, 농암면, 호계면, 산양면,

---

175 허긴,『한국침례교회사』(대전: 침례신학대학교 출판부, 1999), 168.

영순면, 산북면, 동로면, 신북면, 호서남면이 속해있다. 점촌에서 마성면까지는 직선으로 대략 15km로 그 중간 지역에 유곡리(점촌에서 7-8km)가 있다. 1909년 문경시에 점촌교회가 세워지면서 유곡리에 거주하는 일부 성도들이 점촌교회를 다니다가 거리상 유곡리의 어느 한 장소에서 점촌교회 지교회 형태로 예배를 드리기 시작했다.[176] 이 유곡리에 있던 교회가 어떤 연유인지는 몰라도 폐쇄됨에 따라 1910년 황수만 성도가 마성리 신현리 303번지 초가에 가정교회를 세움으로써 마성교회가 시작되었다.[177]

교세가 급격히 증가하자 1913년 3월 이성암, 안상원, 황을경, 김을용과 70여 명의 성도들이 신현리 309번지에 교회를 확장이전하고, 교회 이름을 '새원교회'라 불렀다. 새원교회가 1916년 제11회 대화회를 개최한 것을 보아 규모가 어느 정도 되었을 것은 분명해 보인다. 일제강점기 노한수 감로(손자 며느리가 본 교회 안영자 권사)가 교회를 주도적으로 돌보았고, 전 성도가 힘을 모아 신현리 318번지에 교회를 건축했으나 일제의 박해로 정상적인 예배를 드리지 못했고, 이집 저집 돌아가며 예배를 드리다가 해방과 곧이어 6.25 사변을 맞았다.[178]

---

176 점촌교회 지 교회 형태로 초가집에서 예배를 드린 적이 있었다는 일부 성도들의 증언이 이를 뒷받침한다. 1979년 4월 유곡교회에서 집사 안수받은 박경정 장로(현 점촌교회 장로)는 어린 시절 현 유곡교회 뒤 언덕에 흙벽돌과 짚으로 지어진 예전 교회가 반쯤 무너진 상태로 있었고 실제로 그곳을 가본 적이 있었을 뿐 아니라 친구였던 기원태가 "자신의 어머니가 예전에 점촌교회를 다니다가 그곳에서 예배를 드린적이 있었다"고 말했던 것을 지금도 기억하고 있다. 남아있었던 예전 교회는 심한 비로 허물어졌다고 한다. 정확한 장소는 현 교회 뒤 감나무가 심겨진 곳 바로 위이다. 박경정 장로(2020년 4월 23일), 전화 인터뷰. 유곡교회는 교회가 재건된 1950년 4월 5일을 현재 교회창립일로 지키고 있다. 이상구 목사(유곡교회 담임, 2020년 4월 8일), 전화 인터뷰.

177 김갑수 목사는 신성균 목사의 생애를 소개하면서 그가 "1914년 1월 5일 이만기 성도가 전하는 복음을 듣고 주님을 구주로 영접하고 대한기독교 유곡 교회에 출석하기 시작했다. 같은 해 9월 25일 이종덕 목사에게서 침례를 받았다"라고 서술한 것을 보아 완전히 폐쇄되지 않고, 상당히 오랫동안 지속되었던 것처럼 보인다. 사라진 초창기 유곡교회 역사는 되찾아야 할 소중한 자산이다. 김갑수, 『한국침례교 인물사』 (서울: 요단출판사, 2007), 241.

178 하상선 목사, '마성교회 연혁.'

새원교회에 제1대 담임목회자가 부임한 시기는 1951년 1월경이다. 김후암 목사가 유곡과 마성면을 오가면서 사역(1952년 4월 사임)했고, 제2대 담임목회자로 1952년 9월에 박경배 전도사가 부임했다. 1개월 만에 박경배 전도사가 사임한 후, 1953년 박원규(응구) 전도사가 제3대 담임목회자로 부임했다. 1955년 신현리 320번지에 24평의 예배당을 이전 건축했고, 당시 행정구역의 명칭(마성면)을 따라 '마성교회'로 교회 이름을 변경했다. 제4대 이종철 전도사(1956. 4-1958. 5), 제5대 이덕상 전도사(1951. 1-1960. 10, 1960년 2월에 목사 안수), 제6대 신성균 목사(1960. 10-1965. 12), 제7대 김영호 전도사(1965. 12-1970. 12, 1967년 목사 안수), 제8대 정덕영 목사가 1971년 1월에 부임했고, 1975년 5월에 총회 보조금 100만원과 성도의 건축헌금으로 신현1리 330-4번지에 43평의 교회를 신축하였다. 신축 후 마성교회 역사상 가장 마음 아픈 일이 발생했다. 당시 대구지역을 중심으로 포교활동을 활발히 하던 구원파 권신찬의 지방교회가 교회 건축과정에서 주도적인 역할을 하던 성도들을 포섭하여 교인 200여 명 중 거의 절반에 해당하는 100여 명이 본 교회를 떠나는 일이 벌어졌다. 이는 마성교회로서 치유하기 힘든 시기였다.[179]

정덕영 목사가 1976년 8월에 사임하고, 제9대 유치영 목사가 부임했다. 1982년 4월에 사택을 신축했고, 그 해 7월에 유치영 목사가 사임하자 1982년 7월에 제10대 이병황 목사가 부임했다. 1983년 1월에 이병황 목사가 사임하고, 제11대 김학성 목사(1983. 3~1986. 12), 제12대 김용관 목사(1986. 12~1997. 6), 제13대 최재룡 목사가 1997년 7월에 부임했다. 최재룡 목사는 10여년 시무하면서 2010년 9월 16일 교회설립 100주년 기념 노인요양 공동생활시설을 착공하여 2011년 4월 8일 교회부설 요양원 사랑둥지 개원 감사예배를 드렸

---

179 신인철 목사(한국침례신학대학교 교수, 2020년 4월 20일), 전화 인터뷰.

고, 2017년 12월에 제14대 하상선 목사가 부임하여 현재까지 시무하고 있다.

2019년 10월 6일 목사안수, 권사임직 감사예배

직분자 임명은 먼저 1960년 2월 이덕상 전도사, 1967년 김영호 전도사, 2019년 10월 6일 서희원 전도사의 목사 안수식이 있었고, 1998년 12월 5일 남극순 집사, 2005년 8월 15일 신현구, 김정옥 집사, 2010년 11월 27일 김남준, 이석화의 집사안수식이 있었으며, 2019년 10월 6일 권달용, 조문자, 서온순, 강선옥, 김순열, 김옥자, 안용자, 서월희 집사의 권사임직식이 있었다. 본 교회 출신 목회자로는 신현구 장로와 권달용 권사의 자녀들이 있다. 3남 2녀 가운데 장녀 신명숙은 장로교회 전도사로, 장남 신병철은 예장 고신측 늘빛교회 담임목사로, 차남 신인철 목사는 한국침례신학대학교의 교수로 있다.[180]

마성교회는 현 담임목회자인 하상선 목사와 함께 지역공동체를 섬기며 복음을 전하는 특화된 프로그램을 운영하고 있다. 2003년 마성노인대학을 시작하여 18년째 계속되고 있으며 지금까지 250여 명의 졸업생과 현재 60여 명이 입학하여 매주 금요일마다 예배와 노래교실, 한글교실, 건강교실 등 각종 노인생활에 필요한 프로그램들을 제공하고 있다. 특히 미국, 일본, 중국은 물론 국내외 유명 유적지들을 방문하는 등 현장체험 위주의 교육을 제공하

---

180 하상선 목사, '마성교회 연혁.'

여 호평 받고 있다. 또 한 가지 주목할 것은 2000년 교회창립 90주년부터 시작한 마성가족 축제(Home Coming Day)이다. 년 1회씩 도회지에 나가 있는 마성교회 출신들이 함께 모여 사랑의 축제를 벌이고 있으며, 2011년 교회설립 100주년 기념으로 개원한 사랑둥지 요양시설(403평 대지에 60평의 건물)은 고령화되어가고 있는 지역주민과 성도들을 위해 교회가 온 힘을 다하고 있다. 그 밖에도 시니어 성경학교를 실시하고 있으며, 108주년 기념교회를 필리핀(필리핀 잠발레스 이바 박쿨린 마을)에 세웠고, 인도의 고아사업 선교사를 지원하는 등 지역사회와 해외선교에 전력하고 있다.[181]

시니어 여름성경학교
본 교회 108주년 필리핀 기념교회
필리핀 기념교회
시니어 여름성경학교

---

181 하상선 목사, '마성교회 연혁.'

용담교회

경북 상주시 사벌국면 용담2길 32
☎ 054-532-8424, 담임목회자 김영택 목사

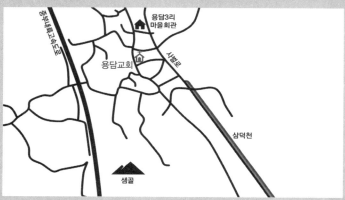

경북 중부에 위치한 상주시는 예로부터 농특산물생산지로 유명했는데, 특히 삼백인 흰 쌀, 곶감, 누에가 유명했다. 높은 당도를 자랑하는 상주곶감, 사과, 배, 포도 등 재배로 농가소득이 주를 이루고 있는 사벌국면에 용담교회가 있다. 용담교회가 속해있었던 예천지역은 1908년 제3회 대화회(칠산교회)에서 새로 증설되었고 성경책사를 두고 전도사역의 거점지역으로 삼을 만큼 경북지역 선교의 중심지였다. 장석천 교사는 1909년 11월 4일에 12명의 전도사역자들을 새로운 결신자들이 생겨나고 있는 각 마을에 1명씩 파송하였는데, 이 시기 이후에 예천지역에 여러 교회들이 설립되는 데에 도움을 주었다.[182]

옛 예배당

---

182 파송된 명단은 신시우(총찰), 조병구, 조영우, 박영호, 곽중규, 김상웅(전도), 임경식, 이종배, 노성하, 김창재, 장진욱, 김재덕(예비 전도인)이다. 허 긴, 『한국침례교회사』(대전: 침례신학대학교 출판부, 1999), 135-136. 김해용, 이정수, 허 긴 모두 김종철 반장을 설립자로 보고 있다.

용담교회가 1911년 김종철 반장에 의해 설립되었다는 것에는 이견이 없다. 하지만 김종철 반장이 어떻게 신앙생활을 시작하게 되었고 어떠한 과정을 통해 교회를 개척하게 되었는지에 대해서는 알려진 자료가 없다. 다만 그의 아들이 본 교회 장로였던 김성호이며 그의 손자가 김영대 목사(통영교회)라는 것만 알려져 있다.[183] 특이한 것은 본 교회의 설립과정에 이종덕 목사가 동역했다는 점이다. 김종철 반장을 중심으로 전도하여 결신자들을 얻었고 이에 박성래 감로와 이종덕 목사가 같이 마을의 한 가정집(최근에 찾은 대지 앞에 있었던 집 한 칸)에서 예배를 드림으로 용담교회는 시작되었다.[184]

용담교회가 설립된 이후 1945년 전까지 예배는 주로 순회사역자들과 평신도 사역자들에 의해 인도되었다. 교회연혁에 따르면 김종철 반장(1911년), 박성래 감로(1939년), 이종덕 목사, 이학이 장로(1945년)가 예배를 인도했고 본격적으로 전임목회자가 부임한 것은 1950년 이인수 전도사가 제1대 사역자로 부임하면서이다. 이후 김후암 목사(1953년), 이덕여 목사(1955년), 신정호 목사(1957년), 박기양 목사(1957년), 김갑수 목사(1963년), 이원도 목사(1966년), 김병수 목사(1969년), 최종룡 목사(1973년), 진영돈 목사(1978년), 성준호 목사(1982년), 이철우 목사(1987년), 최락규 목사(1992년), 제14대 김영택 목사(2010년-)가 부임하여 현재에 이르고 있다.[185]

누구나 어려웠던 시기, 곡식이 나오기까지의 농촌의 생활고는 이루 말할 수가 없었다. 이러한 시기에 용담교회의 전도방식은 좀 특이했다. 부락에 어려운 사람들에게 조건 없이 소 한 마리를 사주고 전도했다. 소를 열심히 키워

---

183 김영대 목사(2020년 6월 23일), 전화 인터뷰. 김영대 목사는 교회 설립자인 김종철 반장의 손자이다.
184 김영택 목사, '용담교회 연혁.'
185 김영택 목사, '용담교회 연혁.'

1965년 여름성경학교 1973년 집사안수식

생활을 할 수 있게 된 사람들이 교회에 나오게 되고 그들이 또 다른 사람들에게 같은 방법으로 전도했다. 전도도 하고 교회 재정도 늘어나고 일석이조의 효과를 보았던 것이다.

가정집에서 예배를 드리던 용담교회는 현 교회 부지위에 30여 평의 예배당을 건축하여 예배를 드렸고 그러는 가운데 묵상교회와 덕담교회가 분가하여 세워졌다. 신정호 목사(아들이 신성우 목사) 시무 이후, 특히 박기양 목사 재임시인 1957년 전후에 은사운동을 두고 용담교회 성도들이 양분되는 아픔이 일어났다. 이 시기에 경북 김천에 있는 용문산기도원(나운몽 장로)의 영향력을 본 교회는 피할 수 없었는데 그곳 집회에 참석하여 은혜를 체험한 몇몇 교인들이 십일조와 감사헌금을 하며 신앙에 불이 붙자 이 모습을 본 30여 명의 교인들도 기도원에 참석하여 은혜를 받게 되었다. 이로써 교회가 불파(은혜파)와 온건파로 나뉘게 되었고, 설상가상으로 박기양 목사까지 은퇴하게 되자 목회자 없이 교회는 3개월 동안 예배를 드리게 되었다.

매일 저녁 집회를 열었던 교인들이 급기야 총회에 "성령체험 받은 목회자를 보내달라"는 편지를 보냈고, 이에 총회는 김갑수 목사를(아들이 김용복, 한국

침례신학대학교 교수) 선정하여 파송하게 되었다. 은혜파 성도들이 김갑수 목사에게 제시한 조건은 다음의 내용이었다: "첫째, 우리가 용문산기도원을 출입하는 것을 용납하라. 둘째, 우리가 어떤 강사를 초청하여 부흥회를 열어도 용납하라. 셋째, 우리의 자유로운 신앙생활과 행위(통성기도)를 용납하라."이러한 조건을 수용한 김갑수 목사는 담임목회자로 1963년 부임할 때, 교인 30여 명이 소달구지 2-3대를 끌고 와 이삿짐을 실고 3km 거리를 찬송을 부르며 들어왔다고 한다. 김갑수 목사의 노력과 때마침 용문산기도원과 나운몽 장로가 한국교계에서 이단으로 정죄되자 분열되었던 교인들은 하나가 되어 교회는 더욱 부흥되었다. 이후 김갑수 목사는 총회 총무로 사역하기 위해 1966년 봄에 교회를 사임했다.[186]

1969년에 부임한 김병수 목사(김갑수 목사의 동생으로 아들로는 김용성 목사, 김용국 교수, 김용해 안수집사가 있다) 시무 기간에 교회가 부흥하여 전성기를 맞이하였고 이때에 목회자로 서원한 사람들이 많았으며, 이때 서원한 사람들이 현재도 곳곳에서 사역하고 있다. 김병수 목사는 교회를 신축(50여평)하였고 최락규 목사 시무 기간(1992년 이후)에 교회내외부의 리모델링이 시행되었다. 특별히 현 담임목회자인 김영택 목사 부임 후인 2011년 교회는 필리핀 바얀지역에 교회를 세우기로 하고 대지 270평에 50평의 예배당을 건축하여 해외선교에 앞장섰다. 2011년 교회설립 100주년을 맞이하여 교회는 장로(박범철)와 권사(박복심, 장옥자, 김영자, 김봉심, 최점순, 이금숙, 김기분, 채윤분, 오정향, 이정선, 송도임) 임직식 행사와 창립 100주년 기념비를 세웠고 본 교회 출신자들과 수많은 내외빈들을 모시고 기념예배를 드렸다. 100주년을 맞이하여 기념교회를

---

186 김갑수,『은혜의 발자취: 한국 침례교회, 총회, 신학교의 역사와 회고』(대전: 침례신학대학교출판부, 2013), 209-226.

100주년기념예배, 임직식, 기념비

세우기로 결정했으며 지역복음화에 더욱 힘쓸 것을 다짐했다.

본교회 출신 목회자들은 다음과 같다. 안승수 목사, 안광우 목사, 이헌삼 목사(이학기 장로 큰 손자), 정재룡(성남 방주교회), 장광호 목사(장로교), 김영대 목사(통영교회), 안야고 목사, 김승현 목사(장로교), 장수영 목사, 장수한 목사(전 한국침례신학대학교 교수), 전수진 전도사, 백승복(부산 산성교회), 김영택 목사(본교회 담임), 정승화 목사, 안태준 목사, 김대근 목사(김영택 목사의 동생) 외 다수가 본 교회출신이다. 장로로는 이학이, 김성호, 안수명, 김성길, 정하락, 장득기, 김선일, 김정옥, 안호용, 김계종, 박범철이 있다.[187]

원어민 수업 필리핀 100주년 기념교회

187 김영택 목사, '용담교회 연혁'; 김영대 목사(2020년 6월 23일), 전화 인터뷰.

한국 침례교회 100년의 향기

2011년 부임 이후, 김영택 목사는 2015년부터 하나님의 나라를 이 땅에 세우려는 목적으로 '거룩한 행전'이라는 표어 아래, 지역의 초등학생들을 신앙으로 양육하는 프로그램을 운영중이다. 이를 위해 필리핀 원어민 선생을 초빙하여 아이들에게 영어교육을 실시 중이며 모교회 출신 목회자들과 함께 지역 사회를 섬기고 있다. 또한 해외선교에도 관심을 두어 교회설립 100주년 기념교회인 필리핀 민도로섬 지역에 예배당(50평)과 교육관(약 200평, 총 대지 300평)을 세웠다. 현재 이 교회(본 교단 이용균 선교사 시무)는 본교회와 함께 인근의 작은마을 7개 교회와 협력하여 복음을 전하며 성장하고 있다. 이를 위해 교회는 매달 선교비로 월 30만 원을 후원하고 있으며 7개의 국내 미자립교회를 후원하고 있다.[188]

---

188 김영택 목사, '용담교회 연혁.'

서동교회

경상북도 예천군 풍양면 와룡길 48-17
☎054-653-7701, 담임목회자 강용원 목사

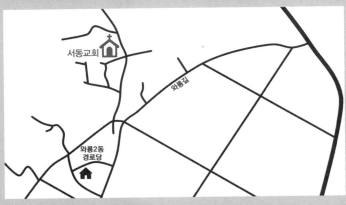

경북지역 초기 교회설립의 역사를 살펴보면 경북 울진에 이어 예천지역에 교회가 세워졌다. 예천군 풍양면에 위치한 서동교회는 면으로부터는 대략 3km(도보로 6분), 예천 군청으로부터는 30km(도보로 30분), 문경시로부터는 17km(도보로 24분), 상주시까지는 23km(도보로 29분) 떨어진 와룡1리와 낙상1리에 인접한 전형적인 농촌지역에 있다.[189] 풍양면은 예천군 중에서 최남서단에 위치한 30개의 리로 구성된 면으로, 주민은 1,880세대에 대략 4,000여 명이 거주하고 있다. 면 경계의 많은 부분(2/3)에 낙동강이 흐르고 있어 예로부터 수자원이 풍부하여 친환경쌀, 밀, 풍양배, 풍양한우, 풍양양파, 마, 고추 등이 유명하다. 주변의 볼거리는 낙동강 물줄기 중 가장 아름답다는 경천대, 낙동강 700리의 마지막 남은 예천 삼강주막, 해룡포(드라마 상도 세트장, 상주박물관 등)가 있고 와룡리의 유래는 동네의 앞산이 마치 용이 누운 모양과 같다고 해서 붙여졌다.

　서동교회는 1913년 7월 15일을 교회 창립일로 지키고 있다. 하지만 정확한 연도나 예배장소에 대해서는 기록이 불분명하지만, 윤종진, 윤종주 두 사촌 형제에 의해 시작되었다고 한다. 교회 연혁에 따르면 1914년 이안사 목사로 불렸던 사람으로부터 윤종진, 윤종주 두 사촌 형제가 침례를 받은 것으로 보아 그 이전부터 신앙생활을 시작한 것으로 보인다. 18세에 장가를 든 윤종

---

189 강용원 목사, '서동교회 연혁.'

진은 원래 불교집안으로 부유하게 살다가 갑자기 망하게 되자 한 점쟁이를 찾아가 어떻게 살아야 하는지 물었다. "백두산 근처로 이사가라"는 점쟁이의 말에 고민하던 윤종진은 다음 해인 19세 때 "예수를 믿어야 복을 받고 천국에 간다"라는 전재덕 전도인의 말을 듣고 예수님을 영접했다. 곧 성경공부에 대한 열정에 사로잡힌 그는 걸어서 1주일 만에 펜윅 선교사가 있었던 원산에 도착하여 신성균, 노재천, 박기양, 장기영(아들 장석천, 손자 장일수 목사)과 함께 본격적으로 성경공부를 시작하였다.[190]

윤종진 전도인

윤종진 전도인이 보았던 성경책

이정수 목사와 허긴 박사는 동일하게 윤종진이 1913년에 만주 지역 일대에서 전도인으로 사역했다고 기록하고 있다. 윤종진은 같은 교회 성도였던 홍순필 전도인과 함께 평안도의 자성, 후창지방에서 전도하여 많은 결신자들을 얻었고,[191] 간도지역의 임강현까지 미쳤는데, 이 지역들은 다른 교단들의

---

190 윤태준 목사(윤종진의 손자로 제100차 총회장 역임, 대구중앙교회 원로, 2020년 2월 19일), 전화 인터뷰.
191 이정수 편저, 『한국침례교회사』(서울: 침례회출판사, 1994), 68.

한국 침례교회 100년의 향기

사역이 전혀 미치지 못했던 한반도의 가장 험한 고원지대의 산간벽지로 외지 선교에 힘썼던 펜윅의 선교정신을 볼 수 있다.[192]

전도사역을 하던 윤종진은 고향에 장티푸스가 퍼져 가족이 위험에 처해있다는 소식을 접한 후 잠시 활동을 멈추고 고향으로 돌아와 4-5년 동안 가족을 돌보며 교회에서 설교하였다. 상황이 정리된 후 윤종진은 다시 원산으로 돌아갈 결심을 했지만 "넌 가정이 중요하지 복음이 중요하지 않다. 올라오지 마라"는 펜윅 선교사의 말에 고향에서 농사를 지으며 전도인으로 설교를 맡아 했다. 윤종진이 고향에서 십자가를 지붕 위에 세워놓고 예배를 드리자 유교사상이 완고했던 파평 윤 씨 집성촌의 동네 사람들은 그를 "야소교 귀신이 들었다"라고 비난했지만 곧 마을 전체가 예수를 믿게 되었고, 예배당이 비좁게 되자 윤종진은 자신의 집터를 헌물하여 교회를 지었다(교회건축 부지를 총 세 번에 걸쳐 내놓았다). 특이한 점은 '내 이웃을 네 몸과 같이 사랑하라'(누가복음 10장 27절)는 예수님의 말씀을 따라 집안의 종들에게 자유를 주었고 한 자

192 허 긴, 『한국침례교회사』 (대전: 침례신학대학교 출판부, 1999), 179-180.

리에서 식사를 하자 이를 못마땅하게 여긴 집안에서는 윤종진의 가족이 쌍놈 취급을 받기도 했다는 것이다. 이후 윤종진 전도인은 1959년에 집사 안수(윤종두 사촌 동생은 1967년 집사 안수)를 받았고, 1964년 7월 9일에 소천했다. 이후로 그의 가문은 침례교회에 뿌리를 내렸다.[193]

일제의 박해가 심했던 해방 이전의 교회 기록은 거의 전무하다. 다만 1935년 노재천 목사의 집례로 두 명의 성도가 침례를 받았다는 것과 1930-35년 사이에 신성균 목사와 박기양 목사의 집례로 네 명의 성도가 침례를 받았다는 기록이 있다. 일제에 의해 교회가 강제로 폐쇄되었다가 1945년 해방과 함께 다시 예배가 시작되었지만 다른 교회와 마찬가지로 담임목회자가 아닌 순회목회자가 돌아가면서 예배를 드렸다. 1950년에 흙벽돌로 예배당을 건축했고, 1952년 3월에 다시 예배당을 건축하였다. 1953년에 이르러 제1대 담임목회자로 변희수 전도사가 부임하였고, 1959년 현 교회 위치 부지를 구입하여 교회를 건축하였다.[194]

서동교회의 주요 발자취로는 1963년에 교회창립 50주년 기념 예배를 드렸고, 1964년 4월 지교회인 청운교회를 개척하였다. 1971년 3월 15일 김용해 목사가 제9대 담임목회자로 부임했는데, 그는 일제강점기 당시 교단 대표 32인과 함께 감옥살이를 했으며, 용안교회 담임과 1968년 합동총회에서 합동총회장으로 추대되어 교단통합에 중요한 역할을 감당했다. 무엇보다도 김용해 목사는 한국 침례교의 역사에서 기념비적인 『대한기독교침례교회사』(성청사, 1961)를 편찬한 목회자(용안교회에서 자세히 다룸)로 부임 직후, 교회

---

193 윤태준 목사, 전화 인터뷰.
194 강용원 목사, '서동교회 연혁.'

한국 침례교회 100년의 향기

1950년 교회 당회 기념사진   1953년 성가대

를 건축하기로 결정하고, 1971년 5월 20일에 준공예배를 드렸다. 그 해 9월
10일 사택 건물에 화재가 발생해 모두 잿더미가 되자 농촌교회의 어려운 형
편에 김용해 목사는 사비를 드려 건축(지금의 사택 건물)하였고, 그 완공을 보지
못한 채 1971년 12월 부산침례병원에서 소천했다.[195]

그 후 1971년 4월 10일 우리에게 『한국 침례교회의 산 증인들』(침례회출판
사, 1981)의 저자로 잘 알려진 김장배金長培 목사가 제10대 담임목회자로 부임
했다. 그는 1916년 충남 부여군 임천면 두곡리에서 김희서(金希西, 1873-1918)
교사의 4남 2녀 중 막내아들로 태어났는데, 그의 부친 김희서는 우리 교단의
첫 순교자로서, 그의 일생은 다음과 같다.

김희서는 22세가 된 1895년 이름 모를 전도인으로부터 복음을 전해 듣고
1908년 근처에 칠산교회가 있는 충남 부여군 임천면 주곡리로 이사했다. 그
곳에서 열심히 신앙생활하며 13년간 전도했던 그는 1915년 목사후보인 교사
직분을 받았고, 1918년 교단으로부터 시베리아로 파송을 받았다. 박노기 목
사, 최응선 감로, 전영태 총찰과 함께 국경을 넘어 시베리아로 가기 위해 배

---

195 강용원 목사, '서동교회 연혁.'

를 타고 항해하던 중에 보시엘 해역에서 갑작스러운 강한 바람에 배가 뒤집혀 모두 순교하는 사건이 발생했다. 바로 그 날이 김희서 교사의 만 45세 생일날이어서 슬픔은 더했다. 이번 전도 여행 후 목사 안수를 받기로 예정되었던 그는 미망인 강성재 여사와 사이에 4남 1녀를 두었는데 막내아들이 김장배 목사로 그 당시에 3살이었다고 한다.[196]

김장배 목사는 앞서 언급한 것처럼 김희서 교사의 4남 2녀 중 막내아들로 태어났다. 1930년 이종덕 목사로부터 침례를 받은 김장배는 칠산교회에서 반장(집사) 직분을 받고 충청남도와 전라북도 구역의 순회 전도사로 사역했다. 1952년 제42회 총회(칠산교회)에서 목사 안수를 받았고, 충남 원당교회를 시작으로, 1954년 이리교회, 1957년 창리교회, 점촌교회에서 목회했다. 1959년과 1960년 두 번 교단 부총회장직을 역임했으며, 1971년 3월 15일 본 교회 제10대 담임목회자로 부임했다. 김장배 목사는 1974년 3월에 본 교회를 사임하고 목회를 계속하다가 1993년 7월 5일 77세의 일기로 소천했다. 그의 장례예배는 연세중앙교회(윤석전 목사)에서 있었고, 유족으로는 사모 나상천과 2남 4녀를 두었다.[197]

1974년 5월에 제11대 한상준 목사가 부임했고, 이후 1979년 제12대 김혁배 목사, 1984년 제13대 최락규 목사, 1991년 제14대 이철우 목사, 1995년 제15대 이종규 목사, 2004년 제16대 강용원 목사가 차례로 부임해 오늘까지 이르고 있다. 2008년 7월 현재 예배당 준공 예배를, 교육관 재단장과 함께 2013년에 교회 창립 100주년 기념예배와 장로(손호수), 권사(기인숙, 김맹희, 문

---

196 김갑수,『한국침례교 인물사』(서울: 요단출판사, 2007), 64-71.
197 김갑수,『한국침례교 인물사』, 290-293.

남식, 신용자, 원남출, 임경선, 조영옥, 최지혜, 황봉금) 임명식을 가졌다. 현재까지 서
동교회를 통해 188명의 성도들이 침례를 받았다.[198]

1988년도

1988년 야유회

---

198 강용원 목사, '서동교회 연혁.'

　　본 교회 출신 목회자들은 본 교회설립 초창기에 큰 역할을 감당하며 함께
만주와 간도지방으로 선교하러 나갔던 윤종진 전도인과 홍순필 전도인 가
문 중심이다. 먼저 윤종진 전도인과 그의 아들이었던 윤창한은 일제 강점기
에 교육을 전혀 받지 못했다. 이러한 것이 늘 마음 아파하던 윤종진 안수집사
는 장손인 윤태준 목사(전 총회장, 대구중앙교회 원로)에게 "너는 우리 집안의 장
손으로 내가 못한 신학을 반드시 하고 목회자가 되라. 그리고 절대로 장로교
에서는 밥도 얻어먹지 말라"라고 여러 번에 걸쳐 일렀다고 한다. 이에 윤태
준은 할아버지의 기대를 받들어 신학을 하고 목회를 하였고, 제100차 교단
총회장(2010년 9월-2011년 9월)을 역임했다. 역임 중 총회 빌딩 공약과 기공식
을 진행하였다. 윤태준은 3남 1녀를 낳았는데 모두 침례교회에 적을 두고 있
다. 장남 윤재홍(창원대 공대 교수), 딸 윤재임(사위 연세대 교수), 차남 윤재락(서울
밝은 연세안과병원장, 연세중앙교회 장로), 윤재철(현 총회장, 대구중앙교회 담임)이 있으
며, 손자로는 윤재철 목사의 장남 윤명권(경북대병원 의사), 딸 윤가은, 윤명훈

(침신대 신대원생), 윤명수가 있다.[199]

홍순필 전도인도 그의 손자들이 주로 침례교회에 적을 두고 있다. 손자들 중 홍만수(신학을 공부한 후 점촌교회 집사로 섬김), 홍신웅(목사), 홍성희(목사, 캐나다 거주)가 있고, 증손자들 중 홍길중(대구 부광 장로교회 안수집사), 홍복회(점촌교회 권사)가 있다.[200] 이 이외에도 본 교회 출신 목회자들로는 한국침례신학대학교의 초대 한국인 학장을 역임한 정진황 목사가 있다. 대구에서 고등학교를 다닌 후 신학교에 재학 중 본교회에 출석하였고 평생 본 교회를 모교회로 여겼다고 한다. 또한 박경산(장로교 은퇴 목사), 윤수영(장로교 은퇴 목사), 윤봉한(소망교회 목사), 윤상호(염광교회 목사), 김종선(부산교회 목사), 박한철(대성교회 목사), 한진희(이례교회 목사), 윤신율(봉화중앙장로교회 목사), 윤득율 형제(누리 나눔 장로교회 목사, 본 교회 출신인 윤병한 장로–1965년 제55회 대구총회에 대의원으로 참석–의 두 아들이자 윤광한 장로의 조카)가 있다. 강용연 담임목사는 "침례교 역사와 전통이 살아있는 본 교회의 유산을 소중히 지킬 것이며 지역봉사와 선교에 계속 힘을 다할 것"이라고 포부를 밝혔다.[201]

---

199 윤태준 목사(2020년 3월 25일), 전화 인터뷰.
200 강용원 목사, '서동교회 연혁.'
201 강용원 목사, '서동교회연혁.'; 윤태준 목사(2020년 3월 25일), 전화 인터뷰.

5

경북해안권의
100년 이상된 침례교회들

화진교회 ●
송라교회 ●
월포교회 ●
동해제일교회
신계교회 ●
계원교회 ●

송라교회(구, 광천교회)

경상북도 포항시 북구 송라면 광천2리 239번지
☎ 054-243-5517, 251-3706, 담임목회자 최경훈 목사

송라면은 영덕과 경계를 이루고 있는 포항시 북구의 한 지역으로 내연산_內延山과 천령산_{天嶺山}의 깊은 계곡물이 광천_{廣川}이 되어 마을 앞을 흐르며, 1리인 하광동_{下廣洞}, 2리인 안동네, 3리인 광흥동_{廣興洞}이 1914년에 행정적으로 통합되어 광천리_{光川里}가 되었다. 바로 이곳에 111년 역사의 광천교회(현 송라교회)가 있다.

침례교가 포항지역에서 시작된 것은 1908년 원산총부에서 파송된 이명숙에 의해서이며 그의 전도로 1909년 1월에 조사리 교회가 설립되었다. 그런데 그 교회 교인이었던 박병식, 이명서, 정영길이 충남 칠산교회에서 온 홍봉춘 감로와 함께 송라면 광천에서 전도 활동을 시작하여 예배를 드린 1909년 4월 6일 광천교회는 설립되었다. 광천교회는 그 다음 해에 송라면 광천2동 초가를 매입하여 예배당으로 사용했다.[202]

---

202 송라침례교회, '송라침례교회 100년사,' 12. 하지만 설립연도에 대해서는 이견이 존재한다. 김용해 목사는 1910년 "조사리교회 박병식 이명서 두분이 광천(光川)에서 전도하여 신자 십여인을 얻어 교회를 세웠다" 기록하였고 이정수 또한 1910년 "조사리교회(포항구역)의 박병식, 이명서는 광천에서 전도하여 교회를 세웠다"고 기록했다. 하지만 허긴 박사는 "1911년 초에 광천에서… 이때 조사리교회의 박병식과 이명서는 홍봉춘 감로와 함께 광천교회를 개척했으며"라고 기록하고 있다. 홍봉춘 감로는 1899년 장로교 선교사인 부위렴(William Bull)에게 침례를 받았지만 1902년 침례교 선교사인 스테드맨(F. W. Steadman)에게 다시 침례를 받고 대한기독교회가 창립되었던 제1회 대화회(1906년 강경교회)에서 칠산의 장기영과 함께 최초로 감로 안수를 받았던 부여군 입포 출신이다. 김용해 편저, 『대한기독교침례교회사』(서울: 성청사), 26; 이정수 편저, 『한국침례교회사』(서울: 침례회출판사, 1994), 65-67; 허긴, 『한국침례교회사』(대전: 침례신학대학교 출판부, 1999); 136-138.

교회설립자인 박병식, 이명서, 정영길에 대해서는 자세한 정보는 없으나 이명서는 교회의 부서를 담당했고 정영길은 농사를 지으며 오전에는 예배를 드리고 오후에는 전도를 나갈 만큼 구령의 열정이 대단했던 분으로 기억되고 있다. 특히 정영길은 교회 행사를 잘 준비하고 진행하는 일에 재능을 가지고 있었다고 한다.[203] 광천교회가 설립된 이후 1948년까지는 다른 교회와 마찬가지로 순회목회자들이 돌아가며 예배를 인도했다. 손필환, 박노기, 노재천, 김재형, 이종덕, 백남조, 신성균, 전치규, 박기영 목사 등 모두 9명의 순회목회자들이 돌아가면서 예배를 인도했고 광천교회는 성장했다. 제15회 대화회(1920년)와 제16회 대화회(1921년)가 본 교회에서 개최된 것을 보아 1920년 전후의 광천교회의 규모와 영향력을 가름해 볼 수 있다.[204]

광천예배당 앞에서

---

203 백화기 목사(포항교회 원로이며 제36대 총회장 역임, 2020년 6월 18일), 전화 인터뷰. 백화기 목사는 송라출신으로 포항과 울릉도, 경상도 등의 여러 교회에서 목회사역을 하다가 포항교회를 끝으로 은퇴했다.
204 최경훈 목사, '송라침례교회 연혁.'

한국 침례교회 100년의 향기

1943년에 일제의 강압에 의해 예배당이 철거되고 성종이 국방헌납 되었지만 예배는 김영두 반장(아들 김갑덕 목사) 집에서 계속되었다. 이 당시 한의원을 운영하였던 김영두 반장은 자신의 3칸 약방을 헐어 2년간 예배장소로 사용하게 하여 성도들이 흩어지지 않도록 했다. 하지만 곧 교회에 큰 아픔이 일어났다. 원산의 총회본부에서 서기(총무)로 일하고 있었던 본 교회 출신인 백남조白南祚 목사가 교단의 32인 대표자들과 함께 2년간 함흥 형무소에서 옥고를 치르는 일이 발생했다.

백남조 목사는 이곳 송라면 광천리 태생(1875년 6월 9일)으로 35세 때인 1910년에 복음을 받아들였고, 1912년 전도인으로, 1919년 간도 종성동에서 개최된 제14회 대화회에서 김재형, 김영진과 함께 목사 안수를 받은 이후 주로 울진, 울릉도, 예천, 제천, 포항지역에서 순회사역을 했다. 후에는 북간도 지역에서 사역하다가 1925년부터는 원산에 있는 총부에서 서기로 교단의 사무와 행정을 감당했고 1935년 신사참배와 황궁요배를 거부하다가 옥고를 치렀다. 1944년 8월 8일 집행유예 5년을 선도 받고 풀려난 후 고향으로 돌아와 5년 동안 목회했다. 하지만 안타깝게도 6.25 전쟁 중에 공산군에 의해 점령당한 조사리 해변에 숨어 지내다가 폭격에 집이 무너져 소천했다.[205]

해방과 함께 본 교회는 예배드리기를 다시 시작하였고 1946년 9월 9일에 이종학 집사가 처음으로 본 교회에서 장로직분을 받았다. 1947년에 현 교회 주소지의 초가를 매입하여 예배당으로 삼고 1949년에 주일학교를 시작(한영신 전도사 시무)하고 1951년에 교회를 신축(15평 판자집, 최종석 목사 시무) 한 것

---

205 김갑수,『한국침례교 인물사』(서울: 요단, 2007),126-133. 백남조 목사의 생애는 개포중앙교회에서도 언급되어있다.

으로 보아 교회가 빠른 속도로 회복된 것으로 보인다. 교회는 계속 성장하여 1954년 10월 19일에 이삼득 장로 임직식(김창복 목사 시무)이 있었고 김창복 목사(1953년), 정용운 목사(1955년), 한성진 목사(1960년), 최종석 목사(1965년), 김병곤 목사(1966년), 김갑덕 목사(1967-1976년), 김광웅 목사(1976-1987년), 고숙환 목사(1987-1989년), 김광석 목사(1990-2007년), 그리고 최경훈 목사가 2007년 11월 22일에 부임하여 현재까지 담임목회자로 사역하고 있다.[206]

광천교회의 역사에서 기억해야 할 일은 이종학 장로의 임직식(1946년), 이삼득 장로의 임직식(1954년), 백종두 장로의 임직식(1978년)과 1982년 3월 예배당 신축이다. 첫 장로로 피택된 이종학 장로는 재덕을 겸비한 신앙인으로 초창기 광천교회가 세워지는 일에 밑거름이 되었는데, 특히 그의 신앙은 딸 이달연에게 이어졌고 그녀의 남편인 안경선 안수집사(새삶교회)는 주변의 교회와 교단을 섬기는 일에 헌신했다. 본 교회의 제2대 장로가 된 이삼득 장로는 언제나 목회자들을 섬겼는데 아들과 같았던 목회자들에게 순종하며 교회 일을 돌보았다. 큰 아들이 이상모 목사(제38대 총회장 역임)이며 차남은 본교회 이종모 장로이다. 본 교회에서 세 번째로 장로로 피택된 사람은 백종두 장로로 앞에서 언급한 백남조 목사의 첫째 아들이다. 백남조 목사는 모두 세 아들을 두었는데, 큰 아들이 백종두 장로(손자인 백승욱은 현재 본 교회 집사), 둘째 아들이 백남성 집사, 셋째 아들이 백남진 집사(아들이 제36대 총회장을 역임했던 백화기 목사이며 손자가 울산 광선교회의 백영흠 목사, 백승흠 장로, 백광흠 장로이다)로 본 교회의 안수집사가 되었다.[207]

---

206 최경훈 목사, '송라침례교회 연혁.'
207 최경훈 목사, '송라침례교회 신앙의 가문들.'

교회 직분자들의 헌신적인 섬김과 그에 대한 광천교회 교인들의 사랑과 존경심은 대단했던 것처럼 보인다. 본 교회 출신이며 담임목사로 사역하였던 김갑덕 목사는 이종학 장로와 이삼득 장로를 솔로몬 성전 현관 입구에 세워진 두 기둥인 야긴과 보아스로 비유하며, 자식 같았던 자신을 목회자로 섬겼던 모습을 지금도 기억하고 있다. 한 번은 주일 낮 예배 시간에 늦었던 한 장로를 신발장 앞에 벌세운 채로 예배를 드렸는데, 광고 시간에 성도들 앞에서 "하나님 앞에 시간 지키지 못한 일, 목회자의 마음을 아프게 한 것, 교우에게 본 되지 못한 것을 후회합니다"라며 뉘우쳤던 장로의 모습을 지금도 기억하며 감사하고 있다.[208]

1967년 전 교인 사진 및 여름성경학교

1982년 3월(김광웅 목사 시무)에 그동안 숙원사업이었던 예배당 신축이 시작되었다. 연건평 115평에 붉은 벽돌로 현 예배당을 짓는 공사였다. 1985년에 예배당을 완공하고 준공공사를 거쳐 1987년 12월 4일(고숙환 목사 시무)에 예배당 헌당과 집사 안수식이 있었다. 교회 건축에는 성도들이 한마음이 되

---

208 김갑덕 목사(부산기독교협의회 대표회장, 신평교회 원로), '송라침례교회 창립 100주년 축사.'

어 모든 성도가 건축헌금을 드렸다. 대부분의 성도들은 논, 밭을 담보로 대출하여 건축헌금을 드렸다. 주변 불신자들의 방해가 있었으나 오히려 성도들을 하나가 되게 하여 건축에 매진하게 하였다. 공사비를 절감하기 위하여 모든 성도가 직접 공사에 참여하였는데 조사리 강에서 모래를 운반하여 기초공사를 하였다. 여자 성도들도 세수대야에 모래를 운반하고 벽돌을 머리에 지며 공사에 참여하였다.[209]

흙을 퍼 나르는 여성도들

교회 종탑은 지상에서 약 35m나 되는데, 그 이유는 저 멀리 7번 국도에서 그리고 송라면 주민 모두가 십자가를 볼 수 있게 하려는 구령의 열정이 담겨져 있다. 이런 이유에서 김광웅 목사(1976-1987년)은 1985년 예배당 건축을 완공하면서 교회의 이름도 마을의 이미지를 담은 송라교회로 바꾸었다. 건축 당시에 전답을 대출받아 헌금했던 성도들은 모두 복을 받았고 현재도 충성하고 있다.[210]

2007년 11월 22일 현 담임목회자인 최경훈 목사가 부임했다. 담임목사 취임식과 함께 이종모, 정재환 집사의 장로 임직식과 이유모 집사의 집사 안수

---

209 최경훈 목사, '송라침례교회 연혁.'
210 최경훈 목사, '송라침례교회 연혁.'

한국 침례교회 100년의 향기

식, 심석분, 김기선, 김분옥, 문순녀 집사의 권사 임직식을 가졌다. 최경훈 목사는 부임 직후, 건축된지 25년이 넘어 오래되었던 본당을 재단장(8월 31일)하고 교육관(드림홀)을 새로 지었다(11월 30일). 이를 위해 전 성도가 힘을 모아 3억을 헌금하여 아름다운 성전을 재단장하고 교육관을 건축하여 100주년 감사예배로 하나님께 영광을 올려드렸다.[211]

교회설립 100주년이 되는 2009년 4월 4일에 100주년 감사예배를 드리고 임직식을 거행했는데 이때 임직받은 명단은 다음과 같다: 박노익 목사 안수, 김재석, 김진태 장로 취임, 김덕태랑, 김경민, 윤성식 집사 안수, 정후미자, 김선영, 최후남, 신필순 권사 취임, 박염, 조경옥, 안순애, 윤노미, 신중도 명예권사.[212]

100주년 감사예배 및 임직식

최경훈 목사는 지난 10여 년 이상 지역사회를 섬기며 교단을 초월하여 해외 선교에 앞장서고 있다. 송라면 내 불우이웃 및 독거노인 사

---

211 최경훈 목사, '송라침례교회 연혁.'
212 최경훈 목사, '송라침례교회 연혁.'

랑의 쌀 기증(2011-2020), 송라면 관공서 및 마을회관 귤 선물(2010-2020), 송라면 불우이웃 돕기 성금전달(2014-2020), 면민 체육대회, 한마음 축제, 면민 윷놀이 대회(2010-2020), 어르신 효도잔치(2019), 의료선교(2012) 등 지역과 함께하며 도움을 베푸는 목회 활동을 했다. 또한 극동방송 설교 및 극동방송 순회예배를 인도했으며 특별히 교회 재정의 십 분의 일을 선교목적으로 사용하고 있는데, 국내선교 5교회(포항지방회 4교회, 극동방송, CBS 방송선교)을 2009년부터 현재까지 후원하고 있으며 2015년부터는 세계병원선교, 해외선교(터키, 남아공, 중국), 기아대책후원(콰테말라 2명, 태국 1명)을 계속하고 있다.[213] 도시집중 현상과 노령화로 침체되어가고 있는 농촌의 현실은 피할 수 없지만, 지난 111년 이상 지켜온 침례교의 신앙을 지역사회에 뿌리를 내리고 더욱 열매가 맺히도록 오늘도 송라교회는 노력하고 있다.

100년 전 포항지역과 해안가에 복음이 전파되는 과정에 중요한 거점지였던 송라교회. 송라교회는 대한기독교회, 동아기독교, 기독교 한국침례회로 이어져 내려온 신앙의 뿌리를 지켜온 교회라고 볼 수 있다. 백남조 목사가 해방 전후로 침례교 신앙의 지조를 지켰다면 6.25 전쟁 이후에는 이상모 목사(제38대 총회장 역임), 백화기 목사(제36대 총회장 역임), 김갑덕 목사(부산기독교협의

---

213 최경훈 목사, '송라침례교회 연혁.'

한국 침례교회 100년의 향기

회 대표회장 역임)가 그 역할을 감당했다. 또한 평신도로서 김성규 안수집사는 전국남선교회 초대회장과 6대 회장을 역임하며 침례표기 성경이 나오는 일에 중요한 역할을 감당했고 기독교 교역자 의료보험조합을 설립하기도 했다. 마지막으로 백화기 목사는 침례교회 전통성을 다섯 가지로 요약했다.[214] 이러한 신앙이 송라교회를 통해 한국 교회와 세계 교회에 널리 퍼지기를 소망한다.

침례교의 전통성

덮으신 이치: 성경제일주의 말씀으로만 살자
갈아 놓은 백성: 믿은 자와 믿지 않은 자의 분명한 선
다시 사는 이치: 중생의 이치 물과 성령으로 거듭나는 것
성순님의 능력: 성령충만 이려야 신앙생에 출발점이다
동아기독교: 외정의 종교 탄압 핍박이 제일 심할 때

이상의 5가지를 아시는 분이 침례교인이다.

---

214 백화기 목사, '침례교회 전통성.'

화진교회

경상북도 포항시 북구 송라면 봉화길 245번길 11
☎ 054-243-5728, 담임목회자 윤영민 목사

7번 국도변 화진해수욕장 가는 길 우편 송라면 화진리에 위치한 화진교
회. 주민의 대부분이 주로 어업과 농업에 종사하고 있으며, 아직도 곳곳에 성
황당이 남아있을 정도로 무속신앙을 믿는 사람들이 많다. 지금은 이곳 화진
과 방석 지역이 대규모 펜션지역으로 새롭게 조성되며 관광명소가 되고 있는
중이다. 1909년 여름 이곳에 오요한 성도(오종희 또는 오순희)의 초가집(화진리
36-1번지)에서 예배를 드리기 시작하면서 교회가 시작되었다고 한다. 오요한
성도는 누구이며, 누구에 의해 복음을 받아들였고, 직책은 무엇이었는지 등
은 알려져 있지 않다. 또한 얼마나 오랫동안 그 가정에서 예배를 드렸는지에
대해 어떤 기록도 존재하지 않고, 다만 교회 연혁에는 오요한 씨 집에서 예배
를 드리기 시작했다고 되어있다.[215]

　　화진 지역 복음 전도에 대해서는 허긴 박사의 책 『한국침례교회사』에서
허담許澹이 세운 원우학교源于學校의 학생들을 중심으로 "인근의 여러 지역에
복음전도와 사역이 확산되어 갔는데 광천교회, 대진리교회, 화진교회 등이

---

215 윤영민 목사, '화진교회연혁.' 1909년 봄 오요한 전도인의 울릉도 태하(서달)지역에서의 순회전도와
　　1910년 오용천, 김창규 전도인의 전도 결과로 1910년에 울릉도 서달교회가 세워졌다. 관련 내용은
　　서달교회 역사를 참조할 것. 김용해 목사와 이정수 목사는 화진교회 설립연도를 1900년으로 기록하
　　고 있으나 그 당시 정황상 조사리교회의 영향을 받은 광천(현 송라), 화진, 계원교회는 1909년 거의 비
　　슷한 시기에 설립되었을 것으로 보는 것이 합리적으로 보인다. 김용해 편저, 『대한기독교침례교회사』
　　(서울: 성청사), 127; 이정수 편저, 『한국침례교회사』(서울: 침례회출판사, 1994), 136; 허 긴, 『한국침
　　례교회사』(대전: 침례신학대학교 출판부, 1999), 136-137.

개척되고… 박병석, 이명서, 정영길은 충남 칠산교회에서 온 홍봉춘 감로와 함께 송라면 광천리에서 전도사역을 시작하여 광천교회를 개척하였고, 이후에는 화진과 개원에도 복음이 전파되었다"라는 기록이 있다.[216] 허담이 그의 가정집에서 예배를 드리기 시작한 때가 1910년 1월 1일이라면 화진 지역에 복음이 전해진 것은 바로 그 직후 어느 시점이라고 유추해 볼 수 있다.[217]

오요한 성도의 모습을 지금도 기억하고 있는 본 교회의 임분옥 권사(현 96세, 남편인 김해권 장로는 작년에 작고)는 19살 때 계원교회에서 이곳으로 시집와서 본 오요한 성도에 대해 "흰 머리에 선주인지는 모르겠으나 조그마한 배를 가지고 있는 듯했고 살림은 좀 넉넉한 듯 보였다"라고 회상하고 있다.[218] 연도는 알 수 없으나, 첫 번째 예배당은 오요한 성도의 집 바로 밑(화진리 29-1번)에 있는 초가(두 번째 예배당, 지금은 허물어지고 형체만 남아있음)로 이전했고, 다시 그곳에서 60m 정도 떨어진 밭(화진리 33-2번지, 세 번째 교회건물)을 서광록 장로(1969년 집사안수)가 교회에 기증하여 30여 평의 예배당을 세웠다. 이 교회는 해방 전인 1944년 5월 10일 일제에 의해 강제로 헐렸다. 서광록 장로는 1996년 현 예배당 부지를 또다시 기증함으로써 화진교회가 세워지는 일에 큰 기여를 했다.[219] 해방 전후로 노재천, 신성균 목사가 순회목회자로 예배를 인도했다.

해방과 6.25 전쟁이 한창 진행 중이던 1951년 당시 초가(화진리 31번지, 현재는 빈터)을 헐고 예배를 드렸는데, 마루는 나무였고, 지붕은 여전히 초가로 이

---

216 허 긴, 『한국침례교회사』 136-137.
217 허 긴, 『한국침례교회사』 136. 화진교회의 창립연도에 대해서는 각주 1번의 내용을 참조할 것.
218 윤영민 목사, '화진교회 연혁.'
219 윤영민 목사, '화진교회 연혁.'

루어진 건물(네 번째 예배당)이었다. 이 시기 평신도였던 이명술, 이학술 형제 집사의 가정이 주도하여 예배를 인도했고, 1956년 초대 담임목회자로 김갑덕 전도사가 부임했다. 김갑덕 전도사가 부임했던 초기에 30여 명 미만이던 교인들이 1963년 교회를 사임할 때는 150여 명까지 출석하는 교회로 부흥하였다.[220] 1965년에 제2대 담임목회자로 우용운 목사가 부임했다.[221]

1966년 12월 25일 크리스마스

교회가 나날이 성장하고 있던 당시 우용운 목사(월포출신)는 1969년 11월 30일 25평 스레트 지붕의 교회건물(다섯 번째 예배당)을 지었는데 건축과정에서 하나님의 놀라운 기적이 일어났다. 원래 서광록 장로가 기증했던 곳에 세워진 교회는 바다 모래로 지어진 것으로 염분 성분이 많아 벽지와 건물 여러 곳이 부식됨에 따라 바로 밑에 있던 한 성도의 집을 매입하여 교회를 다시 크

---

220 김갑덕 목사(제1대 담임목사, 부산신평교회 원로, 부산기독교협의회 대표회장 역임, 2020년 4월 1일),
     전화 인터뷰.
221 윤영민 목사, '화진교회 연혁.'

게 지었던 것이다.

외지로 나간 본 교회 출신 청년들과 본 교회 성도들의 건축헌금으로 예배당 건축을 결정했으나, 문제는 건축에 적합한 모래를 구할 수 없었다. 수소문하던 중에 화진리에서 대략 3km 떨어진 조사리 지역에 있는 왕사 모래(가는 자갈 모래)를 배로 가져오자는 의견이 모아졌다. 교회건축을 위해 전 교인이 20일간 새벽기도회를 가졌고, 마지막 새벽기도회를 마친 월요일 아침에 모래를 싣기 위해 출발하려 하였지만 갑자기 바람과 파도가 높아 갈 수 없었다. 성도들은 "하나님께서 우리 기도를 들어주시지 않는가 보다"라며 낙담했고, 그 파도는 그 이후 1주일이나 계속되었다.[222]

그러나 놀라운 일이 일어났다. 1주일 이상 계속되던 파도로 인해 이전에 볼 수 없었던 모래가 화진리 해변에 몰려와 쌓이는 기적이 일어난 것이다. 동네 어르신들도 이런 기적은 처음이라며 "과연 예수쟁이들이 모여 기도하더니 이런 일이 다 일어났다. 하나님이 살아 계신가 보다"라며 동네 주민 10여 명이 새롭게 교회에 출석하는 일이 일어났다. 당시 교회에 출석하는 가정이 80여 호나 되었다고 하니 놀라운 교회 부흥을 짐작해 볼 수 있다. 동네 사람들은 모래를 물로 씻어 블록을 만드는 등 교회를 짓는 일에 큰 도움을 주었고, 자신들의 집 담장도 쳤다. 더욱 놀라운 것은, 그 이후 또다시 파도와 풍랑이 일어 남아 있던 왕사 모두를 몰고 가 하나도 남김없이 사라졌다는 것이다.[223] 이리하여 1969년 11월 30일 25평의 새로운 예배당이 완공되었다. 이날 전두석 전도사의 목사 안수식과 서광록, 이원문, 제정기 집사의 안수식이 함께 있었다.

---

222 서준철 목사(서광록 장로의 삼남, 2020년 4월 1일), 전화 인터뷰.
223 서준철 목사, 전화 인터뷰.

1990년대 교회전경

1970년 2월 23-28일 심령대부흥회

우용훈 목사는 예배당 건축 후 교회를 사임했고, 한동안 담임목회자가 없다가 1972년에 전두석 목사가 제3대 담임목회자로 부임했고, 1977년에 구한서 목사가 제4대 담임목회자로, 1980년에 김평석 목사가 제5대 담임목회자로, 1982년 2월 20일에 제정기 전도사가 제6대 담임목회자로 부임하여 2005년 12월 2일까지 23년간 시무했다. 제정기 목사는 결혼과 함께 화진리에 살게 되면서 본 교회에 집사로 출석한 이후 신학공부를 하여 본 교회의 담임목회자가 되었다. 1984년 4월 11일에 제정기 전도사의 목사 안수식이, 김해권, 정일화 집사의 안수식이 있었다.[224]

제정기 전도사의 목사 안수식과 김해권, 정일화 집사 안수식(1984)

1996년 4월 13일에 김세권 집사의 안수식이 있었으며, 2003년에는 교회 창립 93주년을 맞이하여 박명선, 임분옥, 김복란 권사의 명예권사 임직식이, 김가외, 문화자, 제성희 집사의 권사 임직식이 있었다.

---

224 윤영민 목사, '화진교회 연혁.'

한국 침례교회 100년의 향기

2003년 5월 11일 창립 93주년 권사 임직식

2005년 10월에 유제훈 목사가 제7대 담임목회자로 부임했고, 유제훈 목사와 제정기 원로 목사가 공동목회를 하다가 2006년 12월 11일부터 2016년 8월 23일까지 유제훈 목사가 단독으로 시무하였다. 2016년 8월 23일 제8대 담임목회자로 윤영민 목사가 부임하여 오늘에 이르고 있다.

화진교회의 오늘이 있기까지 여러 명의 헌신적인 직분자와 목회자 그리고 그들의 가족들이 있었다. 먼저 서광록 장로(1908-1997, 처 권덕이 권사, 1909-2002)는 해방 전부터 1996년 현 예배당을 짓기까지 두 번에 걸쳐 교회 부지를 기증하며 직분자로서 평생 충성을 다했다. 원래 공무원(어업조합장)이었던 서광록 장로는 송라면의 유지로 많은 사람들에게 신앙의 본을 보이며 목회자를 물심양면으로 섬겼다. 슬하에 3남 3녀를 두었는데 모두 신앙의 유산을 물려받았다. 장녀 서혜숙, 장남 서해철(새문안교회 장로), 차녀 서정숙, 차남 서국철(새순교회 장로), 삼녀 서희숙, 삼남 서준철은 임마누엘교회의 원로목사다. 서준철 목사의 자녀로는 서태종(임마누엘 장로교회 목사), 서혜경, 서원종, 서재종(임마누엘 장로교회 목사)이 있다.[225]

---

225 서준철 목사(서광록 집사의 아들, 2020년 4월 1일), 전화 인터뷰.

서광록 장로와 권덕이 권사

해방 이후 화진교회 역사에서 빼놓을 수 없는 분은 이명술, 이학술 형제 집사이다. 형인 이명술 집사(1960년 5월 소천)는 농사와 작은 배를 가지고 어업에 종사하며 순회사역자들의 사례비와 생활비를 지원하고 교회 재정의 많은 부분을 감당했다. 슬하에 3남을 두었는데 이준도(집사, 등불교회의 이성일 목사 부친), 이춘공(부산 신평교회 집사), 이춘길(부산의 장로교회 집사)이 있다.[226] 동생인 이학술 집사는 이원문 장로(작고), 이원도(작고), 이원부(작고)와 4녀를 두었고 장남인 이원문 장로는 1남 3녀를 두었는데, 이영애 권사, 이영옥 권사, 이해옥 집사와 아들인 이병철 목사가 말씀선교교회의 담임목사이다.[227]

본 교회 집사 출신인 제정기 목사(작고)는 슬하에 3남을 두었는데, 모두 목회자가 되었다. 장남 제성호는 장로교 목사가 되었고, 차남 제용남 목사는 울릉도 남양교회의 담임이며, 삼남 제홍남 목사는 서울에서 목회하고 있다. 본 교회출신 목회자들 또한 상당하다. 이안남(1914-) 성도의 큰 아들인 서만복은 본 교회 장로이며, 동생인 서만용은 다락방교회의 목사이다. 본 교회 정일화(모 김선숙 권사) 장로의 아들 정연호는 예닮교회의 목사이다.[228] 윤영민 목사는 지역 속에서 함께 하는 목회관을 가지고 포항지방회 여선교회와 함께 주민을 위한 초청 잔치(2017. 6. 8), 2017년 8월 3일-4일간 지구촌교회와 협력하여 지

---

226 이성일 목사(이명술 집사의 손자, 2020년 3월 31일), 전화 인터뷰.
227 이병철 목사(이학술 집사의 손자, 2020년 3월 31일), 전화 인터뷰.
228 윤영민 목사, '화진교회 연혁.'

역주민들을 초청하여 의료(수액), 마사지, 장수 사진을 제공했고, 송라면 기독
교연합집회 개최(2017.11. 24), 마을회관 등을 방문하며 지역사회의 돌봄과 복
음화를 위해 노력하고 있다.[229]

229 윤영민 목사, '화진교회 연혁.'

계원교회

경북 포항시 남구 장기면 동해안로 2954
☎054-293-3742, 담임목회자 우도환 목사

'왜구침략의 아픈 역사가 깃든 고장', '조선시대 선비들의 풍류와 사상의 흔적이 남아있는 고장', '그 자체로도 마음 아픈 예배당건축 이야기가 있는 교회.'

   계원리는 경북 포항시의 최남단 지역으로, 경주시 감포읍과 붙어있으며, 옛날부터 해안과 육지를 연결하는 교통의 요지로 왜구의 침략이 많았다. 따라서 주변에는 왜구의 침략을 방어하기 위한 장기읍성(1994년 3월 17일 대한민국의 사적 제386호로 지정), 뇌성산성(조선시대 왜구침입을 알리는 봉수대를 설치, 봉화산, 칠보산으로도 불림), 척화비(병인양요, 신미양요에서 승리한 홍선대원군이 서양 사람들을 배척하고 그들의 침략을 더욱 강력히 국민에게 경고하기 위해 전국에 세운 비, 1990년 8월 7일 경상북도의 문화재자료 제224호로 지정)가 있다. 더불어 역사의 고장답게 조선 중기와 후기의 석학으로 유명한 우암 송시열, 다산 정약용의 유배지가 있으

장기읍성

며, 이들의 영향으로 세워진 향교, 서원, 사적비, 충효관 등이 산재해 있다.

동해의 멋진 자연을 품고 있는 장기면 계원리는 오랫동안 어업으로 많은 부를 누리며 활기차고 생동감 있는 마을이었지만, 지금은 농어촌의 급격한 노령화로 인해 어장과 배를 가지고 어업에 종사하고 있는 가정은 두 가정뿐이다. 대부분은 장기 산딸기, 멸치액젓, 미역 등으로 생계를 유지하고 있다. 계원교회는 계원 1, 2리와 두원리에 대략 270여 가구를 대상으로 복음을 전하며, 지역에 선한 영향력을 끼치고 있다.

계원교회는 포항지역을 중심으로 복음을 전했던 박병식, 정영길, 이병서가 이 지역 유지였던 임승용, 천종술, 성주환, 김화두를 전도함으로써 1909년 5월 5일 임승용(교회 설립자로 후에 장로임직)의 집에서 예배를 드림으로 시작되었다.

임승용 장로

천종술 통장

김화두 집사

이때부터 박병식, 정영길, 이병서는 임승용의 집에 기거하면서 전도했으며, 1911년 이후에는 대한기독교회(1906-1920)가 파송한 순회목회자 손필환, 박노

계원교회 설립자들과 지역 유지들

기, 김재형, 이종덕, 백남조, 전치규, 박기양, 신성균 등이 사역을 감당했다.[230]

교회설립자인 임승용, 천종술, 성주환, 김화두는 계원교회의 설립과 발전에 큰 영향을 끼쳤을 뿐 아니라 그들의 후손을 통해 이 땅에 침례교회가 세워지는 일에 크게 이바지했다. 임승용 장로는 슬하에 4남 4녀를 두었는데, 손자인 임병찬 전도사가 계원교회 제3대 담임목회자(1957-1966)가 되었고, 외손자인 김의호 목사가 계원교회 4대 담임목회자가 되었다. 그리고 그의 아들인 김영부 장로가 포항동광교회 설립자 중 하나이다. 임승용 장로의 증손자인 임승호는 변호사로, 그의 외손자들 중 다수도 목회자가 되었다. 천종술 통장은 그의 딸이 본 교회에 출석했던 권대벽 집사와 결혼했으며, 손자들 중 천길부 장로는 포항제일교회의 개척자들 중 한 사람이고, 천길수 장로는 새소망교회의 장로로 신앙의 유산이 이어지고 있다. 김화두 집사의 후손으론 손

---

230 우도환 목사, '계원교회 연혁.'

자 중 김판갑 목사가 침례교에서 목회를 했고, 외손녀 천석희 자매가 계원리에 살면서 본 교회에 출석하고 있다. 성주환 집사의 후손들은 지금도 교회 주변에 거주하고 있다.[231]

1938년 침례증서(노재천 목사 집례)

1940년 혼인서약서(백남조 목사 집례)

비록 일제강점기에는 담임목회자가 없었으나, 계원교회 성도들은 일제의 강제징병에 항일운동을 하다가 일본군에 의해 핍박을 받았고 마침내 예배당은 철거되었으며, 그 자재로 일본군 초소가 지어졌다. 예배처소를 잃은 계원교회는 임승용, 김화두, 우정수의 가정에서 계속 예배를 드리면서 독립운동에 힘을 보탰다. 1945년 해방 후에는 일본군 초소를 다시 뜯어 예배당을 재건하였다.

계원교회에서 성장하여 신학을 공부하고 목회자로 평생을 헌신한 사역자들이 있다. 기독교 한국침례회 총회 총무를 역임(1968-1973, 1968년 교단 합동총회의 총무로 선출됨)했던 우성곤 목사, 미국 캘리포니아 프리몬드 새은혜교회의

---

231 우도환 목사, '계원교회 연혁.'

재건된 첫 번째 예배당(1945년)　　　　　　　예배모습(1950년대)

김판갑 목사(1969~1977년까지
용궁교회에서 사역), 하송교회
를 담임하며 백석대학교와
한국침례신학대학교에서 강
의했던 이유토 목사(김석만
장로 처남)가 모두 본 교회 출
신목회자이다.

계원 바닷가에서의 침례식(1950년대)

총회총무역임 우성곤 목사　　　하송교회 담임 이유토 목사　　　캘리포니아 김판갑 목사

계원교회 예배당 건축 과정은 기나긴 고난의 시간이었다. 원래 초창기 교회 부지는 당시 은혜받은 한 성도가 370-1번지 일부의 땅(첫 번째 예배당)을 기증하면서 시작되었다. 하지만 미처 그 땅의 등기를 하지 않으므로 인해 후손들이 소유권을 주장하여 1984년 3월에 땅값을 주고 계약을 체결했으나, 또 다시 등기절차를 밟지 못했다. 1988년 제6대 담임목회자인 김위수 목사(1984-1988년 시무, 현 점촌교회 담임. 아들 희윤은 분당지구촌교회 대학부 담당전도사)가 부임하여 2번째 예배당 건축을 시작했다. 한편, 88올림픽을 맞아 31번 국도가 성화 봉송 도로로 지정되면서 정부에 의해 오래된 무허가 건물 철거명령이 내려졌고, 급하게 2번째 예배당을 짓게 되었다. 갑자기 시작된 건축이었기에 비용이 마련되지 않아 모든 성도가 십시일반으로 벽돌이 아닌 블록을 만들어 짓게 되었다. 마침내 성도들의 헌신으로 예배당은 아름답게 완공했지

두 번째 교회건물(1998년)

만 이번에도 부지와 건축물은 등기되지 못했다. 결국 2011년 토지 소유권자와 협상하여 다시 땅값을 지불했고, 드디어 2013년 5월에 계원리 370-6번지 47평을 등기하게 되었다.[232]

2017년 포항 일대를 뒤흔들었던 포항대지진의 영향이 계원교회에도 영향을 주었다. 블록으로 지어진 교회건물이 금이 가고 지붕에 물이 스며들어 예배당을 보수하고 교육관을 건축하려 했으나 교회부지가 세 필지와 얽혀있어 쉽지 않았다. 결국 현 예배당을 보수하고 재단장 했고, 식당을 철거한 후 그곳에 새롭게 교육관을 건축하였다. 그런데 교회의 내부 사정을 잘 아는 사람의 밀고로 인해(당시 건축물은 1988년에 지어진 무허가 건축물이었다) 어렵게 건축된 건물이 철거되면서 수포로 돌아갔다. 절망 가운데 다른 교회부지를 찾아보았지만, 교회가 감당할 수 있는 부지가 없었다. 어쩔 수 없이 교회 옆 부지 39평을 추가로 매입하여 예배당을 확장하기로 결정하고 설계에 들어갔다. 하지만 문제는 건축기금이었다. 교회 재정이 바닥나 도저히 엄두를 내지 못해 기도하고 있을 때, 부산의 안경선 안수집사(새삶교회)의 5천만 원 헌금과 재정 장로의 논을 담보로 대출을 받아 건축을 시작하였다. 교인들은 1년 농사에 해당하는 액젓을 헌금하고 가자미 공동작업을 해서 건축비를 충당했다. 실로 모든 교인이 협력하여 건축을 이어갔다. 하루는 이웃 동네 장로교 장로가 지나가다가 교회장의자 전부와 건축헌금까지 주고 가시는 놀라운 일까지 있었다. 이렇게 계원교회는 필요한 부지를 더욱 확보하여 현재의 건물(세 번째 예배당)을 신축하게 되었다.

이후에도 시련은 교회에 계속되었다. 지금은 재단장해서 교회의 2번째 게

---

232 우도환 목사, '계원교회 연혁.'

스트하우스(http://naver.me/xeHybdgA)로 사용중이지만 2018년 12월 28일 새벽에 누전으로 사택에 불이나 보일러실과 방 하나 그리고 지붕이 소실되었다. 다행이도 'CTS 7000 미라클, 땅 끝으로'에 계원교회 건축이야기가 방송되면서 끝이 보이지 않던 교회건축이 활기를 띄게 되었고, 2019년 3월 31일에 1층 예배당에서 예배를 드릴 수 있게 되었다. 같은 해 9월 8일 엘리베이터가 있는 1층 예배당, 2층 식당, 3층 게스트하우스가 완공되어 눈물의 입당예배를 드릴 수 있었다. 비록 1억 원 가량의 빚이 남아 있지만 교회는 지역주민들을 섬기고 봉사하는 일에 전념하고 있다. 도시교회와 연계하여 지역 의료봉사, 이·미용 봉사, 청소, 교정치료 등 교회건축 중에도 계속하였으며, 해마다 부활절과 성탄절에는 인근 마을에 나눔을 실천하고 있다.

지난 2010년 2월 28일 교회설립 100주년 기념예배 및 임직식을 가졌다. 임직식에는 집사안수(권대벽, 김석만, 김금광, 박상택), 권사임직(박만옥, 이정자, 이영숙, 정외분, 최춘화, 장정자), 명예권사임직(전경자)식이 진행되었다. 우도환 제12대 담임목사(2009년-현재, 아들 우수한은 백석대 신학과 재학, 딸 우성아는 한동대 재학)는 "도시교회들은 100년이 넘는 농어촌교회들의 공을 잊어서는 안 됩니다. 농어촌에서 흘러들어가 수많은 성도들에 의해 도시교회들이 세워졌기 때문입니다. 지금은 그 도시교회들이 100년은 넘었지만 성장 동력을 상실

계원교회와 게스트하우스

해가고 있는 교회들을 돌보고 섬겨주어야 합니다"라고 피력했다. 본 교회 3층 새롭게 지어진 게스트하우스에서 바라보았던 동해안의 아름다운 풍경에 대한 기억은 교회의 세월만큼이나 길고 잊혀지지 않을 것이다.[233]

---

233 우도환 목사, '계원교회 연혁'; 우도환 목사(2020년 3월 16일), 전화 인터뷰.

신계교회

경상북도 포항시 장기면 장기로 868
☎ 054-293-0464, 담임목회자 박효걸 목사

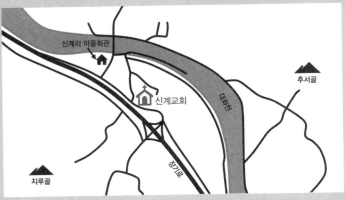

포항시 남구 장기면은 포항시의 최남단에 위치하고 있는 면으로, 남쪽
으로는 경주시 감포읍과 경계를 이루고 있고, 동해안과 육지를 연결(지방도
929호선) 하는 교통의 중심지이다. 옛날부터 왜구들의 침입이 잦아 대표적 문
화유적으로 장기읍성, 뇌성산성, 척화비 등이 있으며 조선시대 석학인 우암
송시열, 다산 정약용 등으로부터 영향을 받은 향교, 서원, 사적비와 충효관
등이 산재해 있는 지역이다. 현재는 포항블루밸리국가산업단지가 인근 구룡
포읍, 동해면, 장기면 일원에 조성되고 있어 많은 일거리가 창출되기를 기대
하고 있다. 1911년 포항시 장기면 신계리에 신계 新溪 교회가 설립되었다. 신
계리는 김 씨, 성 씨, 안 씨가 주로 모여 사는 씨족마을이었다.

신계교회는 북간도에서 온 김 씨 성을 가진 무명의 전도자에게서 복음을 전
해 들은 오영숙(증손자가 김성철 목사, 흥해새영교회)과 또 다른 전도자에게서 복음
을 전해 들은 성석구(손자가 본 교회 성임근 장로)와 오갑골(손자가 안경선 안수집사)
세 사람이 1911년 3월 11일에 오영숙 자매의 집에서 첫 예배를 드림으로 시
작되었다. 가족과 친족을 중심으로 전도하여 교회가 성장했고, 오영숙 성도가
임곡으로 이사 감에 따라 1929년부터 오갑골 성도의 집에서 예배를 드렸다.
1940년 원산총회의 지원으로 함석으로 된 예배당(현 사택 부지, 제1차 교회건축)이
건축됐으나, 1944년 교회 폐쇄령에 의해 철거되었다. 그러나 철거 이후에도
교인들은 성석구 성도의 아들인 성태학 집사의 집에 모여 예배를 계속드렸다.
1945년 해방과 함께 교인들은 자력으로 초가집 형태의 예배당(제2차 예배당 건

이전 교회 전경　　　　　　　　이덕흥 목사와 교인들

축)을 지었고, 1955년에 블록으로 예배당을 지었다. 이 예배당 건축을 위해 남자 성도들은 벽돌을 날랐고, 여자 성도들은 냇가에서 돌을 머리에 이고 옮겨와 교회 담장을 올리는 등 전 교인들의 헌신과 노력으로 봉헌예배를 드렸다.[234]

　　이 시기 담임목회자의 부재로 인해 주로 순회목회자였던 손필환, 박노기, 노재천, 백남조, 신성균 목사가 순회사역을 했고, 이들이 오지 못할 때는 성석구 성도의 차남인 성만득 장로가 예배를 인도하였다.[235] 1955년에 이르러 제1대 담임목회자로 제영기 목사가 부임했고, 이때 블록으로 교회를 건축했으며, 지금까지도 남아있는 풍금을 구입했다. 1956년에 제영기 목사가 사임한 후 한동안 담임목회자가 없다가 1960년에 제2대 담임목회자로 백화기 목사가 부임했다. 부임 중 1964년 7월 신계교회 50주년 기념교회로 산서교회

---

234 박효걸 목사, '신계침례교회 연혁.'
235 본 교회출신 평신도로서 경북, 포항지역 여러 교회 건축과 신학교, 교단의 여러 기관들을 물질적으로 섬겼던 안경선 안수집사의 회고록『행복한 청지기: 주님과 동행한 백 년』에 "마을에 예배당도 없던 시절, 성만득 집사 집은 주일마다 예배당으로 변했습니다. 주일마다 신자들이 모여서 예배를 드리고 집안에서 찬송가 소리가 울려나오곤 했습니다"라고 기록되어 있다. 안경선 구술/ 추미전 글,『행복한 청지기: 주님과 동행한 백 년』(부산: 바오밥, 2008), 38.

를 개척하였다. 이후 제3대 담임목회자인 이덕홍(1966-1971), 제4대 담임목
회자인 윤응식(1971-1973), 제5대 담임목회자인 손갑수(1973-1979), 제6대 담
임목회자인 김의식(1979-1981), 제7대 담임목회자인 김의호(1981-1988), 제
8대 담임목회자인 이병욱(1988-1988), 제9대 담임목회자로 박효걸 목사가 부
임(1988-1992)하여 현 교회당을 적벽돌로 건축하고, 사택 또한 건축하였으며,
이상희, 성임근 집사 안수식을 가졌다.[236]

이후 제10대 담임목회자인 최종록(1992-1995), 제11대 담임목회자인 황
명익(1995-2001), 제12대 담임목회자인 김일하(2001-2003), 제13대 담임목회
자인 우성명(2003-2004), 제14대 담임목회자인 차재훈(2004-2006), 제15대 담
임목회자로 황명익 목사가 부임(2006-2011)하여 2011년 4월 9일에 교회설립
100주년 감사예배를 드렸고, 신상준, 오주성 집사의 안수식과 김정자, 안성
희, 최옥자 집사의 권사 임직식이 있었다. 2011년 11월에 제9대 담임목회자
를 역임했던 박효걸 목사가 다시 제16대 담임목회자로 부임하여 현재까지

---

236 박효걸 목사, '신계침례교회 연혁.'

이르고 있다.[237]

박효걸 목사 부임 이후 2012년 1월 1일에 김소생, 김순
남 집사의 권사 임직식이 김경옥, 박일선, 원기화, 임의자,
장옥선, 조봉란 권사의 명예권사 임직식이 있었다. 신계교
회 출신 목회자로는 성원두 목사(울산지방회 행복샘교회 개척
및 원로목사), 안완수 목사(경동지방회 흥해교회), 오영식 목사
(해외선교회 캄보디아 선교사), 김성철 목사(오영숙 성도의 증손자.

안경선 안수집사

흥해새영교회)가 있으며, 평신도로는 오갑골 성도의 손자로 포항지역을 비롯하
여 여러 교회가 건축되는 과정에서 물질적으로 크게 후원하며 신학교와 여러
총회 기관들을 후원했던 안경선 안수집사(1922~)가 본 교회 출신이다.[238]

1922년 1월 26일 신계리 516번지에
서 태어난 안경선 안수집사는 할머니
오갑골 성도의 신앙의 유산을 물려받
았다. 그는 1945년 연합군의 폭격 가운
데 생명을 구원해주신 하나님의 은혜에
보답하기 위해 평생을 하나님의 영광
을 위해 산 신앙인이었다. 요소수지(플라
스틱 원료) 국산화의 선구자였던 안경선
안수집사는 자신의 기업을 통해 창출된
수입의 많은 부분을 여러 교회 건축과 한국침례신학대학교, 여러 교단의 기관

---

237 박효걸 목사, '신계침례교회 연혁.'
238 박효걸 목사, '신계침례교회 연혁.'

들을 후원했다. 후원한 교회들만 해도 고향 교회인 신계교회, 부산 영안교회와 포항 산서교회를 개척했고 한국침례신학대학교, 침례교해외선교회, 교역자복지회 등 많은 침례교회 건축과 어려운 도시, 농어촌교회 목회자들과 자녀들을 오랫동

모교회와 산서교회 연합예배

안 도왔다. 2015년에는 제1회 말콤 C. 펜윅상을 평신도로서는 유일하게 받았다. 안경선 안수집사의 넷째 아들이 안귀모 목사(새삶교회)이며 막내 여동생(남용순 목사 사모)의 아들이 남병두 목사(한국침례신학대학교 교수)이다.[239]

　　박효걸 담임목사 부임 후, 신계교회는 지역사회 봉사와 청소년들을 향한 비전을 가지고 있다. 2012년부터 청소년 태권도교실(사범 이판영 안수집사)을 운영하고 있으며, 주변의 요양보호 시설인 상락원을 방문하여 위로 오찬과 2019년 5월 12일에는 본 교회가 전략 개척한 산서교회 성도들과 연합예배를 드리며 교제를 나누었다. 박효걸 목사는 "농촌교회의 고령화에 따른 성도들의 자연적 감소현상을 본 교회도 실감하며, 인근 지역(오천읍)의 청년들에게 복음을 전파하기 위한 노력이 결실 맺기를 소망하며, 국가정책으로 시행되는 블루베리산업단지가 하루 속히 활성화 되어 교회 인근지역으로 유입되는 인구들이 늘어나기를 바랍니다. 더 나아가 교회당의 유휴공간을 활용한 복지시설을 조성함으로 이백년의 역사를 지향하는 교회가 되기를 기도한다"라며 목회 비전을 밝혔다.[240]

박효걸 목사 부부

239 안경선 구술/ 추미전 글, 『행복한 청지기: 주님과 동행한 백 년』
240 박효걸 목사, '신계침례교회 연혁.'

월포교회

경북 포항시 북구 청하면 월포로 153번길 15-4
☎ 054-232-3524, 담임목회자 임진성

백사장 길이가 1.8km, 폭이 25m의 맑은 백사장이 펼쳐있는 경북 포항시 북구에 위치한 월포 해수욕장. 해마다 여름철 성수기에는 전국의 피서객들이 모이는 이곳 인근에 1915년 8월 경 서옥이 성도에 의해 월포교회가 세워졌다. 전형적인 어촌 마을인 이곳은 원주민들의 고령화로 인해 인구의 대부분이 노년층이며 역사 깊은 월포초등학교(1950년 설립)도 폐교의 위기에 처해있어 안타까움을 더하고 있다.

월포해수욕장 전경

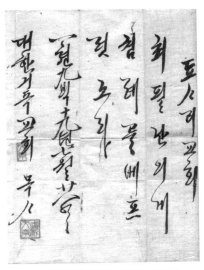
1919년 최필난의 침례증서(노재천 목사 집례)

월포교회는 1915년 8월 경 서옥이 성도가 복음을 받아들이면서 시작되었다. 정확히 어떠한 경로로 복음이 유입됐으며, 어디서 예배를 드리기 시작했는지에 관한 기록이 남아있지 않다. 다만 1919년 7월 본 교회 성도인 최필난이 조사리교회에서 노재천 목사로부터 침례 받은 증서가 남아있는 것으로 보아 순회목회자가 순회사역 했음을 짐작해볼 수 있다. 최필난의 손자인 본 교회 김준배 장로는 "그 당시 조사리

교회, 월포교회, 송라교회에 각각 예배처소가 있었고, 목회자 한 분이 순회하면서 설교하셨다"라는 할머니의 말씀을 지금도 기억한다고 증언해주었다.[241]

서옥이 성도를 비롯하여 몇 명의 신자(이들 중 서옥이 성도의 외손자인 김덕산도 함께 있었음. 김덕산의 친손자가 본 교회 김준배 장로임)가 서옥이 성도의 집에서 예배를 드리다가 1938년 12월 김덕암 성도(김덕산의 동생으로 포항교회의 장로)가 포항으로 이사 감에 따라 비게 된 초가(월포리 245번지)를 교회로 정하고 예배를 드리기 시작했다. 1938년부터 1967년까지의 교회 기록에 따르면, 제1대 김광열 목사, 제2대 정인식 목사, 제3대 우용훈 목사, 제4대 한성진 목사가 담임목회자로 시무했고, 이때 김덕산 집사가 장로로 임직되었다.[242]

---

241 임진성 목사, '월포교회 연혁.'
242 임진성 목사, '월포교회 연혁.'

1967년 제5대 김갑덕 목사가 부임하여 그해 2월 25일 청하면 월포리 245번지 대지(약 74평)를 구입하여 구 예배당(목조와 함석으로 된 25평 건물, 현 교육관)을 기공하여 1968년 5월 10일에 준공했고, 1975년 4월 24일 제8대 최덕수 목사가 청하면 월포리 240번지 대지(99평)를 구입하고 그해 6월 20일 현 예배당 50여 평의 건물을 리어카로 바다 모래를 운반하여 눈물과 땀으로 건축하였다. 1976년 1월 현 예배당을 준공하고 전준용 집사를 장로로 세웠다. 1980년 제10대 함옥태 목사가 부임하여 김해동, 최춘생, 안석출 집사를 장로로 세웠고, 1983년 10월 13일 송라면 산 12번지에 약 2,900평의 교회묘지를 매입했다. 묘지에 묻힐 수 있는 자격은 본 교회 성도와 출신으로 제한했다.[243]

2000년 6월 20일 제11대 담임목회자 안완수 목사는 구 예배당 부지(245번지)에 영안교회 안경선 안수집사와 한 성도의 뜨거운 헌신 그리고 온 성도가 한 마음으로 100평이 넘는 현 교육관을 건축했다. 2002년 10월 4일 안경선 안수집사의 헌신으로 월포리 243번지 현 조립식 2층 건물을 매입했고, 2005년 제12대 안진오 목사가 취임하여 손인덕, 조송자 집사를 권사로 세웠다. 교회는 점점 부흥하여 2006년 12월 17일 김준배, 김진대, 김형진 집사를 안수집사로, 김향해, 엄정숙 집사를 권사로 김수선, 서순전, 이계악, 황청자 집사를 명예권사로 세웠다. 2015년 8월 30일 제14대 김일하 목사의 주관 아래 월포교회 선교 백주년 감사예배를 드렸고, 2016년 11월에 제15대 임진성 목사가 취임하여 현재까지 이르고 있다.[244]

243 임진성 목사, '월포교회 연혁.'
244 임진성 목사, '월포교회 연혁.'

2006년 예배모습

2006년 예배모습월포교회가 세워지는 과정에서 서옥이 성도 일가의 역할
은 지대했다. 먼저 서옥이 성도는 이 지역에서 복음을 처음으로 받아들였고,
외손자인 김덕산 장로에게 신앙의 유산을 물려주었다. 김덕산 장로는 자신
의 동생 김덕암의 집을 교회 건물로 헌납하여 가정교회가 아닌 교회건물에서
예배를 드릴 수 있게 하였고, 친손자인 김준배 장로에게 신앙의 유산을 물려
주었다. 김준배 장로는 본 교회 선임 장로로 예배당 건축을 포함한 모든 일에
충성되게 헌신하고 있다. 월포교회 출신 목회자로는 우용훈 목사(부산 영도),
고 허진 목사(작고), 김완도 목사, 최석규 목사, 최용규 목사, 안경숙 목사, 정
원근 목사(포항 등대교회)가 있다.[245]

임진성 목사 취임 후, 전형적인 농·어촌 마을에 위치한 월포교회는 새로
운 도전을 시작했다. 계속적인 인구감소와 고령화가 진행되어가고 있는 지역

---

245 임진성 목사, '월포교회 연혁.'

사회를 위해 지역 어르신들을 섬기는 행사를 진행하여 생활고나 외로움을 겪고 있는 이웃들을 섬기고 있다. 뿐만 아니라 주변에 있는 월포초등학교(20명 미만으로 줄어듦) 학생들에게 매년 졸업식 때에 교회의 이름으로 장학금을 지급하고 있고, 지역의 초등학교와 중·고등학생들의 학습 진흥을 위해 교회부설로 솔로몬 영재 학습관을 운영하고 있다. 이곳에서 학원을 가지 못하거나 학습할 수 없는 여건에 처한 학생들이 신앙 안에서 마음껏 공부하도록 돕고 있다. 해외선교회를 통해 선교사 세 분도 지원하고 있다.

동해제일교회(구, 임곡교회)

경북 포항시 남구 동해면 임곡2리 495-3(호미로 3110)
☎054-291-3439, 담임목회자 이장원 목사

동해면 東海面 은 경상북도 포항시 남구에 위치한 면으로, 주변에 영일만과 포항공항이 있으며 해와 달을 상징하는 연오랑과 세오녀 신화의 무대가 된 곳이기도 하다. 주변에 명주조개로 유명한 도구해수욕장과 영일만 해안도로가 있고, 시인 이육사가 1938년 《청포도》란 시를 지은 곳이 이곳 동해면 도구리였다. 영일만대로와 포항공단 건천IC 간의 도로가 개설되면서 많은 관광객들이 찾고 있는 관광지이며, 임곡리는 8개의 남구면 가운데 작은 마을이다. 주민들은 주로 어업(청어, 방어, 조개, 오징어등)과 약간의 밭농사와 인근에 포항제철이 건설되면서 그곳에 근무하면서 생활하는 전형적인 어촌이다.[246]

　동해제일교회는 1916년 6월 11일 최인애 전도로부터 강석주 총장(현재의 집사에 해당, 자 명학, 또학, 손자 종득, 종규, 정규)의 아내가 전도를 받고 임곡1리 자신의 단칸방에서 3~4명이 모여 예배를 드림으로 시작되었고, 초기에는 지명 이름을 따서 임곡교회라 불렀다. 해방 전까지 30여 년간은 담임목회자가 없이 순회사역자들이 순회하며 예배를 인도했고, 본 교회는 그 중에서도 특히 신성곤 목사님에 대한 기억이 많다. 신성곤 목사의 보살핌 속에 김호문(현 김도운 성도의 부친), 김방위 집사(현 김해수 집사 부친)를 중심으로 교회가 지속되다가 1944년 5월 10일 일제에 의해 교단이 폐쇄되고 교회 재산이 국방헌금으

---

246 이병길 목사(제5대 담임목사 역임, 2020년 3월 30일), 전화 인터뷰.

로 강제 징수당하여 교회가 폐쇄되었다.[247]

해방 후 김방위 집사 등 몇 명의 성도가 다시 모여 손동호, 강차학(강성주 총장의 아들) 성도의 가정에서 예배를 드리다가 지방회의 도움으로 임곡

---

247 이장원 목사, '동해제일교회 연혁.'; 이예균 권사(본 교회 강종규 집사의 아내, 2020년 3월 30일), 전화 인터뷰.

        한국 침례교회 100년의 향기

2리의 한 가정집을 구입하여 벽을 허물고 교회로 개조했다. 임곡교회의 부흥은 한 성도의 은혜체험에서 비롯되었다. 1951년 8월 경동지방회 주최 사경회가 계원교회에서 열렸는데, 임곡교회의 김성묵 성도(후에 집사가 됨)가 은혜와 구원의 확신을 체험하고 침례를 받은 후 몇 분이 성도와 함께 전도단을 결성했다. 이들은 낮에는 전도하고 밤에는 사경회를 하면서 일주일간 집중적으로 전도한 결과 교회의 분위가 달라졌다. 이때 많은 도움을 주셨던 분이 송라교회의 이종학 집사(사위 안경진 안수집사)와 이상덕 집사였다.[248]

1953년 울릉도에서 목회하시던 이인석 전도사가 본 교회에 부임하면서 임곡교회는 담임목회자에 의해 예배를 드리기 시작하였다. 1955년 가을 제2대 담임목회자로 김의호 전도사가 부임했고, 1956년 10월 16일 미남침례교 한국선교부의 지원을 받아 현 교회 위치인 동해면 임곡2동 495-3번지의 대지 44평과 건평 25평의 목조 단층건물을 신축하여 교회를 건축했는데, 그 이면에는 최용달, 김환묵 집사의 헌신적인 봉사가 있었다. 1961년 1월 5일 김의호 전도사의 목사 안수식이 온 성도의 축복 속에 거행되었고, 이후 김 목사는 1962년 10월에 산서교회로 자리를 옮겼다. 김의호 목사 재임 시 교회의 열악한 형편으로 인해 사택이 마련되지 못해 7년 동안 김방위 집사(김해수 장로의 부친) 집에서 기거했고, 김귀잠 집사의 헌신적 섬김으로 목양에 전념할 수 있었다. 이는 참으로 아름다운 섬김과 헌신이 아닐 수 없다. 이 외에도 어려운 교회재정 여건 속에서 교회 살림을 도맡았던 최용달 집사, 강종득 집사(강석주 총장의 손자. 작고)의 헌신은 지금도 기억되고 있다.[249]

---

248 이장원 목사, '동해제일교회 연혁.'
249 이장원 목사, '동해제일교회 연혁.'

1979년 5월   1980년 1월

1970년 5월 15일 제3대 담임목회자로 신용운 전도사가 부임하여 8평의
사택을 건축했고, 1971년 10월 신 전도사 사임 후, 약 4년 동안 최용달 집사
가 예배를 인도하였다. 1975년 5월 제4대 담임목사로 박관옥 전도사가 부임
한 후 1976년 3월에 교회 명을 임곡교회에서 '동해제일교회'로 변경하였다.
지금껏 사용했던 교회 이름을 바꾼 이유는 임곡리를 대표하는 교회보다는 동
해면을 대표하고자 하는 바램 때문이었다.[250]

1977년 8월 15일 박관옥 전도사의 목사 안수식과 최용달 집사의 안수
식이 있었고, 이후 박관옥 목사는 1978년 7월 9일 청하교회로 부임했다.
1980년 1월에 제5대 담임목회자로 이병길 전도사(현 영주교회 원로)가 부임했
다. 1980년 12월 16일 이병길 전도사의 목사 안수식이 있었고, 당시 개발로
인해 새롭게 부상하고 있던 약전지역으로 교회를 이전하고자 배석근 집사
(교회 관리부장)의 집을 '임곡제일교회 약전 기도소'로 정하고, 1년여 정도 그
곳에서 예배를 드렸다. 예배에 참석한 사람들은 주로 약전지역에 살고 있었
던 성도들로 오전엔 임곡교회 예배당에서, 오후에는 이곳 기도소에서 예배를
드렸다. 그러나 교회이전 계획은 교인 대다수의 반대로 이루어지지 못했다.

---

250 박대원 목사(공주중앙교회 담임, 제4대 박관옥 목사의 아들, 2020년 3월 30일), 전화 인터뷰.

1988년 6월 이병길 목사는 교회를 사임하고, 서울로 목회지를 옮겼으며, 1983년 8월 17일 제6대 담임목회자로 이종훈 전도사가 부임했다.[251]

1980년 이병길 전도사 목사 안수식

이종훈 전도사 부임 후, 각 기관이 독립적으로 활성화되었고, 부흥의 기틀이 마련되었다. 1986년 2월 27일 이종훈 전도사의 목사 안수식이 있었고, 1987년 6월에는 대지 16평을 구입하여 기존 교회 대지를 확장하였다. 2019년 제9대 담임목회자로 이

1980년 심령부흥회

장원 목사가 부임해 오늘에 이르고 있다.[252] 이장원 목사는 지역과 함께 하는 교회, 지난 104년 동안 신앙을 지켜온 믿음의 선배들의 유산을 보존하는 교회, 지역과 세계에 선교하는 교회로 거듭나기 위해 노력하고 있다.

251 이병길 목사(제5대 목사, 2020년 3월 30일), 전화 인터뷰.
252 이장원 목사, '동해제일교회 연혁.'

6

울릉권의
100년 이상된 침례교회들

석포교회

평리교회

서달교회

저동교회

석포교회

경북 울릉군 북면 석포길 455
☎054-791-6237, 담임목회자 김정웅 목사

17세기 일본의 막부와 담판지어 "울릉도는 일본의 영토가 아니다"라는 외교문서를 받아낸 안용복 장군을 기리는 기념관과 일제에 맞서 영토 수호에 앞장선 독도의 용수비대기념관이 위치한 곳. 날씨가 맑으면 육안으로도 독도가 보이며, 울릉도에서 유일하게 일출과 일몰을 동시에 볼 수 있는 곳. 아래의 해안가 주변으로 삼선암, 관음도, 각양각색의 기이한 절벽이 펼쳐져 있는 울릉도를 대표할만한 중심 관광지인 북면 석포리. 가장 높은 이곳 평지에 역사적인 석포교회가 있다.

석포전망대에서 바라본 전경

울릉도 재개척과 이주민 역사는 1883년(고종 20년) 3월 16일 조선의 조정이 김옥균金玉均, 1851~1894과 백춘배白春培, 1844~?를 울릉도 개척과 임업 및 어업개발을 책임질 담당자로 임명함으로써 시작되었다. 울릉도에 대한 일본인들의 불법적 입도와 어업자원 수탈을 막기 위해 조선의 조정은 울릉도에 개척 이주민들을 파견했다. 그 해 7월 보고에 따르면, 16호 54명의 개척 이주민들이 해변을 피해 깊은 산속에 들어가 화전을 일구는 소작민으로 살았는데, 거주지는 주로 대황토포(서면의 태하), 곡포(서면의 남양), 추봉(북면의 송곳산), 현포(북면) 등이었다. 초창기 이주민들의 거주지는 대체로 남면과 북면이었다. 1893년(고종 29년)에는 울릉도의 조선인 호수가 200여 호로 늘어났고 1896년 9월에는 277호에 1,134명(남 662, 여 472)으로, 1900년에는 400여 호에 남녀 합하여 1,700명이 되었으며 모두 산골에서 농사를 지으며 살았다.[253]

석포교회의 시작은 경북 영천 출신의 최인회 감로(1867-1932)의 울릉도 입도로부터 시작했다. 갑작스러운 병으로 걷지 못하게 되었던 최인회는 한 전도인으로부터 "예수를 믿으면 병고침 받을 수 있다"는 말을 듣고, "믿고 나으면 평생 전도인으로 살겠다"라고 서원하였다. 기적같이 치유된 그는 포항의 송라로 이주하여 살면서 28세 되는 1895년 11월에 장녀인 최석동을 얻었고, 그 이듬해인 1896년에 가족(아내, 어린 딸)을 데리고 복음전파를 위해 울릉도에 입도했다. 최인회 감로 가정은 울릉도 북면 석포 지개골이라 불리는 곳에서 화전을 개간하여 주로 감자농사를 지으며, 북면 일대(평리, 당시는 새로운 사람들이 이주해 살았다하여 '신촌'으로 불림)에서 복음을 전파하였다.[254]

---

253 영남대학교 민족문화연구소, 『울릉군지』(서울: 경인문화사, 2007), 186-197.

254 김평석 목사(2020년 7월 24일), 전화 인터뷰; 김평석 목사(부산 은혜중앙교회)는 최인회 감로의 외증손으로, 최감로의 아들인 최경호 안수집사 큰딸의 아들이다. 석포교회, 울릉도 향우회는 석포교회 설립연도를 1896년으로, 허긴 박사는 이종우를 전도하여 예배를 드리기 시작한 1911년 2월로 보고 있다. 허긴, 『한국침례교회사』(대전: 침례신학대학교 출판부, 1999), 145; 하지만 첫 딸(1895년 11월생)

최인회 감로   이종우 감로

    이때 경주 출신으로 울릉도에 입도하여 석포에서 서당선생을 하던 이종우를 우연히 만난 최인회는 감자밥을 대접하며 전도했다. "당신 말만 들어서는 믿기 어렵고, 예수를 믿기 위해서는 뭔가 알아야 하지 않겠냐?"라는 이종우의 말에 최인회는 한자로 된 성경을 구입해 주었고, 이것을 읽은 이종우는 이내 복음을 받아들였다고 한다.[255] 최인회는 이종우를 신앙으로 잘 양육하였고, 평리의 강덕삼을 전도하여 북면지역에 교회가 세워지는 데 기여하였다. 이종우를 비롯한 몇몇 성도들이 가정에서 예배를 드리기 시작한 1896년을 석포교회 측에서는 교회설립 시기로 보고 있다.[256]

    신앙의 열정이 대단했던 최인회는 전도다니다 배고프면 우물물로 허기를 달래며 전도에 매진했다고 한다. 이런 그의 사역을 인정한 펜윅 감목은

을 낳은 다음 해(1896년)에 입도했다는 가족의 구체적 증언으로 보아 1896년에 전도인으로서의 서원을 지키기 위해 최감로가 울릉도에 입도했다는 것은 확실해 보인다. 최성도 안수집사는 최인회 감로의 아들인 최경호의 장남으로 1937년 생이다.

255 이철우 목사 (2020년 7월 29일), 전화 인터뷰; 이철우 목사는 이종우 감로의 아들로, 이감로는 형과 함께 미혼상태로 입도하였다고 한다. 결혼은 홍문동에서 했을 것으로 보고 있다.

256 석포교회가 1896년에 설립되었다는 주장은 추후 연구가 필요해 보인다.

1910년 제5회 대화회(강경교회)에서 최인회를 울릉도 전도인으로 임명했으며, 1913년 제8회 대화회(충청도 신리교회, 현 신영교회)에서 울릉도 최초 감로로 안수하였다.[257] 이처럼 그가 1910년에 울릉도 최초의 전도인으로 임명받은 것은 그 이전부터 그의 전도사역에 대해 대한기독교회가 인정했다는 것을 방증한다.

1910년 10월 20일 부터는 신촌(평리)의 강덕삼을 전도하여 그 가정에서 허정식 할아버지, 장동댁, 임부춘이 모여 예배를 드림으로 또 다른 침례교회인 평리교회가 시작되었다. 평리지역을 왕래하며 석포 지개골에 살았던 최인회 감로는 보다 나은 경작지를 찾아 1918년 3월에 평리 227번지로 이사했고, 자신의 집에서 예배드리기 시작했다. 이로 인해 석포에서의 22년간 삶을 마감했다.[258] 아내 김내동(1867-1915)는 애석하게도 1915년에 석포에서 48세(1915년)에 질병으로 소천했고, 그 후 최인회 감로는 재혼하지 않고 평생을 전도인으로 살았다.[259]

울릉도 침례교 역사에서 보이는 이견 중 하나는, 최인회 가정의 평리 이주 시점에 대한 것이다. 1918년설과 1928년설이 있다. 최인회 감로는 장녀 최석동(1895년생), 차녀 최남수(1898년생), 장남 최경호(1901년생)를 슬하에 두었고, 최경호는 주용란과 결혼하여 딸 최순이, 최순복, 최순조, 최순학과 아들 최성도, 최성대를 두었다. 장녀인 최순이는 그 당시 평리교회의 김해용 감로

257 기독교 한국침례회 울릉지방회, 『울릉도 침례교 발전사(증보판)』(부산: 디자인 진컴, 2017), 15-16. 이 책에서는 최인회의 감로안수를 1918년으로 기술하고 있다.; 김평석 목사(2020년 7월 24일), 전화 인터뷰; 김용해 편저, 『대한기독교침례교회사』 (발행지 서울: 성청사), 26; 허긴, 『한국침례교회사』 145 참조; 이정수 편저, 『한국침례교회사』 (서울: 침례회출판사, 1994), 67.

258 김형갑 목사, '평리교회 연혁'

259 최성도 안수집사, '최인회 감로'

의 사촌인 김경준과 혼인하여 김평석 목사를 낳았다.[260]

최경호 안수집사의 막내딸 최순학 권사(현 81세)는 "할머니의 무덤이 지금도 석포에 있으며, 할머니가 소천하시고 얼마 지나지 않아 평리로 이사했다는 이야기를 부친으로부터 들었다"고 증언하였다. 이 증언을 통해 볼 때, 최인회 감로가 평리로 이주한 연도는 1928년보다 그의 아내가 소천(1915년)한 후 얼마 지나지 않은 시기인 1918년으로 보는 것이 더 타당하다.[261] 생전의 최인회 감로(남용건 목사 사모의 조부)를 기억하고 있는 울릉도 서달 출신의 남용건 목사(1923년생)는 최인회 감로를 아주 인자하고 신사적인 분으로 기억하고 있고, 한 번은 최감로가 전도하다가 구타를 당해 한쪽 발을 다쳐 이후 평생 지팡이를 짚고 다녔다고 한다.[262]

석포교회 역사를 다루면서 이 교회와 인접한 홍문동교회(1908년)의 설립과정에 대해서도 잠시 살펴보자. 최인회 감로 가정이 석포를 떠나기 앞서, 1917년 3월 이종우 가정이 먼저 석포를 떠나 홍문동으로 이주하여 그곳 교회에 합류한 이후 석포교회가 예배를 지속했는지에 대한 자료는 존재하지 않는다. 지금은 사라지고 빈 터만 덩그러니 남아있는 옛 홍문동교회(누에치는 잠실)는 당시 경주 청안 이 씨 출신으로 추측되는 이용기와 착곡댁이 두 남매를 데리고 홍문동에 정착해 화전민으로 살면서 모두 2남 1녀를 낳았고, 이용기가 세상을 떠난 후, 1908년에 착곡댁이 아들 이문준과 이인식과 함께 예수를

---

260 최성도 안수집사, '최인회 감로'; 허긴, 『한국침례교회사』, 145.

261 최성도 안수집사, '최인회 감로'; 허긴, 『한국침례교회사』, 145.

262 김평석 목사(2020년 7월 24일), 전화 인터뷰; 남용건 목사(2020년 7월 22일), 전화 인터뷰. 남용건 목사는 서달교회의 남규연 장로의 아들이며, 서달교회를 시작으로, 죽암교회, 월령교회, 망성교회에서 목회했고, 현재는 손자인 남주성 목사(은광교회)가 목회하는 교회에 출석하고 있다.

옛 홍문동교회터

나리분지. 홍문동. 천부 이정표

믿고 죽천댁(천병화 목사 조모)을 전도하여 예배를 드림으로 시작되었다.[263] 이후 1917년 3월에 이종우 가정이 석포에서 홍문동으로 이주하여 김은권, 김시용, 김해용, 양기연(양준길 목사 삼촌), 김해도, 성도일, 신용탁 등을 전도하여 홍문동교회는 크게 성장했다. 당시 홍문동 교회가 많이 모일 때는 30~40명에 달했다고 한다.[264]

교회가 점차 부흥하여 1924년 제19회 대화회(경북 행곡교회)에서 이종우는 울릉도의 두 번째 감로로 안수 받았고, 이후 15년 동안 사역하다가 1939년 11월 9일 이곳 홍문동에서 소천하였다. 한편,

이 종 우 감로

아내 이원순

---

263 죽전댁은 천병화 목사의 조모로, 그의 부모는 천기근 안수집사와 이연매 집사이다. 천기근 안수집사 가정은 서달교회에서 신앙생활을 했고, 그의 아들 4형제 가운데 천병화 목사, 천병진 목사, 천병문 목사가 목회자가 되었다. 천병화 목사(2020년 7월 29일), 전화 인터뷰.

264 이철우 목사(2020년 7월 29일 전화 인터뷰.); 이철우 목사는 이종우 감로의 셋째 아들로, 홍문동에서 1935년에 태어났으며, 그의 형제들이 이달우, 서달교회의 고 이진우 장로(1929년)이다. 이철우 목사는 부친 이종우 감로가 24시간 목선을 타고 포항으로 나가 기차 편으로 원산 대화회에 참석했다고 기억하고 있다. 또한 매달 원산에서 보내온 달편지를 손수 베껴서 울릉도 곳곳에 보냈다고 한다.

홍문동교회가 사라진 시기는 이종우 감로가 소천한 후 그의 가족과 성도들이 홍문동을 떠나 평리로 이주한 1940년으로 추정된다.[265]

석포교회의 주역이던 최인회 감로와 이종우 감로의 이주와 함께 일제강점기 신사참배 거부로 인한 박해와 삶의 궁핍에 따른 성도들의 계속된 추가적인 이주로 인해 석포교회는 심각한 어려움이 초래되었다.[266] 한편, 1947년 석포에서 이주하여 침을 놓았던 전경운이 평리교회에서 천부 547번지로 이주한 김영준과 주축이 되어 천부교회를 설립(1948년)했는데, 이 과정에서 최인회 감로의 아들인 최경호와 김해용 감로의 사촌인 김경준이 여러 면에서 후원했다는 증언으로 보아, 석포지역에서 몇몇의 성도들이 신앙생활을 지속했을 가능성이 제기되는데, 이에 대한 추가적인 연구가 필요하다.[267]

1944년에 석포에서 태어나 그곳에서 자란 정호일 목사의 증언에 따르면, 석포교회는 6.25 전쟁 이전에도 박노천 목사로 기억되는 순회목회자에 의해 예배를 드렸는데, 장소는 금동댁(남편은 남을출)으로 불리는 집에서였고, 1953년 즈음 신성균 목사, 노재천 목사, 김석규 전도사가 순회 시 방문하여

---

265 기독교 한국침례회 울릉지방회,『울릉도 침례교 발전사(증보판)』, 16페이지에는 소천일이 1940년 12월 7일로 기록되어 있다. 이종우의 감로 안수(1924년)에 대해서는 김용해 편저,『대한기독교침례교회사』(서울: 성청사. 1964), 41 참조; 허긴 박사는 홍문동에 이주한 사람들로 김시용, 나리동에서 이주한 남건우, 울진에서 이사 온 양계연 가정을 들며, 이들과 함께 홍문동교회를 설립했다고 기록하였다. 홍문동교회가 사라진 시기는 1939년 11월 9일 이종우 감로가 소천하고 그의 가족과 성도들 가정들이 홍문동을 떠나 평리로 이주한 1940년으로 추정해 볼 수 있다. 허긴,『한국침례교회사』(대전: 침례신학대학교 출판부, 1999), 145; 이종우 감로의 소천일이 1939년 11월인지 아니면 1940년 12월 인지에 대해 아들 이철우 목사는 1939년으로 보고 있다. 소천 후 몇 달이 지나 평리로 이주한 시기가 1940년이기 때문이다.

266 기독교 한국침례회 울릉지방회,『울릉도 침례교 발전사(증보판)』, 16; 144.

267 김평석 목사(2020년 7월 28일), 전화 인터뷰; 기독교 한국침례회 울릉지방회,『울릉도 침례교 발전사(증보판)』, 138 참조; 최인회 감로의 아들인 최경호 성도가 황소 한 마리를 헌물하여 천부교회가 설립되는 일에 큰 힘을 보탰다고 한다.

교사강습회로 추정되는 사진   옛날 종

예배를 드렸다고 한다.[268] 증언을 통해 볼 때, 장소를 특정할 수 없으나 전쟁 이전에도 예배는 계속되었으며, 전쟁 이후에는 잠시 금동댁이라 불리는 집에서 예배드리다가 한 때 일본군 막사(현 교회부지)로 사용했던 곳으로 장소를 옮겨 한동안 예배를 드렸다.[269] 1953년 3월 순회사역자들이 본격적으로 교회를 방문하여 예배가 활성화되었다.

1953년 3월 15일에 신성균 목사와 김석규 전도사의 인도로 잠시 남을출의 가정(아내는 금동댁)에서 예배를 드렸고, 제2대 담임목회자인 신성균 목사(1953. 3~1955. 12)를 거쳐 제3대 담임목회자인 임부춘 전도사(1954. 1~1955. 12)가 부임하여 1957년 12월 9일 미남침례회 한국선교부의 후원으로 그동안 예배를 드렸던 옛 일본군 막사를 구입하였다. 그 이후 김성화 전도사의 시무 기간(1964. 1~1972. 2)인 1967년 11월 9일에 현재의 예배당과 1968년에 사택을 완공했다.[270]

---

268 정호일 목사(2020년 7월 29일), 전화 인터뷰. 정호일 목사는 2012년 제1부총회장을 지낸 정호인 장로(영신교회)의 형으로 예닮중앙교회 담임이다.
269 김문회 장로(2020년 8월 19일), 전화 인터뷰. 김문회 장로는 1936년 생으로 이곳 석포에서 태어나서 1972년 천부교회로 이주하기 전까지 36년간 석포교회에서 신앙생활했다.
270 기독교 한국침례회 울릉지방회, 『울릉도 침례교 발전사(증보판)』, 144-145; 김문회 장로(2020년 8월

교회 집사님들(1979년)   교회학교 교사들(1980년, 김천수 목사 시무)

이 시기에 여러 목회자들이 본 교회를 거쳐 갔다. 특이한 점은 목회자 부재 시 평신도 지도자들이 설교를 포함하여 실제적으로 교회를 이끌었다는 것이다. 제4대 김용근 전도사(1956. 1~1955. 12), 제5대 이윤구 집사(1957. 1~1958. 3), 제6대 백화기 전도사(1958. 4~1960. 9), 제7대 신천석 전도사(1960~1962), 제8대 김명기 학교장(1963. 1~1964. 1), 제9대 김성화 전도사(1964. 1~1972. 2), 제10대 이춘석 집사(1972. 3~1973. 3), 제11대 신종선 전도사(1973. 4~1978. 4), 제12대 김천수 전도사(1978. 4~1982. 1, 세종수산교회 원로, 사위 김태식 목사), 제13대 임병준 전도사(1982. 2~1984. 9), 제14대 장달식 목사(1984. 10~1987. 1), 제15대 김동목 전도사가 1987년 3월에 담임목회자로 부임(1990. 7. 사임)하여 교회 이름을 잠시 "옥토교회"로 개명했고(1987. 8. 2) 1988년 12월 15일에 천부교회에서 목사를 안수를 받았다. 제16대 문기호 목사(1992~1994. 1), 제18대 장희원 전도사(1994. 6~1996. 12), 제19대 유제훈 전도사(1997. 2~2001. 3), 제20대 담임목회자로 김정웅 목사가 2002년 1월 11일에 부임하여 현재에 이르고 있다. 부임 후 김정웅 목사는 사택을 증축 및 수리하였고, 창고와 화장실 그리고 교회 십자가를 새로 제작하여 교회 환경을

19일), 전화 인터뷰.

석포교회 교인들(1980년대 초)

한국 침례교회 100년의 향기

새롭게 했다.[271]

석포에서 태어나 젊은 시절 석포
교회에서 신앙생활 했던 정호인 장
로(1948년생, 서울 영신교회 장로, 어머니
는 최필순 집사)에 의하면, 6.25 전쟁
이후 석포교회는 30여 명이 예배를
드렸고, 1960년대에 교회 역사상 가
장 많은 성도들이 모였다고 기억하
고 있다. 주일학교 어린이들이 120-
130명, 청년들이 30여 명, 장년들
이 80-100여 명이 출석하였고, 성
탄절 전야에는 청년들이 세 그룹으
로 나뉘어 백운동 산속까지 들어가
서 새벽송을 불렀다고 한다. 당시 저
동교회는 400-500여 명, 평리교회
는 200여 명 이상이 모였다고 하니,
1960년대는 가히 침례교 전성시대

석포교회 청년들

라고 말할 수 있다. 교회건축 과정에 대해서는, 교회 청년들과 성도들이 죽암
위 돌산에서 산모래를 파서 자루에 담아 한밤중에 날랐고, 목재는 육지에서
가져와 선창에서 지고 날랐다고 한다. 하지만 1970년대 중반부터 천부와 저
동이 새롭게 발전하면서 많은 교인들이 그곳으로 이주함에 따라 교회는 어려

---

271 기독교 한국침례회 울릉지방회,『울릉도 침례교 발전사(증보판)』, 145.

여름성경학교 어린이들(1978년

움에 직면하게 되었다.[272]

　1960년대 죽암에서 석포로 이사와 석포초등학교를 졸업한 본 교회 신상환 집사는 청년시절(1980년대 전후) 교회의 분위기에 대해 "석포초등학교 바로 앞에 교회가 있어서 많은 주일학교, 초등부, 중등부 학생들이 예배에 참석했고, 방학 때마다 신학교의 학생들이 방문하여 여름성경학교를 재미있게 진행했다"라고 증언한다.[273] 이 당시 석포초등학교를 다녔던 김천수 목사의 맏딸 김은영(세종수산교회 김태식 목사 사모)은 친구들 중에 백운동 깊은 산속에서 내려와 등교하거나 아래로는 섬목 선착장 해안가로부터 위험한 벼랑길을 타고 올라왔으며, 당시 전교생이 100여 명에 가까웠고, 대부분 석포교회에 출석했다고 기억하고 있다.[274]

　석포교회 출신 목회자들로는 정호일 목사(예닮중앙교회), 김일우 목사(새생

272　정호인 장로(2020년 7월 28일), 전화 인터뷰.
273　신상환 집사(2020년 7월 22일), 전화 인터뷰.
274　김은영 사모(2020년 7월 24일), 면담.

명교회), 서정웅 목사(아들이 서태혁 목사), 김정석 목사(장로교), 남귀연 목사, 이 정삼 목사(성서침례교), 황영희 사모(장로교. 황봉학 집사의 큰딸), 황종석 목사(북한 선교. 미국시민권자. 황봉학 집사의 아들)가 있다. 김정웅 담임목사는 "이제는 정년 퇴직을 하고 다시 이곳으로 돌아오는 사람들이 점점 늘어나고 있습니다. 외 지에 나가 있는 자녀들이 십일조와 감사헌금을 보내와 교회로서는 큰 도움 이 되고 있습니다. 교회 앞 산 비탈에 교회 부지 2600여 평이 마련되어 있는 데, 그곳에 100주년 기념수양관을 짓고 싶습니다. 수영장, 세미나실, 오락시 설 등을 지어 성도들의 영, 육이 마음껏 쉴 수 있는 그러한 곳을 마련하고 싶 습니다"라며 목회 비전을 제시했다.

저동교회

경북 울릉군 저동 1길 21-19
☎ 054-791-2457, 담임목회자 최성환 목사

화산암과 현무암으로 이루어져 울릉도 초기 화산활동을 볼 수 있는 울릉도 저동해안산책로(울릉도, 독도 국가지질공원)와 포항 직항 선편을 제공하는 울릉도 저동여객선 터미널 바로 앞 언덕 위에 114년의 역사를 지닌 흰색의 교회가 있다. 침례교회의 역사적인 주요 인물들이 목회자로 거쳐갔고 또한 이곳에서 수많은 교단의 지도자들을 배출한 저동교회가 있다.

저동항 전경

　　교회 연혁에 따르면 저동교회는 1906년 5월 1일 저동 417번지 김두건 씨 가정에서 처음으로 예배를 드림으로 시작되었다.[275] 경북 영천군 고경면 단

---

275 저동교회의 설립연도에 대해서는 여러 가지 주장이 있다. 먼저 김용해 목사는 저동교회를 지칭하는 듯한 연도를 두 가지로 제시했는데, 1909년 울도구역의 정동교회 김석규와 1911년 울도구역의 저동교회 김두건으로 기록하고 있다. 실제적으로 김석규(김두건은 부친)에 의해 교회가 설립된 것으로 1909년의 정동교회는 저동교회의 오기인 듯 보인다. 김용해 편저, 『대한기독교침례교회사』(서울: 성청사), 127-128. 허긴 박사는 1910년 5월 10일에 김종희 전도인이 김창규의 가정에서 예배를 드림으로 저동교회가 시작되었다고 주장한다. 허긴, 『한국침례교회사』(대전: 침례신학대학교 출판부, 1999),

포동에서 농사를 지었던 김두건씨 가정은 1892년 8월 17일에 울릉도에 입도하여 생활하다가 날로 더해가는 일제의 횡포와 가정이 어려움에 직면하자 이를 해결하기 위해 아들인 김창규를 육지로 보내 도사를 초청해 오도록 했다. 울진에 도착한 김창규가 처음으로 만난 사람이 펜윅 선교사의 파송을 받아 강원도 울진에서 사역하고 있었던 대한기독교회 전도인이었던 김종희金鐘熙였다. 김종희 전도인을 만나 복음을 들은 김창규는 함께 입도하여 그 가정에서 예배를 드림으로 저동교회가 시작되었다.[276]

김창규의 동생인 김석규는 김종희 전도인으로부터 매일 성경을 배우고 예배를 드리기 시작함으로써 신앙이 깊어졌다. 원래 김석규는 해방 이후 국회의원에 두 번 출마할 만큼 정치에 뜻을 두었으나 부친의 뜻을 따라 주의 일꾼이 되기로 결심하고 울릉도 최초로 목사 안수(1954년 6월 20일)를 받게 되었다.[277]3 김석규 목사는 특별히 교회를 개척하는 일에 전념했다. 김석규 목사는 울릉도의 죽암교회(1951년), 사동교회(1952년 4월), 현포교회(1952년 3월), 중령교회(1952년 8월), 대저교회(1966년, 현 열린교회)를 개척했으며, 저동교회(1958.6-1959.1), 도동교회(1952.5-1952.12)에서 시무했다.[278] 김석규 목사는 6남 3녀를 두었는데 그중에서 4명의 아들이 모두 교단의 목회자가 되었다. 김용덕, 김용근, 김용문, 김용도 목사가 있고 김용학, 김용찬 장로가 있으며 1975년 6월 28일에 하나님의 부름을 받았다.[279]

144-145. 하지만 저동교회측은 1906년에 교회가 창립되었다고 주장한다. 그 근거로는 김석규 목사의 묘비글과 생전에 기록했다는 목회일지에 기록되었다는 것이다. 향후 확인과 검토가 필요해 보인다.

276 기독교 한국침례회 울릉지방회, 『울릉도 침례교 발전사(증보판)』(부산: 디자인 진컴, 2017), 15; 허 긴, 『한국침례교회사』(대전: 침례신학대학교 출판부, 1999), 144-145.

277 김갑수, 『한국침례교 인물사』(서울: 요단출판사, 2007), 196-201.

278 기독교 한국침례회 울릉지방회, 『울릉도 침례교 발전사(증보판)』, 86-149.

279 김갑수, 『한국침례교 인물사』, 200-201; 김용찬 장로(열린교회, 2020년 8월 11일), 전화 인터뷰.

저동교회는 초창기인 1910년대에 김종희 전도인이 울도구역을 순회목회
하였고 이후에는 순회목회자들이 파송되어 돌아가면서 예배를 인도했다. 저
동교회가 기록한 순회목회자들은 손필환 목사, 김경춘 목사, 박노기 목사,
한봉관 목사, 이종덕 감목, 노재천 목사, 김재형 목사, 백남조 목사, 문규석
목사, 박기양 목사, 전치규 목사, 신성균 목사, 전병무 감로, 최봉석 전도사
이다. 해방 이후 신성균 목사가 1949년 3월부터 담임목회자로 사역했지만
1953년 3월 최종식 전도사가 부임하기 전까지 전병무 목사, 장일수 목사, 노
재천 목사가 시무했다는 기록은 존재하나 그 시무 연도에 대한 자세한 기록
은 남아있지 않다.[280]

예배당 건축은 처음 저동
417번지를 거쳐 저동 145-
1번지, 저동 57번지, 저동
1동 56-2로 이전했다.

교회 설립자 중 하나인 김
석규는 1946년 9월 제36회
대화회(강경교회)에서 감로로
안수받았고 1954년 6월 제

옛 예배당

44회 총회(대전 대홍동교회)에서 목사 안수를 받았다. 1958년에 예배당 30평을
건축하고 10월에는 천부교회의 전경운 집사와 함께 한학수 집사, 이외술 집
사, 노광식 집사의 안수식이 있었다. 이어 1977년 3월에 이위준 집사, 이수
호 집사, 김갑출 집사, 신성득 집사, 김명출 집사, 김두화 집사의 안수식이 있

280 기독교 한국침례회 울릉지방회,『울릉도 침례교 발전사(증보판)』, 90.

었고 1980년 6월 15일에 대지 350평에 건평 100평의 예배당 기공식을 거행했다. 2년에 걸친 성도들의 헌신과 수고로 1982년 12월 10일 예배당 건축을 준공했다.[281] 예배당 준공 후, 교회 내부의 진통으로 적지 않는 성도들이 주변의 몇몇 교회로 이동하였다. 1960년대 포항파와 대전파 분열로 교회가 분열된 이후 다시 분열되는 아픔이 있었다.

6.25 전쟁 이후 1980년대 초반까지 저동교회는 성장과 부흥기였다. 교단을 초월하여 울릉도 전체 교회 가운데 가장 규모가 컸을 뿐 아니라 영향력 또한 대단했다. 출석 성도만 400여 명 이상이 되었고 성가대원들도 50여 명이나 되었다. 초등학교를 평리에서 지내고 이곳 저동으로 이사와 중, 고등학교 학창 시절과 군 제대 후 신앙생활했던 김일근 장로(현 포항교회 장로)는 1980년대 초 예배당 건축은 모든 성도와 목회자의 헌신의 결과였다고 말한다. 성도들이 바다모래를 질통으로 져 날랐고 특히 정익환 목사(1979년-1983년 시무)는 몸소 질통을 져서 많은 성도들이 감동을 받고 헌신하며 건축헌금을 하였다.[282]

1989년 6월에 김진곤 집사, 김영길 집사, 김성옥 집사의 안수식이 있었고 2003년 10월에 하상선 목사가 부임했다. 2008년 예배당을 새롭게 단장하여 예배 분위기에 변화를 주었고 9명의 권사(조순자, 김옥련, 이 복, 김분자, 최위자, 김옥분, 손한숙, 이경자, 최화분)를 세웠다. 2009년에는 교회창립 100주년 기념행사로 본 교회 출신 목회자들을 초청하여 홈커밍데이와 함께 기념예배를 드렸고 100주년 기념비를 세웠다. 이와 함께 30년 만에 한무부, 정호

---

281 기독교 한국침례회 울릉지방회, 『울릉도 침례교 발전사(증보판)』, 87-88.

282 김일근 장로(2020년 8월 9일), 전화 인터뷰. 김일근 장로는 평리교회 출신으로 그의 아버지는 김영도 장로였다. 김영도 장로는 교회건축에 앞장섰으며 김일근 장로는 본 교회 성가대 지휘를 했다. 현재는 포항교회(담임 조근식 목사) 원로 장로이다.

예전교인들과 현재의 예배당

태, 박창식 집사의 안수집사(호칭장로) 임직식을 통해 일군들을 세웠다. 또한 2011년에는 장지근 집사의 안수식이 있었다.[283]

본 교회 출신 목회자들은 김석규 목사, 김용덕 목사, 김용근 목사, 김용문 목사, 김용도 목사(제63대 총회장 역임), 정태진 목사(제35대 총회장 역임), 김성화 목사, 한명국 목사(제39대 총회장 역임), 이진호 목사, 한명도 목사, 이성호 목사, 허정방 목사, 송성태 목사, 한명훈 목사, 김철근 목사가 있다. 2018년 3월 11일 부임한 최성환 목사는 '복음으로 하나가 된 건강한 교회'를 세우기 위해 기도하고 있다. 사람이 아닌 예수 그리스도가 교회의 주인이 되는 교회, 그분의 은혜와 그분을 아는 지식에서 생명으로 자라나는 교회를 이루고자 노력하고 있다. 매년 6월 첫 주마다 여선교회 산상예배를 드리고 있으며 한동대학교 장순흥 총장 초청특별예배(2018년 7월), 삼호교회 초청 CWT 전도대회(2019년 7월), 지구촌교회 초청 주일학교 연합 여름성경학교(2019년 7월), 매년 진행되는 부흥회(안종대 원로목사, 피영민 목사)을 통해 새로운 도전과 재부흥을 준비하고 있다.[284]

---

283 기독교 한국침례회 울릉지방회, 『울릉도 침례교 발전사(증보판)』, 88-89; 하상선 목사(2020년 8월 10일), 전화 인터뷰.
284 최성환 목사(2020년 8월 10일), 전화 인터뷰.

평리교회

경북 울릉군 북면 평리 2길 207-4
☎054-791-5809, 담임목회자 김형갑 목사

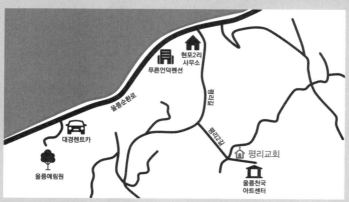

앞쪽으로는 넓은 동해 바다가 펼쳐있고, 오른쪽에는 추산의 송곳봉이 솟아 있으며, 뒷 쪽으로는 석봉, 옥녀봉, 깃대봉, 왼쪽에는 노인봉이 마치 병풍같이 둘러 쌓여 있다고 해서 '울릉도의 무릉도원'이라 불리는 울릉도 평리. 연하정 아래에는 우리에게 '세시봉 가수'로 잘 알려진 이장희(평리교회 교인)의 별장과 공연장('울릉천국'이라 불림)이 바로 있으며, 110년 넘게 이곳을 지켜온 평리교회가 있다. 평리라는 지명의 유래는 '평지에 있는 동리'라 하여 붙여졌다.

평리교회는 석포교회 설립자였던 최인회 감로의 순회전도로 시작되었다. 울릉도 이주민들에게 복음을 전하기로 결심한 최인회 감로가 1896년에 입도하여 북면 석포 지개골이라 불리는 지역에 정착한 후, 북면 일대를 두루 다니

며 복음을 전했는데, 이때 평리(당시 새로운 사람들이 이주해 와 살았다하여 "신촌"으로 불림)에도 복음의 씨앗이 뿌려졌다. 최인회 감로가 평리의 강덕삼(아들 강선범)을 전도하여 그 가정에서 허정식 할아버지(훗날 현포교회에서 장로가 됨), 장동댁, 임부춘이 모여 예배드림으로 1910년 10월 20일 평리교회가 시작되었다. 당시 최인회 감로는 석포에 거주하면서 이곳 평리에까지 와서 예배를 인도하였다.[285]

석포 지개골에 거주했던 최인회 감로가 보다 나은 주거환경을 찾아 평리 227번지로 1918년에 이사하여 자신의 집을 예배처소 삼아 예배를 드렸고, 최인회 감로가 석포에서 전도한 서당선생 이종우 감로 사후(1939년) 그의 자녀들과 다수의 홍문동교회 교인들까지 이곳으로 이주함에 따라 평리교회는 새로운 부흥의 시기를 맞이하였다. 1931년 석포 와달리에서 이곳으로 이주해온 주해도 반장 토지위에 14평의 목조예배당이 1933년에 세워지면서 바야흐로 울릉도 무릉도

최경호 장로(최인회 감로의 아들) 가족과 장례식 사진

원에 침례교회 건물이 세워졌다. 이후 김해용 감로(1933년 봄 이주, 1940년 울릉도에서 내 번째 감로로 대화회로부터 안수받음), 김시용 반장(1936년 봄 이주), 이진우 성

---

285 기독교 한국침례회 울릉지방회, 『울릉도 침례교 발전사(증보판)』(부산: 디자인 진컴, 2017), 15-16, 143.

도(1941년 3월 이주) 가정과 친척까지 홍문동에서 평리로 이주했다.[286]

1942년은 평리교회 역사에서 시련의 한해였다. 일제의 박해로 예배당이 철거되고, 1940년 대화회(총회)로부터 울릉도 제4대 감로로 안수 받은 김해용 감로가 신사참배 거부로 인해 총회지도자들과 함께 원산형무소에 투옥되었다. 김해용 감로는 1901년 3월 3일 울진군 울진읍 화성리 270번지 김용인의 4남으로 태어나, 1902년 울릉도 북면 천부리 591번지로 이사하여 살던 중 홍문동에서 이종우 감로의 전도로 신앙생활을 시작하였고, 1933년 봄에 평리로 이주했다. 원래 마음이 순수하고 신앙이 독실했던 김해용은 1923년 서달교회에서 태하동 출신인 강순이와 결혼(슬하에 4남 4녀)했고, 1940년 대화회로부터 울릉도의 네 번째 감로로 임명받았으며, 1942년 대화회로부터 원산번역 신약성경 30권을 받아 전도활동을 하다가 일본 헌병대에 발각되어 성경을 압수당하기도 했다.[287]

1942년 교단의 신사참배 거부로 인해 일제의 의해 같은 해 9월 10일 교단 지도자 32인과 함께 원산 형무소에서 11개월 동안 모진 고통과 고문을 당했고, 1943년 5월 1일에 함흥형무소로 이감되었으며, 1943년 5월 15일 32명 중 23인이 기소유예로 석방될 때 함께 석방되었으나, 고문과 구타로 인한 옥고의 후유증으로 바깥 출입을 못하며 4년 3개월 동안 고생하다가 1947년 8월 13일에 이곳 평리에서 생을 마감했다. 기독교 한국침례회 총회는 김해용 감로의 순교를 기념하여 2009년 3월 31일에 순교기념비를 세웠다.[288]

---

286 기독교 한국침례회 울릉지방회, 『울릉도 침례교 발전사(증보판)』 124-125; 김형갑 목사, '평리교회연혁.'
287 김형갑 목사, '평리교회 연혁.'
288 김형갑 목사, '평리교회 연혁'; 기념비의 글은 안중진 목사(당시 천부교회 담임, 현재는 세도교회의 담임목사이며 역사신학회의 사무총장)가 작성했다. 관련기사는 김두환 기자, '신사참배 죽음으로 맞서다」「경북매일」(2009. 4. 1) 참조.

김해용 감로   아내 강정이(강마리아) 여사

김해용 감로와 순교기념비

　해방 후 1945년 10월 김대식 성도 가정(213번지)에서 다시 예배를 드리기 시작했는데, 이때 함께 예배드린 이들이 최인회 감로의 아들 최경호 성도 가정, 김백도 성도 가정, 김시용 성도 가정, 이진우 성도 가정, 신성만 성도 가정, 김기옥 성도 가정, 김경준 성도 가정(김해용 감로의 사촌. 아내가 최인회 감로의 아들인 최경호의 장녀인 최순이. 그의 아들이 김평석 목사) 등이었다.[289] 1946년 2월 목조로 된 초가를 매입해 수리하여 예배처소로 삼았다. 이듬해인 1947년 김백

---

[289] 최인회 감로의 아들인 최경호 성도와 김해용 감로의 사촌인 김경준 성도, 그리고 그의 동생인 김영준 성도가 홍문동에서 평리로 이주했고 그 이후에 천부로 이주하여 1947년 석포교회에서 이주한 전경운 집사와 주축이 되어 천부교회를 설립(1948년)했다는 증언으로 보아, 석포교회 성도들이 이 시기에 어떻게 예배를 드렸는지 연구가 필요해 보인다. 6.25 사변 전후의 석포교회 성도들의 예배상황에 대해서는 석포교회 역사를 참조할 것. 김평석 목사(2020년 7월 28일), 전화 인터뷰; 기독교 한국침례회 울릉지방회, 『울릉도 침례교 발전사(증보판)』, 138.

도 반장의 장로 안수식이, 1948년에는 최경호 반장의 장로 안수식이 있었다. 1948년 5월에는 목조건물에 너와로 지붕을 한 예배당(220번지)을 준공했고, 1951년 김시용 집사의 안수식이 있었다.[290]

213번지 첫 예배당 터

220번지 예배당 터
(고 이진우 안수집사의 아내인
김재선 권사, 김형갑 목사)[291]

1959년에 3월 현 장소(208번지)에 23평 예배당을 3년 만에 완공했고(미남 침례회 한국선교부 후원금 125만원), 1961년 1월에 신성만 집사의 안수식이 있었다. 1963년 3월 5일 헌당식과 1964년 박기양 목사 시무 때에 사택(207-2번지)이 건립됐고(목재는 최경호 안수집사가 헌납), 1965년 3월 이문상, 이진우 집사의

---

290 김형갑 목사, '평리교회 연혁.' 뒷편 오른쪽에 보이는 건물이 울릉천국.
291 김재선 권사는 93세로 고 이진우 장로의 아내이며 김해용 순교자의 둘째 딸이다. 고 양준길 목사가 형부이며 이철우 목사(서해은혜교회 원로)가 시동생이다. 김재선 권사(2020. 7. 8), 면담.

안수식이 있었다. 이 시기에 특별히 포항파에서 주최한 울릉지방 성경학원이 믿음의 후진들을 양성하고자 하는 목적으로 시작되어, 1966년 2월 19일부터 1969년 2월 2일까지 본 교회에서 개최되었다.[292]

헌당식 및 집사안수식(1965. 3. 5)

울릉지방 성경학원

박기양 목사 송별회(1968)

평리주일학교 학생들(1968)

---

292 김형갑 목사, '평리교회 연혁.'

한국 침례교회 100년의 향기

이곳 평리는 울릉도 내에서 유일하게 논농사를 경작했던 곳으로, 한 때 교회가 부흥하여 성도수가 200여 명이 넘었으며, 수많은 평신도 지도자와 목회자를 배출했다.[293]

김화석, 이진우 안수집사, 신성운 집사

이진우 안수집사 자손들

1989년 4월 1일 현 예배당 건물(대지 240평에 35평)을 철근 슬라브로 건축하기 시작해 1989년 12월 24일 준공했고, 1990년 2월에 김광석 전도사의 목사 안수식이 있었다. 1991년 10월 10일에 예배당 헌당식이 있었고, 1995년 9월에는 교육관(216번지 25평), 소예배실(18평)이 이진우 안수집사의 토지 헌납으로 완공하였다.

1997년 4월 1일 장희원 전도사의 목사 안수식이 있었고, 2007년 9월에 목양실(이진우 안수집사 헌납)을 완공하였다. 2014년 3월 현 담임목회자로 김형갑 목사가 부임한 후 2015년 최광희 사모의 목사 안수식과 김재선, 김정순 권사

---

293 임종호 목사, '나의 사랑 나의 교회 아름다운 울릉도의 전원교회 평리교회.' 임종호 목사는 본 교회에서 2008년 6월에서 2014년 2월까지 시무했다.

임직식이 있었다.[294]

평리교회 출신 목회자로는 김백도 목사(작고), 김유도 목사(작고), 김기
찬 목사(작고), 김기철 목사(작고), 신종선 목사(작고), 최한원 목사(작고), 김
영진 목사, 이철우 목사, 최상근 목사(하와이), 유병호 목사, 유병곤 목사,
신종선 목사, 신종욱 목사, 김정렬 목사, 김진관 목사(김해용 감로의 증손자)
등이 있다.[295]

한 때는 오징어잡이와 약초 재배, 나물 농사로 호황을 누리며 200여 명의
성도들이 예배를 드렸으며, 주일학교 어린이들과 중등부와 청년부도 활발하
게 활동했던 교회. 20여 명의 목회자를 배출하며 울릉지역에서 많은 평신도
일군을 세운 교회. 하지만 호황기 시절에 육지로 유학 보냈던 자녀들이 공

---

294 김형갑 목사, '평리교회 연혁.'
295 유병호 목사, '평리교회 출신 목회자.'

부를 마친 후 육지에 정착함으로써 이곳의 인구는 점차적으로 감소하였다. 울릉도 북쪽 끝자락 산 중턱에 자리 잡고 있는 이곳에 지금껏 살고 있는 고령의 주민들은 여전히 조상 때부터 내려오는 자신들의 나물 밭 터전을 지키고 있다.

　1년에 한 차례 봄나물 농사를 통해 한 해를 살아가고 있는 성도들의 노동력은 점차로 줄어들어 교회의 자립도는 낮아지지만, 여전히 이곳의 성도들은 선조들의 순교적 신앙을 본받아 눈이 오나 비가 오나 변함없이 예배자로서의 성실한 삶을 살아가고 있다. 성도들이 점점 고령화되어가고 있는 이 특수한 목회현장에서 김형갑 목사는 평리마을의 노인들의 불편함을 해소해 줄 뿐 아니라 노인들의 갑작스런 상황에 늘 대비하고 있다. 김형갑 목사의 기도 제목은 연로한 성도들에 대한 심리이해와 목회적 돌봄을 통해, 평리교회 성도들이 하나님의 말씀 안에서 날마다 신앙이 성숙해져가며, 천국의 소망과 기쁨으로 각자의 남은여생을 행복하게 마무리하도록 돕는 것이다.

서달교회

경북 울릉군 서면 서달길 214-17
☎ 054-791-5420, 담임목회자 김경조 목사

경북 울릉군 서면 태하리에 있는 서달길을 따라 서달 마을로 들어서면, 뜻밖에 넓은 평지가 나오고, 주변이 아름다운 산들로 병풍같이 둘러싸인 마을 끝자락에 위치한 서달교회를 만날 수 있다. 지명 유래는 서쪽 들에 능이 많이 있다고 하여 '서들령'이라 불렸던 것이 점차 '서달'로 불리게 되었다는 설과 이 마을에 살았던 서달래라는 사람의 이름에서 시작되었다는 두 가지 이야기가 전한다. 서면지역에 복음이 전해진 과정에 대한 최초 기록은 경북 영일군 송라면에 위치한 화진교회 설립자인 오요한(오종희 혹은 오순희) 순회 전도인이 1909년 봄 이 지역을 순회하며 전도했다는 것이다.[296] 울릉도 태하(서달)지역은 울진항 맞은편에서 직선거리에 위치한 곳으로(맑은 날에는 울진의 높은 산에서 울릉도가 보인다) 오요한 전도인이 이 당시 배를 타고 태하항에 입도하여 이 지역을 중심으로 복음을 전했다.

서달교회의 시작은 울진지역에서 입도한 오요한 전도인이 서달 지역 복음 전도를 시작으로, 1910년 오용천, 김창규 전도인의 전도 결실로 이루어졌다. 처음에는 특별히 정한 곳이 아닌 가정에서 예배를 드렸으나, 오요한 전도인의 전도로 개종한 정치경(장동댁)이 1911년 4월 8일에 자신의 누에치는 방(잠실)을 예배처소로 내놓음으로 이곳에서 10여 명이 모여 예배모임을 가졌다.

---

296 기독교 한국침례회 울릉지방회, 『울릉도 침례교 발전사(증보판)』(부산: 디자인 진컴, 2017), 16. 화진교회 설립과정과 오요한 성도의 역할에 대해서는 화진교회 역사를 참조할 것.

당시 함께 예배드린 성도들은 정치경의 아들 정진신, 김우준, 박두화의 아들 박원준(박팽촌), 박방댁(박동댁) 등이 있었고, 후일에 정진신과 김우준은 총장 직을 받았다.[297]

1915년 김용길(아들 김백도 목사)의 가정에서 장만익, 배인도 등이 첫 번째 예배를 드렸으며, 정진신 총장이 경북 영양으로 이주함에 따라 총장직을 김 우준에게 위임하였다. 이후 김해용 통장, 장수동댁, 김한식 반장, 남규연 반 장 등이 합류하여 교회는 나날이 성장했고, 1928년 3월 2일에 최초로 10평 의 목조 예배당을 건축하였다. 1936년 제31회 대화회(원산)에서 서달교회 출 신 김한식 성도가 울릉도의 첫 번째 최인회, 두 번째 이종우에 이어 세 번째 감로로 임직 받았다. 김한식 감로는 원래 경북 울진 행곡교회 출신이었으나 울릉도로 입도하여 서달교회에서 신앙생활을 하였고, 동네 이장 직을 맡아 일했으며, 여러 해를 울릉지역 대표로 대화회에 참석했다.[298]

일제강점기의 박해는 이루 말할 수 없었다. 1942년 6월 일제에 의해 서 달교회는 평리교회와 함께 강제로 철거당했고, 신사참배 거부로 인해 김한 식 감로, 임부춘 장로, 남규연 반장 등이 유치장에 감금되어 고초를 당했다. 이 같은 일제의 온갖 박해 속에서도 남은 성도들은 남규연 장로 가정에서 비 밀리에 예배를 드리며 신앙을 지켰다. 1947년 저동교회에서 장로안수를 받 은 남규연 장로는 울진 행곡교회 출신으로, 1916년 즈음 울릉도에 입도하여 2년 간 평리에 머물다가 서달로 이사하여 신앙생활을 했다. 농사(쌀, 보리, 감 자, 옥수수 등)를 지으며 교회의 모든 일들을 도맡아 했으며 서달교회 역사에서

297 기독교 한국침례회 울릉지방회, 『울릉도 침례교 발전사(증보판)』, 16-17.
298 남용건 목사(2020년 7월 22일), 전화 인터뷰 ; 김진상 장로(2020년 7월 22일), 전화 인터뷰; 기독교 한 국침례회 울릉지방회, 『울릉도 침례교 발전사(증보판)』, 114.

남규연 장로와 그 후손들의 역할은 상당하다. 남규연 장로의 아들 남용건 목사(1923년생)는 서달교회를 시작으로, 죽암교회, 월령교회, 망성교회에서 목회했고, 현재는 손자인 남주성 목사(은광교회)가 목회하는 교회에 출석하고 있다. 남용건 목사의 세 아들 모두 본 교단의 목회자들로, 큰 아들 남태복 목사(은광교회 원로), 둘째 아들 남병태 목사, 셋째 아들 남병습 목사가 있다.[299]

조국의 해방과 더불어 신앙의 자유를 찾은 성도들은 남규연 장로 가정에서 예배를 드리다가 일제에 의해 강제로 철거된 교회 대지 위에 10평의 예배당을 1948년 7월 21일에 재건축했다. 교회의 구조는 이전의 잠실의 예배당과 비슷했지만 내부를 나무 칸막이로 공사했다. 1951년 천기근 집사의 안수식이 있었고, 점차 교회가 부흥하자 교회 증축이 요청되어, 미남침례회 한국선교부의 보조를 받아 임부춘 전도사와 성도들이 1963년 5월 20일에 23평의 목조 예배당으로 증축하였다. 1970년에 천병화 전도사가 목사 안수를, 1971년 2월 5일에는 남용희, 남용건, 이진해, 김용상이 집사 안수를 받았다.

1970년 본 교회에서 포항파가 주최한 울릉지방 성경학원이 시작되어 1972년까지 3회가 개최되어 말씀을 가르치고, 배우고자 하는 열정이 교회에 충만했다. 1972년 1월 교회 명칭을

---

299 남규연 장로는 세 아들인 남용희 안수집사, 남용덕, 남용건 목사를 두었다. 행곡교회의 남재연 통장이 남규연 장로의 친 형으로 그의 아들이 남용순 목사(아들 남병두, 한국침례신학대학교 교수)이다. 남용건 목사, 전화 인터뷰; 김진상 장로(2020년 7월 22일), 전화 인터뷰; 기독교 한국침례회 울릉지방회, 『울릉도 침례교 발전사(증보판)』, 114.

울릉지방 성경학원(1972)

'제일침례교회'로 변경했고, 계속해서 교회가 성장되어 성도수가 늘어남에
따라 목조건물이던 예배당을 1973년에 시멘트 블록의 30여 평 크기로 다시
신축, 확장하였다. 그리고 1980년 10월 17일에 김학상 집사의 집사 안수식
이 있었다.[300]

　교회가 더욱 부흥되고 성도수가 늘어나 교회를 획기적으로 신축하여 확장
할 필요성이 절실하여 1982년에 건축위원회가 구성되었고, 건축에 필요한
자재를 확보했다. 1983년 1월 6일 이재옥 목사, 이상학 집사(건축 위원장)가
시공자 천병철 안수집사(대구)와 계약을 체결한 후 4월에 착공하여 9월 30일
에 완공하였다. 예배당 건축을 위해 제직들을 비롯한 모든 성도가 한마음이
되어 집집마다 키우던 송아지를 팔아 건축헌금을 마련했고, 청년들은 직접
건축에 필요한 모래, 자갈, 철근, 목재 등을 바닷가에서 운반하고, 산에서 직
접 나무를 베어 오는 등 예배당 건축에 적극적으로 참여하였다.

　당시 청년(32세)으로 교회건축에 적극적으로 참여했던 이상길 집사(현
70세)의 증언에 따르면, 건축에 필요한 모래, 자갈, 철근 등을 운반하기 위해

300　김경조 목사, '서달침례교회 연혁.'

육지에서 군용 지프를 개조한 일명 '딸딸이' 3대가 동원되었고, 바닷가(태하 연변)에서 직접 자재를 차에 실어 리어카로만 겨우 다닐 수 있는 가파른 경사 길 3km 이상을 하루 4차례 총 8백 차량 분량을 실어 날랐다고 한다. 이는 실로 위험을 무릅쓴 노역이었다. 임재수 집사(현 64세)는 이전에 사용하던 '울도 구역 서달교회'라고 새겨진 종을 버릴 수 없어서 직접 지게에 지고 계단을 올라가 옥상에 갖다 놓는 등 전 교인의 헌신과 수고로 교회가 세워졌다. 5개월 만에 신축된 교회는 주위의 아름다운 경관과 더불어 보는 사람들마다 감탄을 자아내고 있으며, 당시에 울릉도에서 가장 크고 아름다운 교회로 소문났고, 이후 울릉도에 있는 다른 교회건축의 표본이 되었다.[301]

그동안 몇 분의 목사 안수와 집사 안수가 있었다. 1988년 5월 24일에 최임수 전도사, 2011년 3월 20일에 유대연 전도사의 목사 안수식이 있었고, 1989년 5월 4일 김진상 집사의 집사 안수식이 있었다. 100여 년을 지내오는 동안 천병화 목사가 담임목회자로 재임했던 시절(1966-1973)인 1972년 1월에 교회 이름을 "제일교회"로 변경하여 27년 간 사용하다가 성도들의 요청으로 전성수 목사(1999-2002) 재임 기간에 원래의 이름인 "서달교회"로 환원했다.

---

301 이상길 집사(2020년 7월 24일), 전화 인터뷰.

101주년 기념예배 사진

1983년에 5번째로 건축한 예배당

20여 명의 목회자와 많은 성도들이 하나님의 부르심을 받아 충성하며, 열정적으로 교회를 섬겨 왔고, 2011년 3월 20일에 교회창립 101주년 기념예배를 드렸다.

고향 울릉도에서 태어나 서달교회를 통해서 예수 믿고 구원받은 많은 성도들 중에서 목회자로 부름받아 섬기다가 은퇴하시거나, 현재도 활발하게 목회하고 계시는 서달교회 출신 본 교단 목회자로서는 남용건 목사, 임부춘 전도사, 천병화 목사, 천병진 목사, 천병문 목사(성결교단), 남태복 목사, 정창도 목사(경산교회 담임), 남병태 목사(새하양교회 담임), 남병습 목사(중앙경찰학교 충성교회 담임), 이경철 목사(주포교회 담임), 김수현 전도사(제자교회)가 있다.

2019년 3월 31일 김경조 목사가 부임하여 성도들과 함께 주님 오실 때까지 "주님이 기뻐하시는 교회"로서 주안에서 사랑으로 하나 되어 주님의 몸 된 서달교회에 주어진 사명을 성실하게 감당하고자 말씀과 기도로 날마다 하나님께 더 가까이 나아가며 오늘에 이르고 있다.[302]

---

302 김경조 목사, '서달침례교회 연혁.'

● 글을 마치며 ●

　지금까지 우리는 '한국 침례교회 100년의 향기'라는 제목으로 100년 이상 된 30개 교회의 역사를 살펴보았다. 이 책은 교회 역사에 대한 전문도서라기보다는 평신도도 쉽게 읽을 수 있도록 쓰여진 신앙서적에 가깝다. 저자들은 가능한 한 전문적인 학술용어를 줄였고, 평이한 문체로 표현했다.

　집필하는 동안 몇 가지 난관에 부딪혔다. 대표적으로 각 교회의 설립연도와 설립자에 관한 것이었는데, 문헌과 개교회의 주장이 달랐다. 설립연도의 경우 1-2년에서부터 많게는 15년까지 차이가 났으며, 설립자에 대한 정보 역시 여러 이견이 있었다. 수차례에 걸친 토론과 의견을 교환한 후, 최대한 개교회의 주장을 존중하되 문헌고찰에 입각하여 객관성과 타당성을 유지하려고 노력하였다. 또 다른 문제는 오직 증언만 존재하는 경우였다. 시대적 상황과 관련 사료들을 비교, 검토하여 나름 타당하다고 판단된 경우에 한해서 그 증언을 소개했다. 하지만 추후에 추가적인 증거가 발견된다면 수정할 것을 약속드린다.

　무엇보다도 놀라웠던 점은 100년 이상 된 교회들이 현존하는 30개 교회보다 훨씬 더 많았다는 사실이다. 지금까지 살펴본 30개 교회는 애석하게도 남한에 국한되었다. 하지만 펜윅의 북방선교정책으로 남한보다는 북한과 만주, 시베리아 지역에 더 많은 침례교회가 있었다는 것은 놀라운 일이다. 과거 이 지역들은 공산주의 체제에 있어서 접근이 어려웠지만, 이제는 북한을 제외한 만주와 시베리아는 얼마든지 왕래 가능한 시대가 되었다. 지금까지 잊혀

져 왔던 이곳 교회들에 대한 역사탐방과 연구가 필요한 시점이다. 기념교회
든 표지석을 세우는 일이든 이 모든 것이 우리 후대의 몫이다.

　곧 다시, 우리의 역사여행은 시작될 것이다.

오늘에 이르기까지

사무총장 안중진 목사

2017년 5월 29일에 창립한 역사신학회는 임기 2년으로 고문에 허긴 전 총장, 초대 회장에 김승진 교수, 수석부회장에 임공열 목사, 부회장에 계인철 목사, 장성익목사, 김한식 목사, 류익태 목사, 장동훈 목사, 조용호 목사, 김용국 교수, 김태식 교수(세종수산), 사무총장에 안중진 목사, 서기에 정관 목사, 재무에 조성배 목사, 편집간사에 이정훈 전도사, 감사에 김태식 목사(사랑 깊은), 박영재 목사를 임명하고 활동을 시작했다. 이후 제107차 총회 목사 인준자 교육(2017년 6월 27일), 강경 옥녀봉 ㄱ자 기념교회 역사탐방세미나, 고대도 역사탐방(10월 9일), 총회 회관에서 제1차 논문 발표회(10월 16일), 침례신학대학교에서 제2차 논문 발표회(10월 30일), 강화역사탐방(2018년 7월 30 - 30일) 행사를 진행했다.

2019년 2월 21일 송담 교회에서 제2차 정기총회를 열고 상임고문에 허긴 전 총장, 고문에 김승진 교수, 박창근 목사, 후원이사에 정용희 목사, 장동훈 목사, 오지원 교수, 김용국 교수, 정종현 목사, 김한식 목사, 송명섭 목사를 선정하고, 2대 회장에 임공열 목사, 수석부회장에 계인철 목사, 부회장에 조용호 목사, 김태식 교수(세종수산교회), 사무총장 안중진 목사, 재무에 이정훈 목사, 감사에 박영재 목사를 임명하고 활동을 시작했다. 3박4일 동안의 도쿄 및 요고하마 역사 탐방(2019년 7월 29-8월 1일), 2019년 11월 25일 대소교회(정용희 목사) 정기모임에서 100년 이상 된 30개 침례교회 역사를 출판하고 동판을 제작하기로 결정하고 이를 위해 침례교회 역사를 찾아서 증언, 녹취, 사진, 기타자료들을 수집 및 정리하기로 하였다.

기념동판은 안희묵목사(세종꿈의)께서 1천만원을 총회로 헌금하여 이루게 되었고 총 16명의 회원 가운데 본회에서 위임받은 7명의 역사편집위원들이 자비량으로 2020년 1월 19-21일 동안 1차로 경북지역 9개 교회를 탐방했고, 2월 9-11일 동안 제2차 포항지역 7개 교회 탐방, 6월 22-23일 동안 제3차 충청지역 10개 교회 탐방, 7월 6-9일 동안은 제4차로 울릉지역 4개 교회를 탐방하여 자료들을 수집하고 연구하였다. 이를 바탕으로 김태식, 오지원 두 분의 교수님들이 저술하고 모든 회원들과 특별히 임공열 회장님의 많은 협조와 여러 교회들의 후원으로 역사적인 책이 출판되기에 이르렀다. 어려운 여건 속에서 자비량으로 봉사하며 섬겨주셨던 모든 회원들과 후원자 여러분들께 진심으로 감사드린다.

● 역사신학회에 후원해주신 분 ●

임공열 목사(송담), 유관재 목사(성광), 안희묵 목사(세종꿈의), 장경동 목사(중문), 박창근 목사(열민), 박효걸 목사(신계), 우도환 목사(계원), 배국순 목사(송탄), 김한식 목사(용안), 양찬호 목사(임천), 정한구 목사(광시), 계인철 목사(광천제일), 조용호 목사(칠산), 안중진 목사(세도), 김형갑 목사(평리), 하상선 목사(마성), 김태식 목사(세종수산), 윤영민 목사(화진), 오지원 교수, 정종현 목사(인광), 고명진 목사(수원중앙), 송명섭 목사(신영), 방효길 목사(동산)